《论语》选读

叶帮义◎选注

安徽师范大学出版社

ANHUI NORMAL UNIVERSITY PRESS

·芜湖·

图书在版编目(CIP)数据

《论语》选读 / 叶帮义选注. -- 芜湖 : 安徽师范大学出版社, 2024. 11. -- ISBN 978-7-5676-6855-3

Ⅰ. B222.2-49

中国国家版本馆CIP数据核字第2024U4R141号

LUNYU XUANDU

《论语》选读

叶帮义 ◎选注

责任编辑:胡志恒　　　　　　责任校对:平韵冉

装帧设计:王晴晴　姚　远　　责任印制:桑国磊

封面题字:邓晓峰

出版发行:安徽师范大学出版社

　　　　　芜湖市北京中路2号安徽师范大学赭山校区　　邮政编码:241000

网　　　址:http://www.ahnupress.com

发 行 部:0553-3883578　5910327　5910310(传真)

印　　　刷:安徽联众印刷有限公司

版　　　次:2024年11月第1版

印　　　次:2024年11月第1次印刷

规　　　格:700 mm ×1000 mm　　　　1/16

印　　　张:19.5

字　　　数:263千字

书　　　号:978-7-5676-6855-3

定　　　价:48.00元

凡发现图书有质量问题,请与我社联系(联系电话:0553-5910315)

前 言

　　《论语》是儒家的一部经典，也是中国文化的一部经典，它记载的是孔子及其弟子的言行。在介绍《论语》之前，我们有必要先介绍一下孔子。

　　孔子的先世出自王家，为子姓殷商遗民。孔子的先祖弗父何是宋湣公的长子，让位给弟弟鲋祀（即宋厉公），自为宋国上卿，孔子先祖遂由诸侯之家转为公卿之家，成为宋国世袭的公室贵族。弗父何生宋父周，周生世子胜，胜生正考父。正考父辅佐过宋国三代国君，以谦让见称。他在家庙的鼎文中写道："一命而偻，再命而伛，三命而俯。循墙而走，亦莫余敢侮。饘于是，粥于是，以餬余口。"（《左传·昭公七年》）考父生孔父嘉。孔父嘉是孔子的六世祖，仕宋殇公为大司马，后与宋殇公一起被太宰华父督所杀。孔父嘉生木金父，木金父生夷父羁，夷父羁生防叔。防叔是孔子的曾祖父，为避华氏之祸而奔鲁。防叔生伯夏，伯夏生孔纥。纥字叔梁，故又称叔梁纥。叔梁纥就是孔子的父亲，因其曾为陬邑大夫，所以也叫陬叔纥。叔梁纥是鲁大夫臧孙纥部下的武士，颇以勇武闻名于时。《左传·襄公十年》载：公元前563年，叔梁纥作为鲁国贵族孟献子属下的武士，随诸侯军讨伐小国偪阳。诸侯军兵临城下，偪阳人大开城门，妄称受降，诸侯军不知其诈而争入，偪阳人猛然放下高悬的城门，叔梁纥见势不妙，双手托住千斤城门，诸侯军队得以迅速撤出，避免了一场重大灾难。七年后，叔梁纥与大夫臧孙纥同守鲁国北边的防邑，被高厚率领的齐军团团围困，动弹不得。一天夜里，叔梁纥侦察好敌情，挑选三百精壮，将臧孙纥送出重围，重返防邑坚守。一往一来，如入无人之境（《左传·襄公十七年》）。由于他有勇有谋，遂以武功知名诸侯。叔梁纥先娶妻施氏，生九女，无子；又娶妾，生一子，病足（跛子），取名伯尼，又称孟皮；晚年娶颜氏季女徵在，生孔子（公元前551年），名丘，字仲尼。

孔子三岁而孤，是母亲颜徵在将他一手带大的。大约在孔子十七岁之前，母亲颜徵在去世，孔子将其殡于五父之衢，后得知父亲的墓地，乃合葬于防。十九岁，孔子娶宋人亓官氏之女为妻，生子孔鲤（字伯鱼）。

孔子从小生活贫寒，但很早就立志求学，并逐渐在社会上产生了一定的影响，尤其是在礼学方面颇为人知，以至于鲁大夫孟僖子将死，嘱其二子孟懿子与南宫敬叔向孔子学礼。大约在30岁时，孔子始设私学，招收门徒，颜路（颜回的父亲）、曾点（曾参的父亲）都是他早期的弟子。

孔子很有学问，也很有抱负，但在仕途上并不顺利。他早年在季氏手下做过委吏、乘田吏等低级官吏。大约35岁，因鲁乱而奔齐，为高昭子家臣，借以进见齐景公。齐景公欲以尼谿田封孔子，被人阻挠，没有成功。孔子自齐返鲁，主要从事学术和教育，名誉日广，门徒渐多。他精通诗书礼乐，提倡仁义，颜回、子路、子贡等众子弟前来问学。鲁国权臣阳虎意欲招纳孔子，但孔子看不惯"陪臣执国命"，不愿意出仕。后阳虎叛鲁奔齐，孔子任中都宰，卓有政绩，很快升任司空，又为大司寇，至此始为卿职。鲁定公与齐景公在夹谷（在今山东莱芜境内）会盟，孔子以大司寇身份摄行相礼，在会盟中坚决维护鲁国的外交尊严和国家利益，取得了重大的外交胜利。孔子欲张公室，故使仲由为季氏宰，将堕三都，但为三桓所阻，未获成功。孔子不得不离开鲁国，结束在鲁国为时不长的仕宦生活（51—55岁），带领子路、颜回、子贡等弟子周游列国十余年，其志皆不得伸，"累累若丧家之犬"（《史记·孔子世家》）。直到68岁的高龄，他才回到鲁国。孔子返鲁，鲁终不用孔子，孔子亦不求仕，专心从事文献整理和教育事业，删《诗》《书》，定《礼》《乐》，修《春秋》，聚徒授业，有若、曾参、言偃、卜商、颛孙师皆从其学。

纵观孔子一生，从政的时间不长，并未取得很大的政治成就。但他关心政治，对鲁国和春秋时期其他国家的政治事件、政治人物多有评论，这些评论体现了深刻的政治思考、远大的政治理想，对后世产生了巨大的影响。他提倡礼治、德政（"为政以德""道之以德，齐之以礼"），主张"修己安人"，"养民也惠"，"使民也义"，反对严刑苛法、滥杀无辜："苛政猛于虎。""子为政，焉用杀？"他相信"善人为邦百年，亦可以胜残去杀矣"。他希望执政者博施济众、周急不继富，痛恨执政者搜刮民脂民膏的行为，对弟子冉求为季氏聚敛财富的行为，他非常生气："非吾徒也。小子鸣鼓而攻之，可也。"他认为执政者要"居之无倦，行之以忠"，告诫执政者"子帅以正，孰敢不正"，要求他们举贤使能，"尊贤而容众"，"赦小过，举贤才"，"举直错诸枉"，使有才之士都能"陈力就列"。他向往"不令而行""近者说，远者来""四方之民襁负其子而至"的治国图景。这些都是很好的见解，至今仍值得我们重视。他就士人提出的一些人生思考和人生追求，有些方面至今还在产生积极的影响，如"笃信好学，守死善道""朝闻道，夕死可矣""士志于道，而耻恶衣恶食者，未足与议也""士而怀居，不足以为士矣""当仁，不让于师"。

孔子更关心教育、关心学术，在教育人才、思想文化方面取得了巨大的成就，从而成就了他伟大的教育家、思想家的历史地位。孔子广收门徒，培养了一大批优秀弟子，并在长期的教学实践中总结出很多行之有效的教学经验，提出了很多很好的教育理念，诸如有教无类的教育思想，循循善诱的教学风格，因材施教的教学原则，启发式的教学方法，这些都是中国教育史上的宝贵财富。

《史记·孔子世家》："孔子以诗书礼乐教，弟子盖三千焉，身通六艺者七十有二人。"《史记·仲尼弟子列传》："孔子曰：'受业身通者七十有七人。'皆异能之士也。"《史记·儒林列传》："自孔子卒后，七十子之徒散游诸侯，大者为师傅卿相，小者友教士大夫，或隐而不见。故子路居卫，子张居陈，澹台子羽居楚，子夏居西河，子贡终于齐。如田子方、段干木、吴起、禽滑釐之属，皆受业于子夏之伦，为王者师。是时独魏文侯好学。后陵迟以至于始皇，天下并争于战国，儒术既绌焉，然齐、鲁之间，学者独不废也。于威、宣之际，孟子、荀卿之列，咸遵夫子之业而润色之，以学显于当世。"曾子居武城，"从先生者七十人"（《孟子·离娄下》）。澹台灭明"南游至江，从弟子三百人"（《史记·仲尼弟子列传》）。韩愈《进学解》："孟轲好辩，孔道以明。"正是因为有这些弟子及其后学，孔子的思想才得以发扬光大，儒家思想才成为显学。《韩非子·显学》："自孔子之死也，有子张之儒，有子思之儒，有颜氏之儒，有孟氏之儒，有漆雕氏之儒，有仲良氏之儒，有孙氏之儒，有乐正氏之儒。"于此可见孔门人才之盛和儒家思想影响之大，也可见出孔子教育之成功。

孔子不仅是优秀的教育家，也是优秀的学者。他非常好学，"十有五而志于学"，"发愤忘食，乐以忘忧，不知老之将至云尔"。在长期的求学过程中，他积累了丰富的学习经验，这些经验至今都给人以启迪，如"学而不思则罔，思而不学则殆"，"知之为知之，不知为不知，是知也"，"知之者不如好之者，好之者不如乐之者"，"三人行，必有我师焉：择其善者而从之，其不善者而改之"，"温故而知新，可以为师矣"，"敏而好学，不耻下问"。

出于教学和学术研究的需要，孔子整理了《诗经》《尚书》《易经》《春秋》等诸多文化典籍。这些著作后来都成为中国文学、史学、哲学的经典之作，对中国文化的发展发挥了重大作用。司马迁说："夫学者载籍极博，尤考信于六艺"（《史记·伯夷列传》）、"自天子王侯，中国言六艺者，折中于夫子"（《史记·孔子世家》），可以想见孔子整理的这批著作在古代中国产生了多大的影响。章太炎曰："自老聃写书征藏，以诒孔氏，然后竹帛下庶人。六籍既定，诸书复稍稍出金匮石室间""追惟仲尼闻望之隆，则在六籍""令人人知前世废兴、中夏所以创业垂统者，孔氏也""微孔子，则学皆在官，民不知古"（《检论·订孔上》），"令仲尼不次《春秋》，令虽欲观定、哀之世，求五伯之迹，尚荒忽如草昧。夫发金匮之藏，被之萌庶，令人不忘前王，自仲尼、左丘明始"（《国故论衡·原经》），同样肯定了孔子作为一个学者对古籍整理、文化传播的贡献。

孔子在长期的学术研究和教学实践中，逐渐形成了自己的学说，集中体现在仁学和礼学上面。他重视仁智勇，提倡忠信、孝悌，但最重视的是仁。仁是孔子最重要的思想。他也重视礼乐，并将其与仁义结合起来，主张"克己复礼为仁"。孟子、荀子分别发挥了孔子的仁学和礼学思想，促进了儒家的道德建设和制度建设。孔子虽然很少在学生面前讨论天道性命，但他本人对此有过深刻的思考（《论语》中很少这方面的内容，但其他文献保存了这方面的内容），后来的宋明理学着重阐发这一点，由此发展为新儒学。孔子重视中庸之道，这是他重要的思想，也是他的方法论，《论语》中"过犹不及""居简而行简，无乃大简乎""无适也，无莫也"就是中庸思想的体现。在知行关系方面，孔子更重视行，主张言行一致，要求慎言，反对巧言令色，这体现了儒家的实干精神和务实品格。

孔子的思想在春秋时期就产生了很大的影响。孟子"受业子思之门人"（《史记·孟子荀卿列传》），自谓："予未得为孔子徒也，予私淑诸人也"（《孟子·离娄下》），"乃所愿，则学孔子也"（《孟子·公孙丑上》）。他称孔子为"集大成者""圣之时者"（《孟子·万章下》），还借孔子弟子之口，对孔子做出了高度的评价："自生民以来，未有夫子也""自生民以来，未有盛于孔子也""夫子贤于尧舜远矣"（《孟子·公孙丑上》）。"荀卿之学，出于孔氏，而尤有功于诸经"（汪中《述学·荀卿子通论》）。荀子称孔子是"通则一天下，穷则独立贵名，天不能死，地不能埋，桀、跖之世不能污"（《荀子·儒效》）的大儒，又赞美孔子"德与周公齐，名与三王并"，其学术"足以为先王者也"（《荀子·解蔽》）。他在批判十二子的同时高度肯定了孔子，说他"无置锥之地，而王公不能与之争名"，甚至说孔子是"圣人之不得势者"，这就是把孔子等同于舜、禹等"圣人之得势者"（《荀子·非十二子》）。墨子早年"学儒者之业，受孔子之术"（《淮南子·要略训》），虽然他后来走向儒家的对立面，但仍然承认孔子"是亦当而不可易者也"（《墨子·公孟》），并积极吸收孔子的思想，所以《淮南子·主术训》曰："孔、墨皆修先圣之术，通《六艺》之论。"《墨子》一书中的《非儒》《公墨》固然与儒家相辩难，但《修身》《亲士》《所染》三篇实为儒家之言，可为《淮南子》之例证。庄子、韩非子作为儒家的对立面，对孔子有过批判，但批判本身就证明了孔子在当时具有巨大的影响，更何况这些对立面对孔子不乏赞美："仲尼，天下圣人也，修行明道以游海内，海内悦其仁、美其义而为服役者七十人"（《韩非子·五蠹》），"仲尼为政于鲁，道不拾遗"（《韩非子·内储说下》），"吾且不得及乎"（《庄子·寓言》）。《庄子·天下篇》《人间世》及其他篇章，对孔子、墨子及颜回都大力歌颂。特别是《庄子·天下篇》批判诸子，未及孔子，可见庄子对孔子的推尊；把儒术和"古之道术"联系起来，并不另立为一家，表示儒家是"古之道术"的正传。虽然《天下篇》不是庄子本人写的，但足以见出庄学对孔子是尊敬的，以至于苏轼认为"庄子盖助孔子者"（《庄子祠堂记》），王叔岷认为庄子是最理解孔子、最尊敬孔子的人，"庄子了解孔子，在儒家者流了解孔子之上"（《慕庐论学集一》）。至于法家，也不只是儒家的对立面，有学者就认为法家与儒家有渊源，这种渊源可以追溯到孔门弟子甚至孔子那里，如钱穆讲"法原（源）于儒"（《先秦诸子系年考辨·自序》），郭沫若说"前期法家，在我看来是渊源于子夏氏。子夏氏之儒在儒中是注重礼制的一派，礼制与法制只是时代演进上的新旧名词而已"（《十批判书·前期法家的批判》），李存山说"商鞅虽然是法家，但其有儒学的学养根底"（《反思经史关系：从"启攻益"说起》）。这说明百家争鸣与儒家关系密切，即使是以儒家为争鸣的对象，也对儒家思想有吸收、借鉴，再激烈的批判也不能淹没儒家思想的光芒和孔子的巨大影响力。

　　秦汉以来的学者、思想家对孔子也是赞不绝口。《吕氏春秋·先识览·乐成》"称子产、孔子为能"。司马迁在《孔子世家》中赞曰："余读孔氏书，想见其为人。适鲁，观仲尼庙堂车服礼器，诸生以时习礼其家，余祗回留之不能去云。天下君王至于贤人众矣，当时则荣，没则已焉。孔子布衣，传十余世，学者宗之。自天子王侯，中国言六艺者折中于夫子，可谓至圣矣！"扬雄说孔子是"成天下之大顺，致天下之大利，和同天人之际"（《法言·问神》）的圣人，《法言》一书就是他模仿《论语》而作的。王充尽管有《问孔》《刺孟》等篇章表达对儒家的不满，但不反对孔子，仍然承认孔子是"道德之祖，诸子之中最卓者也"（《论衡·本性篇》）。魏晋时期著名的玄学家何晏、王弼虽然推崇老庄，但"咸云老未及圣"（释道安《二教论·君为教主》），都承认孔子是圣人，且都注过《论语》（何晏有《论语集解》，王弼有《论语释疑》）。玄学家郭象注过《庄子》，也著有《论语体略》，可见倡导老庄的玄学家们骨子里仍然充满儒家的精神，仍未忘记孔子和《论语》。隋末大儒王通自比尼山，所著《中说》（亦称《文中子》）记录其与门徒的问答，比扬雄的《法言》更刻意模仿《论语》。古人云："天不生仲尼，万古如长夜。"（《朱子语类》卷九十三）"孔子以前，既无孔子；孔子之后，更无孔子。孔子孔子，大哉孔子！"（米芾《夫子赞》）可见宋人对孔子的推崇；直至明清，这种推崇未曾稍减。王阳明说"求之于心而非也，虽其言之出于孔子，不敢以为是也"（《传习录》卷中《答罗整庵少宰书》），李贽也说"咸以孔子之是非为是非，故未尝有是非"（《藏书·世纪列传总目前论》），但这些言论只能说明他们不像理学家那样迷信孔子，并不代表他们否定孔子。近代以来批评孔子的声音越来越多，但肯定孔子的言论也不少，如夏曾佑说："孔子一身，直为中国政教之原；中国之历史，即孔子一人之历史而已。"（《中国古代史》第二章第三节《孔子以前之宗教上》）吴宓说："孔子者，理想中最高之人物也。其道德智慧，卓绝千古，无人能及之，故称为圣人。圣人者模范人，乃古今人中之第一人也。"（《孔子之价值及孔教之精义》）柳诒徵说："孔子者，中国文化之中心也。无孔子则无中国文化。自孔子以前数千年之文化，赖孔子而传；自孔子以后数千年之文化，赖孔子而开。"（《中国文化史·孔子》）钱穆也在《孔子传》的序言中说："孔子为中国历史上第一大圣人。在孔子以前，中国历史文化当已有两千五百年以上之积累，而孔子集其大成。在孔子之后，中国历史文化又复有两千五百年以上之演进，而孔子开其新统。在此五千多年，中国历史进程之指示，中国文化理想之建立，具有最深影响最大贡献者，殆无人堪与孔子相比伦。"蒋伯潜则在《诸子通考·绪论》中说："诸子以孔子为第一人，诸子之书以《论语》为第一部。"

在古代，孔子的官方地位很高，而且一步步上升。孔子逝世不久，鲁哀公给他写的诔文（悼词）称他为"尼父"（《左传·哀公十六年》），表示对孔子的尊敬。汉高祖刘邦过鲁，用太牢祭孔子；汉武帝罢黜百家，独尊儒术；汉元帝将孔子封为"褒成宣尼公"，魏正始年间尊孔子为"先圣"，唐玄宗开元二十七年（739）封孔子为"文宣王"，宋真宗大中祥符五年（1012）加封孔子为"至圣文宣王"，西夏国主李仁孝尊孔子为"文宣帝"，元成宗大德十一年（1307）封孔子为"大成至圣文宣王"，明清两代又改封为"至圣先师"（参刘禺生《世载堂杂忆·孔子历代封谥》）。早在鲁哀公十七年（公元前478）就在孔子旧宅建立孔庙。北齐时期，各郡学皆立孔庙。唐武德二年（619），于国子学立孔庙；贞观四年（630），各州县立孔庙。其后历代相沿成习。清康熙二十三年（1684），皇帝亲题"万世师表"匾额，悬挂于各地孔庙。汉代以后历代王朝还给孔子后裔各种封号，西汉末称褒成侯，唐开元中封文宣公，宋仁宗时改封衍圣公，此后衍圣公世代沿袭。这些行为在主观上当然是维护封建统治者的利益，但客观上提高了孔子的地位，扩大了孔子的影响。即使是在传统文化被大加鞭挞的五四时期，学界也不乏对孔子的好评。李大钊虽然不认可孔子是"万世师表"，但也承认"孔子于其生存之社会，确足为社会之中坚，确足为时代之圣哲"，他说："予之掊击孔子，非掊击孔子之本身，乃掊击孔子为历代君主所雕塑之偶像的权威也。非掊击孔子，乃掊击专制政治之灵魂也。"（《自然的伦理观与孔子》）毛泽东同志说："从孔夫子到孙中山，我们应当给以总结，承继这一份珍贵的遗产。"（《中国共产党在民族战争中的地位》）

孔子是世界哲学史上的大哲人。孔子的思想传到西方，对欧洲资产阶级启蒙思想的兴起起到了重要的推动作用。"百科全书派"的领袖伏尔泰可以说是西方崇拜孔子的第一人，他赞美孔子是"真理的解释者"，公开承认自己受过儒家现世主义的影响，认为每个人都应该把"己所不欲，勿施于人"作为座右铭，罗伯斯庇尔则把这八个字当作自由道德的标准和道德的最后界限写进《人权宣言》和《法兰西共和国宪法》。莱布尼茨、歌德等人都曾狂热崇拜过中国文化，莱布尼茨在《致爱伦斯特的一封信》中称赞孔子为"中国哲学者之王"。歌德由于他对孔子思想的赞赏与尊崇，被称为"魏玛的孔夫子"。就是对孔子评价不高的黑格尔也在《哲学史讲演录》中不得不写道："孔子思想在莱布尼茨时代曾经轰动一时。"美国哲学家爱默生认为孔子是"中国文化的中心"，是"全世界各民族的光荣"，"孔子是哲学上的华盛顿"，并表示"对于这位东方圣人极为景仰"。梭罗在《瓦尔登湖》中也多次引用孔子的话来表达他的哲学思想。20世纪以后，西方哲学家发生转向，不少学者开始怀疑西方的概念体系，转而向异域思想家探寻新的哲学路径。在这种背景下，部分西方学者关注孔子的思想，不断凸显孔子对20世纪西方哲学的价值，以及孔子哲学的世界意义。英国著名学者李约瑟认为从《论语》可以认识到"儒家的学说是最富于社会意识和人道主义精神的；这是世界上任何地域的哲学思想所不能比拟的"。德国哲学家雅斯贝斯在《历史的起源与目标》中将孔子列入人类轴心时代的主要人物，指出"人类一直靠轴心时代所产生的思考和创造的一切而生存，每一次新的飞跃都回顾这一时期，并被它重新燃起火焰"。美国著名汉学家顾立雅认为孔子"在现代西方的某些最基本的社会和政治思想的发展过程中，孔子思想发挥过作用"（《孔子与中国之道》自序）。希尔伯特·芬格雷特在《孔子：神圣的凡夫》一书中否认孔子是一位"乏味和褊狭的说教者"，开始把孔子视为承认语言的完成行为式功能及其与社会习俗相互依存的道德哲学的指南，系统地展现了把超越性归属于孔子所造成的后果。美国当代哲学家已经出现了以南乐山、白诗朗为首的"波士顿儒学"和以安乐哲、郝大维为代表的"夏威夷儒学"。白诗朗在《普天之下：儒耶对话中的典范转化》中指出："对于如何解决环境危机、人权论争、文化价值、经济全球化以及神学对话和精神性的分享等各种各样的论题，儒者与基督徒如今可以随时互相讨论。"郝大维、安乐哲在《通过孔子而思》中把孔子树立为摆脱西方人对超验的长期依赖的后现代主义的楷模。尽管有学者认为儒家文明不能适应现代文明（如列文森《儒教中国及其现代命运》），但同样有不少学者肯定了孔子及儒家思想的当代价值，如英国历史学家汤因比说，拯救21世纪人类社会的只有中国的儒家思想和大乘佛法。1988年1月，瑞典科学家、诺贝尔物理学奖获得者汉内斯·阿尔文在巴黎召开的诺贝尔奖获得者国际大会上提出："人类要生存下去，就必须回到25个世纪以前，去吸取孔子的智慧。"2000年，孔子被联合国教科文组织评为"世界十大文化名人"之一。现在，孔子已经成为"世界历史上最有影响的人物"之一，被尊为"世界十大思想家"之首（见威尔·杜兰特《历史上最伟大的思想》）。

总的来说，西方学者对包括儒家哲学在内的中国古代哲学的理解发生了很大的变化，孔子思想、儒家哲学的现代性受到了普遍关注，海内外的新儒家对此更是做了不遗余力的强调、研究。一些日本企业家也很推崇《论语》，他们善于从这部儒家经典中汲取商业智慧，如"日本近代工业之父"涩泽荣一著的《论语与算盘》主张"在算盘和《论语》的基础上建设现代化企业"，被誉为"实践论语"。日本著名企业家松下幸之助从《论语》受到启示，提出"反躬自省，诚心体会"的修养方法，"每天反省有没有做出违背良心的事，有没有愧对他人，这是个人修养中最重要的事。"（《企业经营要术——日本著名企业家松下幸之助谈话选集》）这说明孔子的思想、《论语》等儒家经典，对我们建设精神文明仍然有价值，启发我们思考古代经典著作与现代工商业的内在联系，以及如何对古代经典进行现代转化，使其成为中国现代化进程中的思想资源。

《论语》是了解孔子本人思想的基本著作（尤其是前面十五篇）。此外，《易传》《左传》《孝经》《礼记》也保存了不少孔子的言论，这些都是研究孔子思想的重要著作。

《论语》由篇和章组成。所谓"章"，即一个个相互独立的段落，"篇"是"章"的集合，各篇的章数不等（据杨伯峻《论语译注》统计，全书共512章）。章与章之间、篇与篇之间没有严密联系，只是大致以类相从。《论语》共二十篇，前十篇被称为《上论语》，后十篇被称为《下论语》。各篇取篇首两字作为篇名，如《学而篇第一》首句为"学而时习之"，《为政篇第二》的首句为"为政以德"。全书不到2万字，在十三经中是字数较少的一部书。

《论语》作为孔子言论之汇编，由他的弟子及再传弟子编成，究竟出自谁之手，学界有不同看法。东汉郑玄认为《论语》是仲弓、子游、子夏等撰定；唐人柳宗元的《论语辩》（上篇）认为是曾子弟子乐正子春、子思等人所为，因为《论语》记曾子死事；北宋理学家程颐、清代学者崔述和近代著名学者梁启超认为是曾子、有子二人的弟子所撰，理由是书中对孔门弟子都称字，只有他们两人被特别尊称为"子"——我们可以说《论语》中部分内容由他们所记，但据此认定《论语》全由他们记录，则嫌证据不足。日本学者主张是由琴张、原宪编辑的："《上论》成于琴张，而《下论》成于原思。"（徂徕一新《论语徵甲》）此说已经被俞樾、钱穆等人驳斥过了。杨伯峻说《论语》一书有孔子弟子原宪、琴牢的笔墨，也有子张、子夏的弟子的笔墨，编纂者很可能是曾参的弟子，汇集成书约在战国初期。还有学者结合新出土材料，指出《论语》的编纂是子思主持完成的（杨朝明《新出竹书与〈论语〉成书问题再认识》，《中国哲学史》2003年第3期）。实际上，《论语》非一人所记，成书亦非一时，而是当时弟子各有所记，孔子死后，门人互相讨论编辑而成，《汉书·艺文志》就是这样记载的："《论语》者，孔子应答弟子、时人，及弟子相与言而接闻于夫子之语也。当时弟子各有所记。夫子既卒，门人相与辑而论纂，故谓之《论语》。"也就是说，它的原始记录可能杂出众手，结集工作是由孔子门人及再传弟子完成的，最后编定当在战国初期，因为书中记到了孔子晚年最年轻的学生曾参的死，又记了曾参与鲁国孟敬子的一段对话，"敬"是谥号，孟敬子卒于战国初期，《论语》的编辑成书不大可能早于战国初期。传世文献中最早提到"论语"一词的是《礼记》，其《坊记篇》曰："子云：'君子弛其亲之过，而敬其美。'《论语》曰：'三年无改于父之道，可谓孝矣。'"《礼记》一般被认为是战国至汉初的作品，《坊记篇》常被视为是子思的作品，子思的生卒年约为公元前483—前402年，那么《论语》成书的下限当在公元前402年之前。《吕氏春秋·孟夏纪·劝学》："孔子畏于匡，颜渊后，孔子曰：'吾以汝为死矣。'颜渊曰：'子在，回何敢死？'"这段文字亦见于《论语·先进》。《孟子》中也有不少引用《论语》的文字。可见《论语》在战国后期已经流行开来。

汉朝人引《论语》，有时单称《论》或《语》，有时别称《传》或《记》。根据《汉书·艺文志》的记载，西汉初年有三种不同版本的《论语》：今文《论语》两家，即鲁人所传的《鲁论语》（20篇）、齐人所传的《齐论语》（22篇）；另有古文《论语》一家，即汉武帝时出于孔壁的古文《论语》（21篇）。三家传本除文字略有差别外，内容大同小异。西汉末年，汉成帝的老师、安昌侯张禹以"鲁论"为依据，参考"齐论"，"择善而从之"，编为定本，号为"张侯论"，这是《论语》的第一次改订本。由于张禹的地位尊贵，所以他的本子被"立于学官"，为当时的儒生所尊奉。东汉末年，郑玄以《鲁论语》为底本，参考《齐论语》、古文《论语》，编校成一个新的本子，并加以注释——这是《论语》的第二次改订本，也就是现在通行各本的祖本。1973年，在河北定县汉墓发现了竹简本《论语》，是目前发现的最早的《论语》版本，有学者据此认为汉代《论语》的流传至少有四家——《齐论语》、《鲁论语》、古文《论语》以及竹简本《论语》①。

　　《论语》是儒家的经典，不过，这个经典地位是逐步形成的。西汉的时候，《论语》和《孟子》《孝经》《尔雅》同被列为"传记博士"，但地位低于五经博士。东汉崔寔《四民月令》："十一月，研冰冻，命幼童读《孝经》《论语》篇章，（入）小学。"可见，到了东汉，《论语》已经成为读书人的启蒙读物和必读书，曾被列入七经。从宋代起，《论语》成为现传《十三经》之一。到南宋，理学大师朱熹将其列入"四书"（《论语》《孟子》《大学》《中庸》）。此后八百年间，"四书"一直被列为科举考试的内容，《论语》遂成为读书人的必读书，这就进一步扩大了《论语》在社会上的影响。当然，《论语》的影响不仅于此。在古代，包括《弟子规》在内的各种蒙学读物以及各种家训，也都是传播儒家思想的重要载体，这些读物也扩大了《论语》在民间的影响。

---

　　①清代学者翟灏《四书考异·总考》卷十三认为还有"燕论语"："汉时通谓《论语》为传，《燕传》犹言《燕论语》。"

时至今日，我们也可以从一些人的取名（甚至包括日本人的取名）、一些高校的校训以及不少出自《论语》的成语，感受到《论语》在当代社会的巨大影响力。

因为是儒家的经典，在儒家思想占据统治地位的封建社会，《论语》自然吸引了很多学者的关注，不少学者为之校勘、注释，从而给后世提供了很多可供参考的学术著作。根据不完全统计，有关《论语》的著作达数千种，比较有名的有：

东汉郑玄的《论语注》。郑玄是当时的经学大家，他的《论语注》在《论语》研究史上有着极其重要的地位，遗憾的是原书已经佚亡，但20世纪初以来，在敦煌、吐鲁番和其他古墓中陆续出土了该书的手抄本，经拼缀复原，已大致窥见它的原貌了，这是迄今见到的最早的《论语》注本，其参考价值和研究价值自不待言。

三国时期曹魏时的玄学大家何晏领衔，由孙邕、郑冲、曹羲、荀顗、何晏五人撰写的《论语集解》。全书共十卷，为现传最古的《论语》完整注本，汇集了东汉以前人们对《论语》的研究成果，其中征引的文献现在多半不存在。无论是从所保存的《论语》文本看，还是从注释成果看，价值都很高。清朝以前，一般看不到单行的《论语集解》，主要是在注疏本中流传。大约在光绪年间，从日本传来了他们在正平时代所刻的《论语集解》，引起学术界的关注。

何晏之后，有萧梁时代的皇侃为《集解》作疏，即《论语义疏》（十卷）。此书虽就何晏等人撰写的《论语集解》作疏，但"多以老庄之旨，发为骈俪之文，与汉人说经相去悬绝"（皮锡瑞《经学历史》第六章《经学分立时代》），且多依傍前人，又"时有鄙近"，颇为后世学人不满。以至于到南宋时国内不传此书，乾隆年间才由日本传入我国。

隋唐两代，《论语》学无甚名著。韩愈、李翱撰《论语笔解》，以空说解经，渐开宋学的端绪。北宋有邢昺等人的《论语注疏》，邢疏基本上是在皇疏的基础上成书，但也融入了新的思想，遂取代了皇疏的地位，成为后人所尊崇的"十三经标准注疏本"。邢疏为汉学、宋学转变期的作品。

之后的宋儒有不少人对《论语》都有所著述。最值得一提的是理学家朱熹和他的《论语集注》（十卷，见于他的《四书章句集注》）。朱熹不依傍何晏《论语集解》，重新集注，所集诸家之说，以宋人为主，兼取汉魏古注，是宋代《论语》注释的集大成之作，影响颇大。元、明以降，《论语》学大底以朱注为中心。

清初研究《论语》的，还没有超出宋学的范围。直到刘台拱撰《论语骈枝》、方观旭撰《论语偶记》、钱坫撰《论语后录》、包慎言撰《论语温故录》、焦循撰《论语通释》，才恢复汉注的传统，其中以刘、焦二氏的书为精审。其后，刘宝楠、刘恭冕父子合著的《论语正义》（二十四卷），以何晏《论语集解》为主，同时充分吸收了前人的注释成果，对《论语集解》的谬误多所匡正；还采集了不少清人注释、考证《论语》的新材料；在注释中注重文字训诂、史实考订和经义阐述，尤其对古代的典章名物制度、风俗礼节、历史事件以及人名地名的注释考证，更为详备。周予同认为"其详博超于旧疏"（《论语正义》点校说明），可以说是《论语》旧注中水平最高的。

在《论语正义》之后，又有一部集大成的《论语》整理成果，这就是近人程树德的《论语集释》（四十卷）。其价值主要在注释方面，校勘虽专列"考异"一项，但主要采摘他人成果，且比较疏略。此书集中了大量校释、考证和义理分析的成果，征引书籍六百八十种，还包括了《论语正义》之后的新成果。

杨树达的《论语疏证》（二十卷）也独具特色。本书的宗旨是广泛取证以疏通孔子学说，所证的内容包括字义、文句、学说、事例、道理，并且体现由浅入深、由近及远的层次。对材料注意区分源流、分别对待。按断立说有据，并注意创新。这是一部很有价值的著作，其强调以《论语》证《论语》的方法尤为可取。

　　《论语》今注今译的著作不少，杨伯峻的《论语译注》、钱穆的《论语新解》较为突出。在《论语》新注中，杨伯峻的《论语译注》有开创之功，堪称最常用的入门之书。作者不仅对字面词义、语法规律、修辞方式、历史知识、地理沿革、名物制度和风俗习惯等，作了考证性的简明注释，而且对全书作了今译，书后附有《论语词典》，为研读《论语》提供了便利。此书雅俗共赏，在《论语》的研究和普及上起了很大的作用。钱穆的《论语新解》分《论语》的前十篇、后十篇为上下编。内容包括解释和白话试译两部分，解释以诠释、讲解为主，偶尔介绍异说，时有判断。此外还留意对章旨的分析。另有孙钦善的《论语注译》，注、译并重，尤其注意用材料互证特别是以《论语》前后互证的方法阐明孔子的思想①。

　　《论语》对我们培养文言文的语感，提高文言文的阅读能力，理解中华优秀传统文化，提升个人的道德修养和精神品格，都有很大的帮助。本书选取《论语》若干章，分类编排，并加以简要注释，供《论语》爱好者阅读。书后附录五种，可供读者选读《论语》之参考。《论语》文本依据的是杨伯峻的《论语译注》（间有不同），注解主要参考了杨伯峻的《论语译注》、钱穆的《论语新解》、孙钦善的《论语注译》、金良年的《论语译注》、徐志刚的《论语通译》、李零的《丧家狗——我读〈论语〉》，有关人物的传记和年谱主要参考了《史记》中的《孔子世家》和《仲尼弟子列传》、钱穆的《孔子传》、匡亚明的《孔子评传》、金景芳等的《孔子新传》、高专诚的《孔子·孔子弟子》，《论语》的分类参考了林语堂的《孔子的智慧》第五章、钱穆的《孔子传》所附《论语新编》、李零的《丧家狗——我读〈论语〉》附录的《主题摘录》、钱宁的《新论语》，附录中的《史记·孔子世家》和《仲尼弟子列传》文本和注释依据的是中华书局点校本《史记》和韩兆琦的《史记全本全注全译》（中华书局2010年版），择善而从。

　　────────────

　　①以上各家注本的介绍主要参考《十三经说略》"论语"部分。

目 录

（一）论道与德

《卫灵公》：子①曰："君子谋道不谋食。耕也，馁②在其中矣；学也，禄在其中矣。君子忧道不忧贫③。"

【注】

①子：古代对有地位、有学问、有道德修养的人的尊称，如孔子、孟子、老子、孙子、庄子、荀子、韩非子。此处指孔子。

②馁（něi）：饥饿。

③君子忧道不忧贫：《荀子·修身》："士君子不为贫穷怠乎道。"

《里仁》：子曰："朝闻①道，夕死可矣。"

【注】

①朝（zhāo）：早上、早晨。闻：听到、知道、懂得、明白。《关尹子·一宇》："闻道于朝，可死于夕。"陆云教导周处改过时曾引过孔子这句话："古人贵朝闻夕死，况君前途尚可。且人患志之不立，亦何忧令名不彰邪！"（《世说新语·自新》）"汉语拼音之父"周有光的文集《朝闻道集》，著名美学家王朝闻先生早年改取此名，皆源于孔子此语。

《泰伯》：曾子①曰："士不可以不弘毅②，任重而道远③。仁以为己任④，不亦⑤重乎？死而后已⑥，不亦远乎？"

【注】

①曾子：名参（shēn），字子舆。春秋末年鲁国人，是被鲁国灭亡的郰国贵族的后代。少孔子四十六岁，《论语》提及十四次。他和他的父亲曾点都是孔子的学生。曾子从学是在孔子晚年，所以未被列入"孔门十哲"，

但以其学传子思(孔伋),开创了思孟学派,在儒学发展史上占有重要的地位,后世尊他为"宗圣",仅次于"复圣"颜渊。

②士:古代对知识分子的通称。弘:坚强、强大。毅:刚毅、坚毅。

③任重而道远:担子很重,道路遥远,比喻责任重大。任:负担。道:路途。

④仁以为己任:"以仁为己任"的倒装。仁:仁德、仁道,儒家道德的最高标准。

⑤不亦……乎:表反问。亦:句中语助词,起调节语气作用,可以不译。

⑥已:停止。

《里仁》:子曰:"参①乎,吾道一以贯之②。"曾子曰:"唯③。"子出,门人④问曰:"何谓⑤也?"曾子曰:"夫子之道,忠恕⑥而已矣。"

【注】

①参(shēn):即曾子。

②一以贯之:即"以一贯之"。以:介词。贯:贯穿。之:代词,指"道"。

③唯:应答词。"诺"也表示应答,但"唯"更有尊重的意味。

④门人:指孔子的其他弟子。

⑤何谓:谓何,说什么。"何"是"谓"的前置宾语。

⑥忠恕:朱熹《论语集注》卷二:"尽己之谓忠,推己之谓恕。"

《卫灵公》:子贡①问曰:"有一言而可以终身行之②者乎?"子曰:"其恕乎③!己所不欲,勿施④于人。"

【注】

①子贡:复姓端木,字子贡,名赐(贡也有赐的意思)。春秋末年卫国人,少孔子三十一岁,《论语》提及三十八次,和子路一样多。子贡与子路一文一武,犹如孔子的左右手。子贡是孔门十哲"言语"科的高材生,是出色的外交家,曾任鲁、卫两国之相:"子贡一出,存鲁,乱齐,破吴,强晋而霸越。子贡一使,使势相破,十年之中,五国各有变。"(《史记·仲尼弟子列

传》)又因其善于经商(曾经经商于曹、鲁之间,富致千金),被后世奉为儒商鼻祖,所谓"陶朱事业,端木生涯""经商不让陶朱富,货殖当推子贡贤"。

②终身:一辈子。行之:奉行去做。

③恕:宽容。其……乎:表揣测。其:语气词。

④施:施加,这里有"强加"的意思。

《泰伯》:子曰:"笃信好学①,守死善道②。危邦不入,乱邦不居③。天下有道则见,无道则隐④。邦有道,贫且贱焉,耻也;邦无道,富且贵焉,耻也⑤。"

【注】

①笃信好学:对道德和理想抱有坚定的信心,勤学好问。

②道:这里指治国做人的原则与方法。下文"有道""无道",则指社会政治局面的好与坏、国家政治是否走上正道。守死善道:坚守美德至死不渝。屈原"虽九死其犹未悔",就是"守死善道"的典型代表。

③危邦不入,乱邦不居:《左传·昭公十九年》:"谚曰:'无过乱门。'民有兵乱,犹惮过之,而况敢知天之所乱。"《国语·周语下·太子晋谏灵王壅谷水》:"人有言曰:'无过乱人之门。'……夫见乱而不惕,所残必多。"

④见(xiàn):通"现",出现,出来做官。"天下有道则见,无道则隐",即"用之则行,舍之则藏"(《述而》)之意。

⑤邦有道,贫且贱焉,耻也;邦无道,富且贵焉,耻也:即"邦有道,谷。邦无道,谷,耻也"(《宪问》)之意。

《雍也》:子曰:"谁能出不由户①? 何莫由斯道②也?"

【注】

①户:门。

②何莫:为什么没有。莫:没有人。斯:这。道:指孔子所主张的仁义之道。在孔子看来,仁义是人的根本,也是为人处世的必经之道。孟子也

说:"仁,人之安宅也;义,人之正路也"(《孟子·离娄上》)、"仁,人心也;义,人路也。舍其路而弗由,放其心而不知求,哀哉"(《孟子·告子上》)。

《卫灵公》:子曰:"人能弘①道,非道弘人。"

【注】
①弘:发扬光大。

《宪问》:公伯寮愬子路于季孙①。子服景伯以②告,曰:"夫子固有惑志于③公伯寮,吾力犹能肆诸市朝④。"子曰:"道之将行也与⑤,命也;道之将废也与,命也。公伯寮其如命何!"

【注】
①公伯寮:复姓公伯,名寮,字子周,春秋末期鲁国人,孔子的学生,曾任季氏家臣,政治上的投机分子,是孔门的"犹大"。愬(sù):通"诉",诬陷、诽谤。子路:孔子的学生(详见本书第8页有关介绍)。于:向。季孙:季孙氏,此指季康子(季桓子之子),名肥,鲁国权臣,鲁哀公时担任正卿,"康"是他的谥号。
②子服景伯:鲁国大夫子服何,姬姓,子服氏,名何,字伯,谥号"景"。朱彝尊《孔子弟子考》据汉鲁峻石壁画七十二子像有子服景伯,定其为孔子弟子。以:把、拿。
③夫子:指季孙氏。固:已经。于:被。
④犹:还。肆:指处以死刑后陈尸示众。诸:之于。市朝:街市和朝廷。古代被处死的罪犯,士以下的陈尸于市集,大夫以上的陈尸于朝廷。这两句的意思是说,季孙氏被公伯寮迷惑,我有办法杀了公伯寮,并把他陈尸示众。
⑤与(yú):通"欤"。

《八佾》:仪封人①请见,曰:"君子之至于斯②也,吾未尝不得见也。"

从者见③之。出曰："二三子何患于丧④乎？天下之无道⑤也久矣，天将以夫子为木铎⑥。"

【注】

①仪：卫国地名，在今河南兰考境内。封人：守卫边界的官员；封：边界。

②斯：这个(地方)。

③从者：指孔子的学生。见：引见。

④患：担心、担忧。丧(sàng)：失位去国，这里指孔子失掉官位，去鲁适卫。

⑤无道：不正常。

⑥木铎(duó)：一种金口木舌的大铜铃，古时用以召集群众，宣布政教法令。《礼记·明堂位》："振木铎于朝，天子之政也。"这里是将孔子比喻为宣扬教化的人。

《雍也》：子曰："齐一变①，至于鲁；鲁一变，至于道。"

【注】

①变：改变、改革。

《子张》：子张①曰："执德不弘②，信道不笃③，焉能为有？焉能为亡④?"

【注】

①子张：姓颛孙，名师，字子张，春秋末期鲁国人，孔子晚年的学生，曾从孔子游于陈、蔡，少孔子四十八岁。《论语》提及二十次。子张敏而好学，才貌过人，与子游、子夏齐名，《韩非子·显学》把他列为儒家八派之首(子张之儒)。

②弘：弘扬，发扬光大。一说，"弘"即今之"强"字，坚强，坚定不移(见

章炳麟《广论语骈枝》）。

③笃：笃实。

④亡（wú）：通"无"。

《述而》：子曰："志于道，据于德①，依于仁，游于艺②。"

【注】

①据：依据。《礼记·少仪》："士依于德，游于艺。"依于德即据于德。

②游：玩习、熟悉。《礼记·学记》："君子之于学也，藏焉，修焉，息焉，游焉。"艺：即六艺，指礼乐射御书数。《述而》："子在齐闻《韶》，三月不知肉味。"正是孔子"游于艺"的生动写照。

《子张》：子夏①曰："虽小道②，必有可观者焉；致远恐泥③，是以君子不为④也。"

【注】

①子夏：姓卜，名商，春秋末年晋国温人，少孔子四十四岁，"孔门十哲"之一。《论语》提及十九次。曾任莒父宰。孔子死后，他来到魏国，"西河设教"，吴起、田子方、李悝、段干木、公羊高等都是他的学生，连魏文侯都尊他为师，对儒家思想的西传很有贡献。后世称他为"卜子夏""卜先生""传经之儒"。

②虽：虽然。小道：某一方面的技能、技艺，如古代的农、工、医、卜。

③泥（nì）：拘泥，不通达。

④为：学习。

《里仁》：子曰："德不孤，必有邻①。"

【注】

①邻：邻居，这里指志同道合的人。

《颜渊》:子张问崇德、辨惑。子曰:"主忠信,徙义,崇德^①也。爱之欲其生,恶之欲其死。既欲其生,又欲其死,是惑也。'诚不以富,亦祇以异^②。'"

【注】

①主:崇尚、注重。徙义:向义迁移、靠拢,按照义去做。崇德:提高品德。《周易·乾卦·文言》:"忠信,所以进德也;修辞立其诚,所以居业也。"

②诚不以富,亦祇(zhī)以异:出自《诗经·小雅·我行其野》,表现一个被遗弃的女子对丈夫见异思迁的愤怒情绪。以:因为。

《颜渊》:樊迟从游于舞雩^①之下,曰:"敢问崇德、修慝^②、辨惑。"子曰:"善哉问! 先事后得,非崇德与^③? 攻其恶^④,无攻人之恶,非修慝与? 一朝之忿^⑤,忘其身以及其亲,非惑与?"

【注】

①樊迟:孔子的学生,名须,字子迟(须、迟都有等待的意思),春秋时期齐国人。少孔子三十六岁,《论语》提及五次。他学业上成就不大,但很有勇武精神。鲁哀公十一年(公元前484年),他协助冉求打败齐军,为鲁国立下大功。从游:孔子对学生的教导并非局限于课堂,而是渗透在生活的每一个角落,包括出游。"子在川上曰:逝者如斯夫,不舍昼夜"(《子罕》),即其一例。舞雩(yú):古代求雨的祭坛。

②修:何晏《论语集解》引孔安国注:"修,治也。"也就是改正、消除的意思。慝(tè):邪恶、罪恶。《诗经·大雅·民劳》:"式遏寇虐,无俾作慝。"毛传:"慝,恶也。"

③先事后得:即"先难而后获"(《雍也》)。与(yú):语气词,通"欤",表疑问。

④其:这里指自己。恶:缺点、过错。

⑤一朝之忿:一时的气忿、一时的冲动。《周易·损卦·象传》:"君子以惩忿窒欲。"《礼记·祭义》:"恶言不出于口,忿言不反于身。不辱其身,不

羞其亲,可谓孝矣。"

《宪问》:子曰:"骥不称①其力,称其德也。"

【注】
①骥:千里马。称(chēng):称赞,称许。

《述而》:子曰:"德之不修①,学之不讲②,闻义不能徙③,不善④不能改,是吾忧也。"

【注】
①修:培养。《周易·乾卦·文言》:"君子进德修业。"
②讲:研究,就是彻底弄明白。
③徙(xǐ):本义是迁移,这里指徙而从之,使自己的行为接近义。
④不善:不好。

《子罕》:子曰:"已矣乎①! 吾未见好德如好色者也。"

【注】
①已矣乎:算了吧。

《卫灵公》:子曰:"由①,知德者鲜②矣。"

【注】
①由:仲由,即子路(路、由义相关)。因其曾为季氏家臣,故又称季路,春秋末期鲁国卞(今山东平邑县东北仲村)人。孔子早期弟子,少孔子九岁,是孔门弟子中敢于批评孔子的人,孔子说:"自吾得由,恶言不闻于耳。"(《史记·仲尼弟子列传》)《论语》提及他次数最多,达四十二次,可见他与孔子的密切关系及其在孔门中的重要地位。子路以政事称,在孔子

仕鲁期间,任季桓子宰。孔子周游列国期间,子路一直追随;孔子返鲁之前,曾任卫蒲邑宰。孔子回到鲁国,子路与冉有同为季康子宰,后又为卫孔悝宰,最终死于卫国内乱。

②鲜(xiǎn):少。

《雍也》:子曰:"中庸①之为德也,其至②矣乎! 民鲜③久矣。"

【注】

①中庸:指不偏不倚、折中调和的处世态度、处事原则。

②至:最高的。这是赞美中庸为至德。《礼记·中庸》:"子曰:天下国家可均也,爵禄可辞也,白刃可蹈也,中庸不可能也""君子依乎中庸,遁世不见知而不悔,唯圣者能之"。观此可知中庸确为至德。

③鲜(xiǎn):少。

《阳货》:子曰:"乡愿①,德之贼②也。"

【注】

①乡愿:《孟子·尽心下》:"阉然媚于世也者,是乡原也。"用现在的话来说,乡愿就是不讲原则、八面玲珑的好好先生。

②贼:害。

《阳货》:子曰:"道听而途说①,德之弃②也。"

【注】

①道听而途说:在路上听说的,指没有根据的传闻。

②弃:背弃、违背。

《卫灵公》:子曰:"巧言乱①德。小不忍则乱大谋②。"

【注】

①巧言:美言,动听的话。乱:败坏、破坏。

②忍:容忍。则:就。谋:谋划的事情。

《子张》:子夏曰:"大德不逾闲①,小德出入②可也。"

【注】

①大德:最重要的道德。逾:超越、越过。闲:界限、范围。

②小德:指日常行为、生活作风方面的小节,包括仪表、言语等。出入:偏义复词,主要意思在"出",即偏离标准。

【思考题】

1.孔子是如何论述"道"的?

2.在孔子那里,道与德有何区别?

3.如何理解"大德不逾闲,小德出入可也"?

（二）论仁智勇

《子罕》：子曰："知^①者不惑，仁者不忧^②，勇者不惧^③。"

【注】
①知（zhì）：通"智"。
②仁者不忧：同样是追求无忧，《道德经》第十九章曰："绝学无忧。"孔子追求的是"仁者不忧"。"绝学"固然可以无忧，但付出的代价是道德与智慧。相比之下，儒家的"仁者不忧"更具积极意义。
③惧：害怕。孔子在夹谷之会上的表现，可谓智勇兼具。

《宪问》：子曰："君子道者三，我无能^①焉：仁者不忧，知^②者不惑，勇者不惧。"子贡曰："夫子自道^③也。"

【注】
①无能：没有做到。
②知：通"智"。
③自道：自述。

《雍也》：子曰："知者乐水^①，仁者乐山。知者动，仁者静。知者乐，仁者寿。"

【注】
①知（zhì）：通"智"。乐：喜爱，爱好。

《宪问》：子曰："有德者必^①有言，有言者不必有德。仁者必有勇，勇者不必有仁。"

【注】
①德：仁德。必：一定。

《里仁》：子曰："不仁者不可以久处约①，不可以长处乐②。仁者安仁，知者利仁③。"

【注】
①处（chǔ）：居。约：俭约、贫困。
②乐：安乐、富裕。
③安：安心。知（zhì）：通"智"。《礼记·表记》："仁者安仁，知者利仁。"

《卫灵公》：子曰："当①仁，不让于师。"

【注】
①当：面对。

《卫灵公》：子曰："民之于仁也，甚于水火。水火，吾见蹈①而死者矣，未见蹈仁而死者也②。"

【注】
①蹈：赴、投。
②也：表示未发生、未完成的事情。"矣"表示既成事实，事情已发生或已完成。

《里仁》：子曰："唯仁者能好人①，能恶人②。"

【注】
①唯：只有。好（hào）：喜欢。
②恶（wù）：厌恶。《礼记·大学》："唯仁人为能爱人，能恶人。"

《里仁》：子曰："我未见好仁者，恶不仁者①。好仁者，无以尚②之；恶不仁者，其为仁矣，不使不仁者加乎其身③。有能一日用其力于仁矣乎？我未见力不足者。盖④有之矣，我未之见⑤也。"

【注】
①好(hào)：喜欢。恶(wù)：厌恶。
②尚：超过。
③为：做。矣：表示停顿，用法同"也"。身：自身。
④盖：大概。
⑤未之见：即"未见之"，没见过这种人或这种情况。

《里仁》：子曰："苟志①于仁矣，无恶②也。"

【注】
①苟：如果、假如。志：立志。
②恶(è)：坏的言行。

《里仁》：子曰："富与贵，是人之所欲也；不以其道得之，不处也①。贫与贱，是人之所恶也；不以其道得之，不去也②。君子去仁，恶乎成名③？君子无终食之间违仁④，造次必于是⑤，颠沛⑥必于是。"

【注】
①富：有钱。贵：地位高。是：这。处(chǔ)：享受，接受。
②贫：生活穷困。贱：地位低。恶(wù)：厌恶。去：与"处"相反，避开、摆脱。
③去：去掉、丢掉。恶(wū)：通"乌"，相当于"何"，疑问副词。恶乎：即"于何处"。
④终食之间：吃完一顿饭的时间。终：终结、结束。违：违背、背弃。
⑤造次：仓促、急迫。必于是：必须这样做。是：这，指仁德。

⑥颠沛:本义是跌倒,引申为穷困潦倒、流离困顿。

《卫灵公》:子曰:"知①及之,仁不能守之;虽得之,必失之②。知及之,仁能守之③,不庄以莅④之,则民不敬。知及之,仁能守之,庄以莅之,动⑤不以礼,未善也。"

【注】

①知(zhì):通"智",聪明才智。

②虽得之,必失之:此即德不配位之意。

③仁能守之:《周易·乾卦·文言》:"天地之大德曰生,圣人之大宝曰位,何以守位曰仁。"

④莅(lì):到,临。

⑤动:行动。之:语助词,无义。

《述而》:子曰:"仁远乎哉①? 我欲仁,斯②仁至矣。"

【注】

①哉:吗。

②斯:就。

《颜渊》:颜渊①问仁。子曰:"克己复礼②为仁。一日克己复礼,天下归仁焉③。为仁由己④,而由人乎哉?"颜渊曰:"请问其目⑤。"子曰:"非礼勿视,非礼勿听,非礼勿言,非礼勿动。"颜渊曰:"回虽不敏⑥,请事斯语⑦矣。"

【注】

①颜渊:颜回,字子渊,名回,春秋末期鲁国人,少孔子三十岁,《论语》提及二十一次。家境贫穷,一生未仕,但能安贫乐道,好学不倦,是孔子最得意的门生,孔子赞扬:"自吾有回,门人益亲。"(《孔子家语·七十二弟子

解》)后世列颜回于七十二贤之首,并尊称他为"复圣"(排在孔子、孟子之后的第三位大圣人)。《韩非子·显学》列他为儒家八派之一(颜氏之儒),说明他虽不乐仕进,但曾独立设教。

②克己:克制、约束自己。《关尹子·九药》:"能克己,乃能成己。"复礼:把不合礼的言行纳入礼的规范。复:复归、回复。

③归:归向。焉:句末语气词,相当于"了"。

④由:靠。为仁由己:是说"仁"需要身体力行的精神。

⑤目:条目、纲目,即具体要求。

⑥敏:聪敏、聪明。

⑦事:实行、实践。斯:这(些)。事斯语:就是学习礼,按照"礼"的要求去为"仁"。

《颜渊》:仲弓①问仁。子曰:"出门如见大宾,使民如承大祭②。己所不欲,勿施于人③。在邦无怨,在家④无怨。"仲弓曰:"雍虽不敏⑤,请事斯⑥语矣。"

【注】

①仲弓:冉雍,姓冉,名雍,字仲弓,春秋末期鲁国人,与冉耕(伯牛)、冉求(子有)皆在孔门十哲之列,世称"一门三贤"。少孔子二十九岁,《论语》提及七次。曾任季氏宰。以德行著称。荀子很推崇他,把他与孔子并列为大儒(参《荀子·非十二子》《荀子·儒效》)。

②大宾:贵宾。大祭:重大的国家祭祀。《左传·僖公三十三年》:"出门如宾,承事如祭,仁之则也。"这大概是当时流行的对仁的理解,孔子讲仁时引用了它。

③己所不欲,勿施于人:自己不喜欢的,就不要强加给别人。欲:希望、想要。勿:不要。施:施加。

④邦:诸侯国。家:卿大夫的封地。刘宝楠《论语正义》卷十五:"在邦谓仕于诸侯之邦,在家谓仕于卿大夫之家也。"

⑤不敏:指口才不佳。"回虽不敏",亦此意也。仲弓、颜回位列"孔门十哲",都不以言语擅长,而以德行著称。

⑥事：实行、实践。斯：这（些）。

《雍也》：子贡曰："如有博施于民而能济众①，何如？可谓仁乎？"子曰："何事②于仁？必也圣乎！尧、舜其犹病诸③！夫仁者，己欲立而立人，己欲达而达人④。能近取譬⑤，可谓仁之方⑥也已。"

【注】

①博施于民而能济众：广泛地给民众以恩惠和接济。博：广泛。施：施与、给予。济：周济、救济。

②何事：相当于"不止""岂徒"。

③尧：即陶唐氏，姓伊祁，名放勋，后传位给舜。舜：即有虞氏，姚姓，名重华，后传位给禹。尧舜禹是上古三位著名的部落首领，后被儒家奉为圣贤。其：用在疑问句或陈述句中表示推测，可译为"或许""大概"。犹：尚且。病：忧虑、担心。诸：兼词，兼代词"之"和语气词"乎"（"之"代表上文"博施于民而能济众"）。

④夫：发语词，常用在句首，引起下文，可以不译。立：建立，树立。达：发达，显贵。立人（达人）：指帮助别人成功、发达。

⑤譬（pì）：比喻、比方。能近取譬：能就自身打比方，意思是能推己及人，替别人着想。

⑥方：方法。孔子说"入则孝，出则悌""泛爱众而亲仁"（《学而》），由爱亲而爱众，就是推己及人的"仁之方"；"己欲立而立人，己欲达而达人"是"泛爱众"的具体化，自然属于"能近取譬"的"仁之方"。

《学而》：子曰："巧言令色①，鲜②矣仁。"

【注】

①巧：好。令：美。《尚书·皋陶谟》："何畏乎巧言令色孔壬？"《诗经·小雅·巧言》："巧言如簧，颜之厚矣。"

②鲜（xiǎn）：少。

《子路》：子曰："刚、毅、木、讷①，近仁。"

【注】

①刚：坚强。毅：果决。木：质朴、朴实。讷：说话迟钝，此处指言语谨慎。

《颜渊》：司马牛①问仁。子曰："仁者，其言也讱②。"曰："其言也讱，斯③谓之仁已乎？"子曰："为之难，言之，得无讱乎？"

【注】

①司马牛：司马耕，字子牛，春秋末期宋国人。《论语》提及三次。《史记·仲尼弟子列传》说他"多言而躁"。

②讱（rèn）：意近"讷"，言语迟钝，引申为说话慎重，不轻易开口。

③斯：就。

《颜渊》：樊迟问仁。子曰："爱人①。"问知。子曰："知人②。"樊迟未达③，子曰："举直错诸枉④，能使枉者直。"樊迟退，见子夏曰："乡⑤也吾见于夫子而问知，子曰：'举直错诸枉，能使枉者直。'何谓也？"子夏曰："富哉言乎！舜有天下，选于众⑥，举皋陶⑦，不仁者远⑧矣。汤有天下，选于众，举伊尹⑨，不仁者远矣。"

【注】

①爱人：孔子把"仁"解释为"爱人"，孟子据此概括为"仁者爱人"（《孟子·离娄下》）。墨家也提倡仁义，但和儒家不同。《墨子·兼爱》："兼即仁矣，义矣。"这跟儒家"亲亲有术（差别）"的仁义是不一样的。儒家的仁义是讲等级的，墨家则主张不分差别、不分等级。

②知人：《书·皋陶谟》："知人则哲。"

③达：通，明白。

④举：提拔。错：通"措"，置放。错诸枉：置于不正派的人之上。诸：之于。

⑤乡(xiàng)：通"向"，刚才。

⑥选于众："众"指才能、品德一般的人，皋陶、伊尹是从中选拔出来的优秀人物。

⑦皋陶(gāo yáo)：一作"咎繇"，与尧舜禹并称"上古四圣"。曾被舜任命为士师，掌管刑法，后被禹选为继承人，因早死，未继位。

⑧远：疏远、远离。诸葛亮《出师表》："亲贤臣，远小人，此先汉所以兴隆也；亲小人，远贤臣，此后汉所以倾颓也。"

⑨汤：商朝开国君主，子姓，名履，今人多称商汤、殷汤，又称武汤、天乙、成汤。他重用贤臣伊尹，推翻夏朝，建立商朝，被儒家奉为圣贤。伊尹：名挚，曾被汤任命为"阿衡"（宰相），辅助汤灭夏兴商，汤死后又辅佐继任的商王，是古代著名的贤相。

《子路》：樊迟问仁。子曰："居处①恭，执事敬②，与人忠③。虽之夷狄④，不可弃也。"

【注】

①居处(chǔ)：指日常生活。

②执事敬：《季氏》："事思敬。"

③与人忠：《学而》："为人谋而不忠乎？"

④之：到、去、往。夷：我国古代东部少数民族。狄：我国古代北方少数民族。夷狄：泛指周边的少数民族。

《雍也》：樊迟问知①。子曰："务民之义②，敬鬼神而远之③，可谓知矣。"问仁。曰："仁者先难而后获④，可谓仁矣。"

【注】

①知(zhì)：通"智"，聪明、智慧，下同。

②务：从事于、致力于，一心一意地倡导。之：到。

③敬：尊重。远：远离、不接近。之：代词，此处指鬼神。敬鬼神而远

之：表面上尊敬鬼神，实际上不愿接近它。倘若我们据此认为孔子是个无神论者，则非事实。实际上，"远之"不是不承认鬼神，而是承认鬼神的存在；"敬"就不仅是承认，而且抬高了鬼神的地位，这跟孔子说的"鬼神之为德其盛矣乎"（《礼记·中庸》）、跟他称赞大禹"菲饮食而致孝乎鬼神"（《泰伯》）是一致的。

④先难而后获：意近《卫灵公》"敬其事而后其食"、《颜渊》"先事后得"、《礼记·儒行》"先劳而后禄"。

《卫灵公》：子贡问为仁。子曰："工欲善①其事，必先利其器②。居是③邦也，事④其大夫之贤者，友⑤其士之仁者。"

【注】

①工：工匠。《尚书·康诰》："百工播民和，见士于周。"善：做好、干好，使其完善。

②利：搞好，弄好，使其精良。器：工具。

③是：这。

④事：服事、侍奉，这里可以译为"学习"。

⑤友：这里用作动词，可以译为"结交"。

《阳货》：子张问仁于孔子，孔子曰："能行五者于天下为仁矣。"请问之。曰："恭、宽、信、敏、惠①。恭则不侮，宽则得众，信则人任②焉，敏则有功③，惠则足以使人④。"

【注】

①恭：恭敬、庄重。宽：宽容、宽厚。信：诚信、守信。敏：聪敏、勤敏。惠：慈惠，对人施以恩惠。能行这五种美德于天下即为仁，可见仁为全德之名，包括了各种品德；另如"仁者必有勇，勇者不必有仁"（《宪问》）、"仁者，其言也讱"（《颜渊》）、"刚、毅、木、讷，近仁"（《子路》）、"巧言令色，鲜矣仁"（《学而》）。孔子批评宰我"予之不仁也！子生三年，然后免于父母之

怀"(《阳货》),似乎又以孝亲为仁了。

②任:任用。《庄子·盗跖》:"不信则不任。"

③勤:勤敏、勤奋。功:成绩,功劳。《尧曰》:"宽则得众,信则民任焉,敏则有功。"

④惠则足以使人:这就意味着没有"惠",就无法使唤这些人。可见这些"人"的思想层次不高,近乎小人,所以《里仁》曰:"小人怀惠。"

《宪问》:宪①问耻。子曰:"邦有道,谷。邦无道,谷,耻也②。""克、伐、怨、欲②,不行焉,可以为仁矣?"子曰:"可以为难矣,仁则吾不知也。"

【注】

①宪:原宪,字子思,春秋末期鲁国人(一说宋人),是孔子周游列国时招收的学生,《论语》提及两次。家贫,但穷不失志,是"贫而无怨"的典型人物:"居鲁,环堵之室,茨以生草;蓬户不完,桑以为枢;而瓮牖二室,褐以为塞;上漏下湿,匡坐而弦。"(《庄子·让王》)有一天,子贡驾着马车去看望他,他穿戴着破旧的衣帽接待子贡。子贡看到他寒酸的样子,就问他是不是病了,他回答说:"无财谓之贫,学而不能行谓之病。今宪贫也,非病也。"(《史记·仲尼弟子列传》)子贡很惭愧地离开了。孔子去世后,他退隐在卫国。

②谷:谷米。古代以谷米为俸禄(类似今天的工资),所以"谷"就是指做官及其俸禄(位与禄)。"邦有道,谷。邦无道,谷,耻也",即《泰伯》"邦有道,贫且贱焉,耻也;邦无道,富且贵焉,耻也"之意。可见,"邦有道,谷"并不可耻,可耻的是"邦无道,谷"。虽然孔子提倡"学不至于谷"(《泰伯》),但他不拒绝合乎道义的"谷"。

③克:争强好胜。伐:自我夸耀。怨:怨恨、恼怒。欲:贪欲、贪求多欲。以少欲为仁,是春秋以来对"仁"的新解释。

《卫灵公》:子曰:"志士仁人①,无求生以害②仁,有杀身以成仁③。"

【注】

①志士仁人：指有远大志向和高尚道德的人。

②害：损害。

③杀身：牺牲自己。成：成就、成全。《国语·晋语二·骊姬谮杀太子申生》："杀身以成志，仁也。"

《子张》：子夏曰："博学而笃①志，切问而近思②，仁在其中矣。"

【注】

①笃：全心全意。

②切：恳切、诚恳。近思：就眼前的问题思考，由近及远，下学上达。吕祖谦、朱熹选编的《近思录》得名于此。复旦大学校训"博学而笃志，切问而近思"来源于本章。

《子张》：子游①曰："吾友张②也为难能也，然而未仁③。"

【注】

①子游：姓言，名偃，字子游，亦称"言游"，春秋末吴国人，与子夏、子张齐名，"孔门十哲"之一，曾任鲁国武城宰。少孔子四十五岁，《论语》提及八次。子游是孔门唯一的南方弟子，孔子很看重他，曾说："吾门有偃，吾道其南。"意思是我门下有了言偃，我的思想就可以传到南方了，言偃因此被誉为"南方夫子"。

②张：即颛孙师，字子张。

③未仁：没有达到仁。

《子张》：曾子曰："堂堂①乎张也，难与并为仁矣。"

【注】

①堂堂：形容仪表壮伟，气派十足。《太平御览·羽族部》卷二："子张为武。"

《阳货》：阳货①欲见孔子，孔子不见，归孔子豚②。孔子时其亡③也，而往拜④之。遇诸途。谓孔子曰："来！予与尔言。"曰："怀其宝而迷其邦⑤，可谓仁乎？"曰："不可。""好从事而亟失时，可谓知⑥乎？"曰："不可。""日月逝矣，岁不我与⑦。"孔子曰："诺⑧。吾将仕矣。"

【注】

①阳货：即《左传》《史记》中的阳虎，虎可能是他的名。阳货是季孙氏的家臣，曾一度掌握季氏一家的大权，甚至控制了整个鲁国的大权，后因叛乱失败奔齐、奔晋，是孔子说的"陪臣执国命"之类的人物。

②归(kuì)：通"馈"，赠送。豚：小猪，这里指蒸熟了的小猪。

③时(sì)：通"伺"，观察。亡：离开家，不在家。

④往：去。拜：拜访、拜谢。《孟子·滕文公下》亦记此事："阳货欲见孔子而恶无礼，大夫有赐于士，不得受于其家，则往拜其门。阳货瞰孔子之亡也，而馈孔子蒸豚；孔子亦瞰其亡也，而往拜之。当是时，阳货先，岂得不见？"阳货(大夫)地位高于孔子(士)，阳货"归孔子豚"，按照礼的要求，孔子必须"往拜其门"，但孔子又不愿意见他，所以"时其亡也，而往拜之"。

⑤怀宝：比喻具有才德。迷邦：听任国家混乱，政局动荡不安（"迷"是使动用法）。

⑥从事：从政。亟(qì)：屡次。知：通"智"。

⑦日月：时间。岁：年岁。与(yǔ)：在一起，这里有等待的意思。

⑧诺：表应答。

《雍也》：宰我①问曰："仁者，虽②告之曰：'井有仁焉③。'其从④之也？"子曰："何为其然⑤也？君子可逝也，不可陷⑥也；可欺也，不可罔⑦也。"

【注】

①宰我：名予，字子我，春秋末期鲁国人，孔子早年的学生，"孔门十哲"之一。

②虽:如果。

③仁:通"人"。焉:兼词,相当于"于之"。

④从:跟着(跳下去救人)。

⑤然:这样。

⑤逝:往、去。陷:陷阱、圈套。

⑥罔:愚弄、诬罔。《孟子·万章上》:"君子可欺以其方,难罔以非其道。"

《述而》:子钓而不纲①,弋不射宿②。

【注】

①纲:本意是提网的大绳,这里指在河流的水面上横着拉一根大绳,上面系有许多鱼钩,用这种方式钓鱼。

②弋(yì):用带绳的箭射鸟。宿:归巢宿窝的鸟。

《乡党》:厩①焚。子退朝,曰:"伤人乎?"不问马。

【注】

①厩(jiù):马棚,马房。

《乡党》:朋友死,无所归①,曰:"于我殡②。"

【注】

①归:归宿,这里指料理后事。

②于:介词,由。殡(bìn):安葬。

《先进》:颜渊死,子曰:"噫①! 天丧予②! 天丧予!"

【注】

①噫(yī):叹词。

②丧：灭亡。予：我。

《先进》：颜渊死，子哭之恸①。从者曰："子恸矣。"曰："有恸乎？非夫人之为恸而谁为②?"

【注】

①恸(tòng)：极度哀伤、悲痛。《史记·仲尼弟子列传》："回年二十九，发尽白，蚤死。孔子哭之恸。"

②夫(fú)：指示代词，那，这里代指死者颜渊。之：虚词，在语法上起倒装的作用。非夫人之为(wèi)恸而谁为(wèi)：即"非为夫人恸而为谁"的倒装。之：虚词，无实义。

《雍也》：伯牛有疾①，子问②之，自牖③执其手，曰："亡之，命矣夫④！斯⑤人也而有斯疾也！斯人也而有斯疾也！"

【注】

①伯牛：即冉耕，字伯牛，春秋末期鲁国人，是孔子早期的弟子，少孔子七岁，《论语》提及两次。他以德行著称，后不幸患病。疾：《淮南子·精神训》称"伯牛为厉"，"厉""癞"声近，估计伯牛得的是癞病，俗称麻风病。这是一种传染病，所以孔子去看望他的时候，"自牖执其手"，没有与他面对面接触。

②问：问候、探望。

③牖(yǒu)：窗户。

④夫(fú)：语气助词，表示感叹。

⑤斯：此，这。

《雍也》：原思为之宰①，与之粟九百②，辞。子曰："毋③！以与尔邻里乡党④乎!"

【注】

①原思：即原宪，字子思。之：指孔子。宰：官名。春秋时期卿大夫总管家务的家臣和管理采邑的长官都称为"宰"，这里指原思做孔子的管家。

②之：指原思。粟九百：九百斗小米。

③毋：不要（推辞）。

④以：把。后面省略"之"。与：给。尔：你的。邻里乡党：古代五家为邻，二十五家为里，五百家为党，一万二千五百家为乡。

《泰伯》：子曰："好勇疾^①贫，乱也。人而^②不仁，疾之已甚^③，乱也。"

【注】

①疾：痛恨。

②而：如果。

③甚：过分。

《为政》：子曰："非其鬼^①而祭之，谄^②也。见义不为，无勇^③也。"

【注】

①鬼：这里指死去的祖先。

②谄（chǎn）：谄媚、献媚。

③义：应该做的事情，也就是正义的事情。为：做。"见义不为，无勇也"是鼓励见义勇为，但对于学生而言，不能仅仅是勇为，还要巧为，在勇为的同时学会保护自己，把勇为的风险降到最低。

【思考题】

1.如何理解孔子说的"仁"的内涵？

2.仁与礼有何关系？

3.如何理解孔子说的"智"和"勇"？

（三）论礼乐

《学而》：有子①曰："礼之用，和为贵②。先王之道③，斯④为美。小大由之⑤，有所不行。知和而和，不以礼节⑥之，亦不可行也。"

【注】

①有子：即有若，字子有，春秋末年鲁国人，少孔子四十三岁（一说三十三岁），《论语》提及四次。他和曾子都是孔子晚年的得意学生。因"状似孔子"，孔子死后，有子一度被同门推为"师"，但曾子不同意（参《孟子·滕文公上》《礼记·檀弓》《史记·仲尼弟子列传》）。

②和为贵：以和为贵。《礼记·儒行》："礼之以和为贵。"

③先王之道：指文王、武王、周公之道。

④斯：这个。

⑤由：动词，随。小大由之：《礼记·哀公问》记载孔子语："民之所由生，礼为大。"

⑥节：节制、规范。比如说，男女同学相处，固然应以和为贵，但也该注意男女之别、亲密有间；不能一味地以和为贵，而做出过于亲密的言行举止。同理，父子、夫妻的关系固然要和为贵，也要"以礼节之"。

《学而》：有子曰："信近于义，言可复也①。恭近于礼，远耻辱也②。因③不失其亲，亦可宗④也。"

【注】

①信近于义：这是说信不等于就是义，因为义的要求高于信，一个人可以做到信，未必能达到义的要求，比如为了利，有的人也能兑现承诺。有子这句话是说，在做不到义的情况下，一个人能做到信也不错，因为讲信用的人讲话算话，能兑现承诺。复：实现、兑现。

②恭近于礼:《颜渊》:"君子敬而无失,与人恭而有礼。"《礼记·表记》:"子曰:恭近礼,俭近仁,信近情,敬让以行此,虽有过,其不甚矣。"可见,恭敬的态度不等于就是礼,因为这种态度可能不是发自内心的,而礼要求人的恭敬行为是发自内心的。虽然如此,一个人能做到态度恭敬也不错,因为这能让他不至于自取其辱。远:远离、避免。

③因:依靠、凭借。

④宗:亲。《尚书·泰誓中》:"虽有周亲,不如仁人。"

《八佾》:孔子谓季氏①:"八佾②舞于庭,是③可忍也,孰④不可忍也?"

【注】

①谓:说,这里有评论的意思。季氏:即季孙氏,鲁国正卿,世掌国政,此处当指季平子。

②佾(yì):八个人为一行,这一行就叫一佾。八佾即八行,也就是六十四人。周礼规定八佾为天子所欣赏的乐舞。《公羊传·隐公五年》:"天子八佾,诸公六佾,诸侯四佾,士二佾。"季氏是大夫,按礼的规定只能用四佾(三十二人)。

③是:这个,指"八佾舞于庭"这件事。

④孰:什么,疑问代词。

《八佾》:三家者以《雍》彻①。子曰:"'相维辟公,天子穆穆'②,奚③取于三家之堂?"

【注】

①三家:指春秋后期掌握鲁国政权的三家贵族:孟孙氏、叔孙氏、季孙氏,合称"三桓"。《雍》:《诗经·周颂》中的一篇。古代,天子祭祀宗庙的仪式举行完毕后,在撤去祭品、收拾礼器的时候,专门唱这首诗。《荀子·正论》:"天子者……《雍》而彻乎五祀。"彻:通"撤",撤除、拿掉。

②相维辟公,天子穆穆:《诗经·周颂·雍》中的句子。天子肃穆地主持

祭祀，助祭的是诸侯。相(xiàng)：本为帮助，这里指助祭者。维：助词，无实义。辟(bì)公：本指君王，这里指诸侯。穆穆：庄严肃穆。

③奚：何。

《八佾》：季氏旅于泰山①。子谓冉有②曰："女弗能救与③？"对曰④："不能。"子曰："呜呼！曾⑤谓泰山不若林放乎？"

【注】

①旅：古代祭祀山川叫"旅"。《礼记·曲礼下》："天子祭天地，祭四方，祭山川，祭五祀，岁遍。诸侯方祀，祭山川，祭五祀，岁遍。大夫祭五祀，岁遍。士祭其先。"《礼记·王制》："天子祭天下名山大川，五岳视三公，四渎视诸侯。诸侯祭名山大川之在其地者。"据此，作为大夫的季氏是没有资格祭祀山川的，他"旅于泰山"的行为和"八佾舞于庭""三家者以《雍》彻"一样，都是僭礼之举。泰山：这里指泰山之神。

②冉有：字子有，名求，孔子的学生，少孔子二十九岁，春秋末年鲁国人。他多才多艺，尤擅理财。何晏《论语集解》引马融曰："冉求时任于季氏。"据此知此事在孔子归鲁后。

③弗：不。救：劝阻、阻止。与(yú)：通"欤"，语气词，此处表疑问。

④对曰：晚辈回答长辈、臣回答君的话。

⑤曾(zēng)：莫非、难道、竟然。

《八佾》：林放①问礼之本。子曰："大哉问！礼，与其奢也，宁俭②；丧，与其易也，宁戚③。"

【注】

①林放：字子上，春秋末期鲁国人。汉代文翁《礼殿图》以此人为孔子弟子。

②宁(nìng)：宁可。"与其奢也，宁俭"：即"奢则不孙，俭则固。与其不孙也，宁固"(《述而》)之意。《礼记·乐记》亦曰："大乐必易，大礼必简。"

③易：此处指丧事办得隆重周全。戚：心中悲哀。"丧，与其易也，宁

戚"，即"丧思哀"（《子张》）之意。孔子反对"临丧不哀"（《八佾》），所以这样说。《礼记·檀弓上》："子路曰：'吾闻诸夫子：丧礼，与其哀不足而礼有余也，不若礼不足而哀有余也。'"

《述而》：子曰："奢则不孙①，俭则固②。与其不孙也，宁固。"

【注】

①孙(xùn)：通"逊"，谦逊、谦让。下同。

②固：固陋、鄙陋、小气、寒酸。《周易·小过·象传》："君子以行过乎恭，丧过乎哀，用过乎俭。"

《子罕》：子曰："麻冕①，礼也；今也纯②，俭，吾从众。拜下③，礼也；今拜乎上，泰④也。虽违众，吾从下。"

【注】

①冕：一种礼帽。麻冕即用麻做的礼帽，很费功夫，不如用丝做的帽子省工省钱。

②纯：黑色的丝。

③拜下：拜于堂下。下文"拜乎上"即在堂上拜。

④泰：舒适。

《八佾》：子曰："人而①不仁，如礼何？ 人而不仁，如乐何？"

【注】

①而：如果。

《八佾》：子曰："禘①，自既灌②而往者，吾不欲观之矣。"

【注】

①禘(dì)：古代只有天子才可以举行的祭祀祖先的隆重典礼，但鲁国可以举行这个典礼，故孔子得以在鲁国观之。《礼记·明堂位》："成王以周公为有勋劳于天下，是以封周公于曲阜，地方七百里，革车千乘，命鲁公世世祀周公以天子之礼乐""季夏六月，以禘礼祀周公于大（太）庙"。鲁昭公十五年，鲁国在武公庙举行禘祭的活动。

②既：已经。灌：禘礼一开始就举行的献酒降神仪式。

《八佾》：或①问禘之说。子曰："不知也。知其说者之于天下也②，其如示诸斯③乎！"指其掌。

【注】

①或：不定代词，有的人。

②知其说者之于天下也：这是说懂得"禘之说"，也就懂得治理天下。

③示：通"置"，放。诸：之于。斯：这，指手掌。

《八佾》：祭如在①，祭神如神在。子曰："吾不与②祭，如不祭。"

【注】

①祭如在：《礼记·玉藻》："凡祭，容貌颜色，如见所祭者。"《礼记·中庸》："事死如事生，事亡如事存。"

②与(yù)：参与。

《八佾》：子入太庙①，每事问。或曰："孰谓鄹人之子②知礼乎？入太庙，每事问。"子闻之，曰："是③礼也。"

【注】

①太庙：周公之庙。《公羊传·文公十三年》："周公称大（太）庙，鲁公称世室，群公称宫。"

②孰谓：谁说。郰(zōu)：鲁国地名，也写作"鄹"或"陬"。郰人：指孔子的父亲叔梁纥(公元前622年—公元前549年)，曾为郰邑大夫。杜预《春秋左传正义》卷三十一："公邑大夫，皆以邑名冠之，呼为某人。"孔子被人讥为"郰人之子"，盖其时尚年少。

③是：这。

《八佾》：子曰："射不主皮①，为力不同科②，古之道也。"

【注】

①射：射箭，这里指周代射礼。皮：指箭靶子。《仪礼·乡射礼》："礼，射不主皮。主皮之射者，胜者又射，不胜者降。"两周时期有四种射礼。乡射是由乡大夫和士在乡学里举行乡饮酒礼之后举行的，大射是天子或诸侯会集群臣在大学里举行的，这两种射礼是借射礼方式开展军事演习和武艺比赛。燕射是大夫以上的贵族在宴会之后举行的，宾射也叫飨(xiǎng)射，是特为招待贵宾而举行的，这两种射礼的目的是搞好国与国、高级贵族之间的关系。

②为(wèi)：因为。科：等级、类别。

《八佾》：子曰："君子无所争。必也射①乎！揖让②而升，下而饮③。其争也君子。"

【注】

①射：本是射箭，此指射礼，即按周礼规定的射箭比赛。射箭的时候比赛谁中的靶多，中靶少的被罚饮酒。

②揖(yī)让：拱手行礼，宾主相见时的礼仪，表示尊敬。《礼记·乐记》："乐至则无怨，礼至则不争。揖让而治天下者，礼乐之谓也。"

③下而饮：下场后中靶少的要饮酒。详见《仪礼·乡射礼》《仪礼·大射礼》。

《八佾》：子贡欲去告朔之饩羊①。子曰："赐②也，尔爱其③羊，我爱其礼。"

【注】

①告（gù）朔：诸侯于每月朔日行告庙听政之礼。朔：古历每月的初一。饩（xì）羊：祭祀用的活羊。

②赐：端木赐，即子贡。

③尔：你。爱：爱惜、舍不得。其：那。

《八佾》：子曰："居上不宽①，为礼不敬②，临丧不哀③，吾何以观之哉？"

【注】

①上：上位、高位。宽：宽厚、宽容。

②敬：恭敬。

③临：参加。《左传·襄公三十一年》："居丧而不哀，在戚而不嘉容，是谓不度。"《礼记·曲礼上》："临丧不笑""临丧则必有哀色"。《阳货》："君子之居丧，食旨不甘，闻乐不乐，居处不安。"

《子张》：子游曰："丧，致①乎哀而止。"

【注】

①致：使（自己）达到、做到。

《里仁》：子曰："能以礼让为国①乎？何有②？不能以礼让为国，如礼何？"

【注】

①以礼让为国：《左传·僖公八年》："能以国让，仁孰大焉。"《左传·昭

公二年》:"卑让,礼之宗也。"《左传·昭公十年》:"让,德之主也。让之谓懿德。"泰伯、伯夷、叔齐、季札都是让国的贤人。

②何有:意思是不难,春秋时期的常用语。

《述而》:陈司败问昭公①知礼乎,孔子曰:"知礼。"孔子退,揖巫马期②而进之,曰:"吾闻君子不党③,君子亦党乎? 君取④于吴,为同姓,谓之吴孟子⑤。君而知礼,孰不知礼⑥?"巫马期以告。子曰:"丘也幸,苟有过,人必知之⑦。"

【注】

①陈司败:陈国的司寇。一说:姓陈,名司败,齐国大夫。昭公:即鲁昭公姬裯(chóu),鲁国第二十五任国君,"昭"是他的谥号。

②揖:作揖,拱手行礼。巫马期:一作巫马施,复姓巫马,字子期,春秋末期鲁国人,孔子的学生,少孔子三十岁。《论语》提及一次。巫马期见利思义,讲究原则(《韩诗外传》卷二)。曾为单父宰,勤于政务,毫不懈怠(《韩诗外传》卷一、《吕氏春秋·察贤》)。

③党:偏袒、包庇。

④取:通"娶"。

⑤吴孟子:鲁昭公的夫人,孟为排行,指长女。鲁、吴都是姬姓国。吴国是周文王的伯父太伯的后代,鲁国是周文王的儿子周公姬旦的后代。按照周礼,同姓不能通婚(《礼记·曲礼上》:"取妻不取同姓")。鲁昭公娶了一位吴国的夫人,本该称吴姬,但为了掩盖同姓通婚的行为,改称吴孟子(参《公羊传·哀公十二年》)。《礼记·坊记》:"子云:'取妻不取同姓,以厚别也。'故买妾不知其姓,则卜之。以此坊民,鲁《春秋》犹去夫人之姓曰吴,其死曰孟子卒。"

⑥而:若。孰:谁。

⑦苟:如果。"丘也幸,苟有过,人必知之。"体现了孔子闻过则喜的精神,这种精神值得我们学习。

《泰伯》：子曰："恭而无礼则劳①，慎而无礼则葸②，勇而无礼则乱③，直而无礼则绞④。君子笃⑤于亲，则民兴于仁；故旧不遗⑥，则民不偷⑦。"

【注】

①劳：劳扰。

②葸(xǐ)：过分谨慎，胆怯懦弱。

③勇而无礼则乱：即《礼记·仲尼燕居》"勇而不中礼谓之逆"之意。

④直：直率。绞：说话尖酸刻薄、出口伤人。

⑤笃：诚实，厚待。

⑥故旧：故人、老朋友。《尚书·盘庚上》："人惟求旧。器非求旧，惟新。"遗：遗忘、忘记。孔子的老友原壤母亲去世，孔子为原壤母赠送一具木椁用以殓葬，子路对此发问，孔子曰："凡民有丧，匍匐救之，况故旧乎？非友也。吾其往。"（《孔子家语·屈节解》）

⑦偷：刻薄，即人与人之间感情淡薄不深厚。民不偷：即"民德归厚"。

《卫灵公》：师冕①见，及阶，子曰："阶也。"及席，子曰："席也。"皆坐，子告之曰："某在斯，某在斯。"师冕出，子张问曰："与师言之道与②？"子曰："然③。固相④师之道也。"

【注】

①师：乐师，一般是盲人。冕是盲人乐师的名字。

②道：方式、方法。与(yú)：通"欤"。

③然：对。

④固：本来。相(xiàng)：帮助、辅助。

《子罕》：子见齐衰①者、冕衣裳者②与瞽者③，见之，虽少，必作；过之，必趋④。

【注】

①齐衰(zī cuī)：五服之一种。五服：指斩衰(粗麻布制成，左右和下边不缝)、齐衰(粗麻布制成，辑边缝齐，有别于斩衰的毛边)、大功(熟麻布制成，纱质较细)、小功(熟麻布制成，纱质比大功更细)、缌(sī)麻(熟细麻布制成)。古代用这五种丧服来表示血缘关系的亲疏远近(参《仪礼·丧服礼》)。衰：通"缞"。

②冕：礼帽。冕者：戴着礼帽的人。衣：上衣。裳(cháng)：下衣，类似今天的裙子。古代男子上衣下裳。冕衣裳者：指衣冠整齐的贵族。春秋时期，卿大夫以上才可以戴冕，普通百姓不能戴。《吕氏春秋·上农》："庶人不冠弁(biàn)。"《左传·宣公十二年》载随武子之言："君子、小人，物有服章，贵有常尊，贱有等威，礼不逆矣。"可见先秦时期衣冠与等级之关系，这是由礼规定的。

③瞽(gǔ)者：盲人。

④作：站起身。趋：疾走。都表示尊敬之意。

《乡党》：见齐衰者，虽狎①，必变。见冕者与瞽者，虽亵②，必以貌③。凶服者式④之，式负版者⑤。有盛馔⑥，必变色而作⑦。迅雷风烈⑧，必变。

【注】

①虽：即使。狎：亲近。

②亵：熟悉。

③貌：脸色。

④凶服：丧服，也指死人的衣物。式：通"轼"，车前做扶手用的横木，这里作动词用，即扶轼行礼。

⑤负：背负。版：指国家的图籍，如疆域图、户籍册等。

⑥馔(zhuàn)：饮食。

⑦作：起身。

⑧迅雷风烈：变化剧烈的天气。《尚书·舜典》："烈风雷雨。"《礼记·玉藻》："君子之居恒当户，寝恒东首。若有疾风迅雷甚雨，则必变，虽夜必兴，衣服冠而坐。"按古人的说法，"迅雷风烈必变"是敬天之怒。

《述而》：子食①于有丧者之侧，未尝饱也。子于是日②哭，则不歌。

【注】

①食：吃。《礼记·檀弓上》："食于有丧者之侧，未尝饱也。"

②是日：这一天。《礼记·檀弓下》："吊于人，是日不乐。"

《乡党》：乡人饮酒①，杖者②出，斯③出矣。

【注】

①乡人饮酒：指举行乡饮酒礼。春秋时期有乡饮酒礼（见《礼记·乡饮酒义》）。

②杖者：拄拐杖的人，即老年人。

③斯：于是，才。

《乡党》：升车，必正立，执绥①。车中，不内顾②，不疾③言，不亲指④。

【注】

①绥（suí）：车上的绳索，上车时作拉手用。

②顾：回头看。

③疾：急促、急遽。

④不亲指：《礼记·曲礼上》："车上不广咳，不妄指。"

《乡党》：食不语，寝不言①。

【注】

①食：吃饭。寝：睡觉。

《乡党》：朋友之馈①，虽②车马，非祭肉，不拜。

【注】

①馈(kuì)：赠送。

②虽：即使。

《乡党》：康子馈①药，拜而受之。曰："丘未达②，不敢尝。"

【注】

①康子：季康子。馈(kuì)：赠送。

②达：了解、知道。

《乡党》：祭于公①，不宿肉②。祭肉③不出三日。出三日，不食之矣。

【注】

①祭于公：指士大夫等参加国君举行的祭祀典礼。

②宿：隔夜。宿肉：此指胙(zuò)肉，即国家祭祀用的肉。胙肉一般由祭祀当天清晨特意宰杀的牲畜肉充任，到第二天祭礼完全结束后再分赐给助祭者。所以这种胙肉拿回家已是宰杀后的两三天，不宜再放过夜。

③祭肉：这里指自家祭祀用的肉。

《先进》：颜渊死，颜路①请子之车以为之椁②。子曰："才不才，亦各言其子也。鲤③也死，有棺而无椁。吾不徒行④以为之椁。以吾从大夫之后⑤，不可徒行也。"

【注】

①颜路：即颜无繇(yáo)，春秋鲁国人。字路，因此又称颜路。他是颜渊的父亲，少孔子六岁，是孔子早期的学生。孔门弟子颜氏居其八，皆鲁人：颜路、颜回、颜幸、颜高、颜祖、颜之仆、颜哙、颜何。这可能与颜氏乃孔子母族有关。

②椁(guǒ)：古代富人死后用两重以上的棺木来安葬，内称棺，外称椁。

③鲤:指孔子的儿子孔鲤(前532年—前481年),字伯鱼,因其出生时鲁昭公赐孔子一尾鲤鱼而得名。孔鲤年五十,先孔子而亡。孔鲤之妻于夫死后再嫁。所有孔家后代都是孔鲤的儿子孔伋的后裔。

④不徒行:按礼,古代大夫出门要坐车,否则为失礼。《周礼·春官宗伯·巾车》:"服车五乘:孤乘夏篆,卿乘夏缦,大夫乘墨车,士乘栈车,庶人乘役车。"春秋时期乘车是分等级的,大夫和士乘坐不同级别的车,一般人只能靠两条腿步行。

⑤以:因为。从大夫之后:位居大夫的行列。

《先进》:颜渊死,门人欲厚葬之。子曰:"不可。"门人厚葬之。子曰:"回也视予犹父也①,予不得视犹子也。非我也,夫②二三子也。"

【注】
①视:看待。犹:如同。
②夫(fú):指示代词,那些。

《子罕》:子疾病①,子路使门人为臣②。病间③,曰:"久矣哉,由之行诈也!无臣④而为有臣。吾谁欺? 欺天乎! 且予与其死于臣之手也,无宁⑤死于二三子之手乎! 且予纵不得大葬⑥,予死于道路乎?"

【注】
①疾:病。病:指病重。
②使门人为臣:让门人充当孔子家臣料理后事。郑玄注:"孔子尝为大夫,故子路欲使弟子行其臣之礼。"
③病间(jiàn):这里指病情有所好转。
④无臣:当时孔子已经失去大夫职位,因而没有家臣。
⑤无宁(nìng):宁可。
⑥大葬:按照大夫之礼来安葬。

《子路》：樊迟①请学稼，子曰："吾不如老农。"请学为圃，曰："吾不如老圃②。"樊迟出。子曰："小人③哉，樊须也。上好礼，则民莫敢不敬④；上好义，则民莫敢不服⑤；上好信，则民莫敢不用情⑥。夫如是，则四方之民襁负其子而至⑦矣，焉⑧用稼？"

【注】

①樊迟：名须，字子迟，通称樊迟。

②圃（pǔ）：菜地、菜园，引申为种菜。老圃：种菜的老农。

③小人：这是孔子批评樊迟只知稼圃之事而不知道努力学习礼义。先秦时期有时称从事稼穑事的人为"小人"，如《尚书·无逸》："知稼穑艰难，则知小人之依""不知稼穑之艰难，不闻小人之劳"。《孟子·滕文公上》："然则治天下独可耕且为与？有大人之事，有小人之事""或劳心，或劳力"。《诗经·魏风·伐檀》讽刺"彼君子兮，不素餐""不稼不穑，胡取禾三百廛兮"，亦可见稼穑乃小人之事。孔子称自己年轻时学会的那些活儿为"鄙事"，实际上也是这种不重农业生产、体力劳动的思想的反映。

④莫：没有人。上好礼，则民莫敢不敬：《宪问》："子曰：上好礼，则民易使也。"《礼记·经解》："孔子曰：安上治民，莫善于礼。"《孟子·离娄上》："上无礼，下无学，贼民兴，丧无日矣。"

⑤服：服从。上好义，则民莫敢不服：《礼记·乐记》："仁以爱之，义以正之，如此，则民治行矣。"《礼记·大学》："未有上好仁而下不好义者也，未有好义其事不终者也。"《礼记·缁衣》："子曰：上好仁，则下之为仁争先人。"

⑥情：实情。上好信，则民莫敢不用情：《子张》："君子信而后劳其民。"《礼记·缁衣》："信以结之，则民不倍。"

⑦如：假如。则：那么。襁（qiǎng）：背婴儿的背带、布兜。负：背着。"四方之民襁负其子而至"，正是"近者说，远者来"（《子路》）的生动写照，这也是孔子特别渴望的政治图景。而当时的实际情况是"民闻公命，如逃寇仇"（《左传·昭公三年》）。

⑧焉：哪里。《诗经·魏风·硕鼠》："逝将去女（汝），适彼乐土。"大概就

是想投奔像"四方之民襁负其子而至"这样的地方。

《阳货》：子之武城①，闻弦歌之声②。夫子莞尔③而笑，曰："割鸡焉用牛刀④？"子游对曰："昔者偃也闻诸⑤夫子曰：'君子学道则爱人，小人学道则易使⑥也。'"子曰："二三子，偃之言是⑦也。前言戏⑧之耳。"

【注】

①之：去、到。武城：鲁国的一个小城邑，在今山东费县西南。

②弦歌之声：这是礼乐治国的表现。《史记·孔子世家》："三百五篇，孔子皆弦歌之，以求合《韶》《武》《雅》《颂》之音。礼乐自此可得而述，以备王道，成六艺。"

③莞(wǎn)尔：微笑的样子。

④割：宰杀。焉：哪里。割鸡焉用牛刀：杀只鸡何必用宰牛的刀？比喻办小事情用不着花大气力。孔子的意思是：治理武城这么小的地方，哪里用得着礼乐？

⑤偃：即子游，时为武城宰。诸：之于。

⑥使：役使、使唤。《宪问》："子曰：上好礼，则民易使也。"道包括礼乐。君子和小人都可以学习礼乐，但学习的目的、效果不同。

⑦是：正确。

⑧戏：逗趣，开玩笑。

《阳货》：子曰："礼云礼云，玉帛云乎哉①？乐云乐云，钟鼓②云乎哉？"

【注】

①玉帛：玉器、丝织品。这里泛指礼器。云乎哉：语气助词，用于句末，表示反诘。"云乎哉"是三个语气词连用，"礼云礼云""乐云乐云"是语气词("云")单用。

②钟鼓：古代两种乐器。

《泰伯》:子曰:"兴①于诗,立②于礼,成③于乐。"

【注】

①兴:兴起、激发。何晏《论语集解》引包咸注:"兴,起也。言修身必先学诗。"

②立:立足社会、树立道德。《季氏》:"不学礼,无以立。"《尧曰》:"不知礼,无以立。"

③成:完成、达到。《宪问》:"文之以礼乐,亦可以为成人矣。"

《八佾》:子曰:"《关雎》①,乐而不淫②,哀而不伤③。"

【注】

①《关雎》:《诗经·国风·周南》的首篇,也是《诗经》的第一篇。

②淫:过分、放纵。言语浮华失实叫淫辞,做事滥用权力叫淫威,沉溺于安逸享乐叫淫逸。

③伤:悲伤,指过分的哀。

《泰伯》:子曰:"师挚之始①,《关雎》之乱②,洋洋乎盈③耳哉!"

【注】

①师:指太师、乐师。挚:鲁国著名乐师,一名乙,因他擅长弹琴,又称琴挚。始:乐曲的开端。古代奏乐,一般由太师演奏开端。

②乱:乐曲结尾的一段,由多种乐器合奏,这里指演奏到结尾时所演奏的《关雎》乐章。

③洋洋:众多。《尔雅·释诂》:"洋,多也。"盈:充满。

《子罕》:子曰:"吾自卫反鲁①,然后乐正②,《雅》《颂》各得其所③。"

【注】

①卫:卫国,西周至战国时诸侯国,姬姓,在今河南省北部和河北省南

部一带。反:通"返"。《史记·鲁周公世家》:"(鲁哀公)十一年,齐伐鲁,季氏用冉有有功,思孔子,孔子自卫归鲁。"

②正:整理。《礼记·乐记》:"诗,言其志也;歌,咏其声也;舞,动其容也。三者本于心,然后乐气从之。"《诗经》是配乐演唱的,如何配乐,需要专门的整理。

③各得其所:都得到了它们该有的位置、地位。《淮南子·泰族训》:"音不调乎《雅》《颂》者,不可以为乐。"

《八佾》:子语①鲁大师②乐,曰:"乐,其可知也:始作,翕③如也;从④之,纯⑤如也,皦⑥如也,绎⑦如也,以成。"

【注】

①语(yù):告诉。

②大(tài)师:即"太师",乐官之长。大:通"太"。

③翕(xī):和谐、协调。

④从(zòng):通"纵",放纵,展开。

⑤纯:美好。

⑥皦(jiǎo):明亮、分明。

⑦绎(yì):连续、连绵不断。

《八佾》:子谓《韶①》:"尽美矣,又尽善也②。"谓《武③》:"尽美矣,未尽善也。"

【注】

①韶:韶乐,传说是舜时创作的乐曲,意境很优美。《尚书·益稷》:"箫韶九成,凤凰来仪。"

②尽美矣,又尽善也:说明美和善有区别。《道德经》第二章:"天下皆知美之为美,斯恶已。皆知善之为善,斯不善已。"也是美、善并举。

③武:武乐,周武王时的乐曲。韶乐和武乐是先秦著名的音乐,先秦

很多文献都提到了,如《荀子·礼论》:"《韶》《夏》《护》《武》《汋》《桓》《箾》《象》,是君子之所以为愅诡其所喜乐之文也。"《韶》乐和《武》乐尤其为儒家所重视。

《述而》:子在齐闻《韶》,三月①不知肉味,曰:"不图为乐之至于斯②也。"

【注】

①三月:形容很长时间。《史记·孔子世家》:"孔子适齐……与齐太师语乐,闻《韶》音,学之,三月不知肉味,齐人称之。"

②图:料到。不图:没想到。为乐(yuè):欣赏音乐。斯:这。

《述而》:子与人歌而善①,必使反②之,而后和③之。

【注】

①善:擅长。《礼记·学记》:"善歌者使人继其声。"

②反:通"返"。反复,再一次。

③和(hè):跟随着唱,应和、唱和。

【思考题】

1.礼乐传统是如何形成的?

2.礼和乐的作用有何不同?

3.孔子提倡的礼乐有何当代价值? 请谈谈你的看法。

（四）论君子小人

《学而》：子曰："学而时习之[1]，不亦说乎[2]？有朋自远方来，不亦乐乎[3]？人不知而不愠[4]，不亦君子[5]乎？"

【注】

①学：儒家说的"学"多为修身方面的内容，这些内容具有很强的实践性。时：在一定的时机、在适当的时候。习：通常的理解是"复习、温习"，可通，但考虑到"习"的本义是鸟儿反复练习飞翔（《说文》："习，数飞也"），我们不妨把它理解为"练习、实践"（"学"的继续），将所学者付诸实践，躬亲习行，直至"习与性成"，因为儒家重视仁义、礼乐的学习，更重视在日常生活中实践仁义、礼乐。这样说来，学和习结合起来，也就是把知识转换成能力的过程。明清之际的著名学者颜元主张"思不如学，而学必以习"（《颜习斋先生年谱》卷上），就把自己的书斋名由"思古斋"改为"习斋"，可谓得孔子遗意。

②说：通"悦"，高兴。《尔雅·释诂》："说，乐也。"朱熹注："说在心，乐主发散在外。"

③朋：《周易·兑卦·象传》："君子以朋友讲习。"孔颖达疏："同门曰朋，同志曰友。""有朋自远方来，不亦乐乎？"是说朋友从远方来看望我，我很高兴，高兴的原因当然是自己多了一个学习的伙伴、学习的对象。

④知：知道、了解。愠(yùn)：愠怒、怨恨。

⑤君子：品德高尚的人。

《学而》：子曰："君子不重，则不威[1]；学则不固[2]。主忠信[3]，无友[4]不如己者。过则勿惮[5]改。"

【注】

①重：庄重。威：威严。

②固：固陋、浅陋。

③主：崇尚、注重。忠信：曾子曰："为人谋而不忠乎？与朋友交而不信乎？"（《学而》）也是"主忠信"。《礼记·礼器》："忠信，礼之本也""忠信之人，可以学礼。苟无忠信之人，则礼不虚道"。

④无：不要。友：此处用作动词，意为"结交"。

⑤惮（dàn）：害怕。勿惮：不怕。

《为政》：子曰："君子不器①。"

【注】

①器：这是相对于"道"而言。《礼记·学记》："君子曰：大德不官，大道不器，大信不约，大时不齐。"《周易·系辞上》："形而上者谓之道，形而下者谓之器。"

《里仁》：子曰："君子之于天下也，无适①也，无莫②也，义之与比③。"

【注】

①适：亲近。

②莫：疏远。

③义之与比：即"与义比之"，与义靠近，向义靠拢，也就是用"义"作为法则。比：靠近、接近。

《里仁》：子曰："君子怀①德，小人怀土②；君子怀刑③，小人怀惠④。"

【注】

①怀：感念。

②土：这里指好处、利益。

③刑：刑罚。《孟子·离娄上》："君子犯义，小人犯刑。"

④惠：好处、利益。《尚书·蔡仲之命》："民心无常，惟惠之怀。"

《里仁》：子曰："君子喻于义，小人喻于利①。"

【注】

①喻：懂得、明白、知道。《淮南子·缪称训》："君子非仁义无以生，失仁义，则失其所以生；小人非嗜欲无以活，失嗜欲，则失其所以活。故君子惧失仁义，小人惧失利。观其所惧，知各殊矣。"这段话可以作为孔子"君子喻于义，小人喻于利"的诠释。

《颜渊》：子曰："博学于文，约①之以礼，亦可以弗畔矣夫②。"

【注】

①约：约束。

②弗：不。畔：通"叛"，违背。夫（fú）：句末语气词。

《述而》：子曰："圣人①，吾不得而见之矣；得见君子者，斯②可矣。"子曰："善人，吾不得而见之矣；得见有恒者③，斯可矣。亡④而为有，虚而为盈⑤，约而为泰⑥，难乎有恒矣。"

【注】

①圣人：《孟子·离娄上》："圣人，人伦之至也。"《荀子·解蔽》："圣也者，尽伦者也。"《荀子·礼论》："圣人者，道之极也。"《荀子·正论》："圣人，备道全美者也，是县天下之权称也。"圣人和君子是儒家理想的道德人格，其中，圣人是最高的理想人格，可望而不可即，君子是次一等的理想人格，离现实近一些。孔子鼓励弟子们努力成为君子，至于圣人，他很少以此许人，他自己也从不以此自居，虽然他的弟子视其为圣人。

②斯：就、乃，则。下同。

③有恒者:真正的善人、完美之人是没有的,能做到有恒心做善事就不错了。《子路》:"子曰:南人有言曰:'人而无恒,不可以作巫医。善夫!'不恒其德,或承之羞。子曰:'不占而已矣。'"《周易·家人·象》:"君子以言有物而行有恒。"《孟子·梁惠王上》:"无恒产而有恒心者,惟士为能。"看来,有恒心恒行是对士君子的要求。

④亡(wú):通"无",没有。

⑤盈:与"虚"相对,充实、充满。《周易·丰卦·象传》:"日中则昃(zè),月盈则食,天地盈虚,与时消息。"

⑥约:穷困。泰:宽裕、奢侈。

《述而》:子曰:"君子坦荡荡①,小人长戚戚②。"

【注】

①坦:安详。荡荡:宽广、辽阔。君子"不怨天,不尤人","在邦无怨,在家无怨","饭疏食,饮水,曲肱而枕之,乐亦在其中矣",自然坦荡荡。

②长:经常、总是。戚戚:忧愁、哀伤。小人"未得之也,患得之。既得之,患失之","放于利而行,多怨",难免"长戚戚"。

《泰伯》:曾子曰:"可以托六尺之孤①,可以寄百里之命②,临大节而不可夺③也——君子人与④?君子人也。"

【注】

①托:托付。六尺:古代尺短,一尺合现代六寸九分,身长六尺只合现在四尺一寸四分(约138厘米)。孤:幼而丧父。六尺之孤指没有成年的孤儿(十五岁以下)。托六尺之孤:指受先君遗命辅佐幼主。孔子的祖上孔父嘉就是宋穆公托孤的顾命大臣,霍光、司马懿也都是历史上著名的托孤大臣。

②寄:寄托、委托。百里:指方圆百里的诸侯国。命:指国家的政权与命运。

③临：面临、面对、遇到。大节：重大的考验。夺：使……丧失。临大节而不可夺：意近《礼记·儒行》所言："劫之以众，沮之以兵，见死不更其守。"

④君子人：即君子。与(yú)：通"欤"，语气词。

《先进》：子曰："论笃是与①，君子者乎？色②庄者乎？"

【注】
①论笃：言论诚恳笃实。是：助词，表示宾语前置。与：赞许。
②色：神色。

《颜渊》：司马牛①忧曰："人皆有兄弟，我独亡②。"子夏曰："商③闻之矣：'死生有命，富贵在天④。'君子敬而无失，与人恭而有礼⑤。四海之内⑥皆兄弟也——君子何患乎无兄弟也？"

【注】
①司马牛：名耕，字子牛，春秋末期宋国人，孔子的弟子。"牛为性躁，好言语，见兄桓魋行恶，牛常忧之。"(《孔子家语·七十二弟子解》)
②亡：通"无"。
③商：即孔子的学生子夏，姓卜，名商。
④死生有命，富贵在天：这是互文，意即"死生富贵有命，死生富贵在天"。
⑤恭而有礼：恭敬又有礼节。
⑥四海之内：天下。

《颜渊》：司马牛问君子。子曰："君子不忧不惧①。"曰："不忧不惧，斯②谓之君子已乎？"子曰："内省不疚③，夫何忧何惧？"

【注】

①君子不忧不惧:《宪问》:"仁者不忧,知者不惑,勇者不惧。"《子罕》:"子曰:知者不惑,仁者不忧,勇者不惧。"君子是仁者,是智者,是勇者。

②斯:就。

③内省(xǐng):自我反省。疚:内疚,心里不安。内省不疚:指自我反省,内心不感到惭愧不安,即没有做有愧于心的事。《礼记·中庸》:"君子内省不疚,无恶于志。"

《子罕》:子欲居九夷①。或曰:"陋,如之何?"子曰:"君子居之,何陋之有②?"

【注】

①九夷:即东方诸夷。先秦时期九夷散居于淮、泗之间,北与齐、鲁接壤。子欲居九夷,并非真的要去九夷,而是感慨道不行于世,情绪低落,所以这样说,就像子曰:"道不行,乘桴浮于海。"(《公冶长》)

②何陋之有:即"有何陋",不觉得简陋。这里的"之"是宾语前置的标志。

《雍也》:子曰:"质胜文则野①,文胜质则史②。文质彬彬③,然后君子。"

【注】

①质:内在的思想感情。文:外在的礼仪。孔子认为礼乐是文。野:鄙俚。

②史:本义是指宗庙里掌礼仪的史官、官府里掌文书的史官,这里指像史官那样繁文缛节,含有浮夸虚伪的贬义。《仪礼·聘礼》:"辞多则史。"

③文质彬彬:文与质互相融合,配合恰当。

《颜渊》:棘子成①曰:"君子质而已矣,何以文为②?"子贡曰:"惜乎,夫子之说君子也！驷不及舌③。文犹质也，质犹文也。虎豹之鞟④犹犬羊之鞟。"

【注】

①棘子成：卫国的大夫。下文的"夫子"指的是他。

②质：质朴，内在的思想品质、道德修养纯朴。文：文采、花纹，引申为文辞、礼仪等方面的修养。为：句末语气词。

③驷：古时指由四匹马拉的车。舌：说出来的话。驷不及舌：意近"一言既出，驷马难追"，指说话要算数。

④鞟(kuò)：去掉了毛的兽皮。

《卫灵公》：子曰："君子义以为质①，礼以行之，孙以出之②，信以成之。君子哉！"

【注】

①以：用。质：本意为本质、质地，引申为根本。

②孙(xùn)：通"逊"，谦逊、谦虚。出：出言，表达。

《颜渊》：子曰："君子成人之美①，不成人之恶②。小人反是③。"

【注】

①成：成全。美：美德。成人之美要求我们学会欣赏他人，嫉妒心强的人难以做到成人之美。

②成人之恶(è)：助长别人的恶习、恶德。先秦时期，美、恶相对而言。《道德经》第二十章："美之与恶，相去若何。"《尧曰》："尊五美，屏四恶。"《礼记·学记》："君子知至学之难易，而知其美恶，然后能博喻。"《墨子·尚贤上》："美章而恶不生。"《墨子·经上》："誉，明美也""诽，明恶也"。《庄子·天地》："德人者，居无思，行无虑，不藏是非美恶。"《荀子·性恶》："薄愿厚，恶愿美，狭愿广，贫愿富，贱愿贵。"《韩非子·说林上》："今子美而我恶。"

③是：这，指君子的行为。

《宪问》:子曰:"君子而不仁者有矣夫①,未有小人而仁者也。"

【注】

①而:却(转折连词)。矣夫(fú):语气词,表示较强烈的感叹。

《子路》:子曰:"君子和而不同①,小人同而不和。"

【注】

①和:有原则的和睦相处。同:无原则的苟同或同流合污。

《为政》:子曰:"君子周而不比①,小人比而不周。"

【注】

①周:合群。比:勾结。王引之《经义述闻》卷三十一:"以义合者,周也;以利合者,比也。"

《卫灵公》:子曰:"君子矜而不争①,群而不党②。"

【注】

①矜:庄重矜持。《尚书·大禹谟》:"汝惟不矜,天下莫与汝争能。"《尚书·说命中》:"矜其能,丧厥功。"《道德经》第二十二章:"不自伐,故有功;不自矜,故长。夫唯不争,故天下莫能与之争。"争:争执。

②群:合群。党:结党为私、朋比为奸。《左传·襄公三年》:"举其偏,不为党。"可见,不党就是不偏,就是无私。《尚书·洪范》:"无偏无党,王道荡荡。无党无偏,王道平平。"

《子路》:子曰:"君子易事而难说①也。说之不以道,不说也;及其使人也,器之②。小人难事而易说也。说之虽③不以道,说也;及其使人也,求备④焉。"

【注】

①事：相处、共事。《说苑·雅言》："曾子曰：夫子见人之一善而忘其百非，是夫子之易事也。"说(yuè)：通"悦"，高兴，下同。

②器：材器。器之：量才使用。

③虽：虽然。

④备：完备、完美。求备：求全责备。《微子》："无求备于一人。"《尚书·伊训》："与人不求备，检身若不及。"《文子·上义》："自古及今，未有能全其行者，故君子不责备于人。"

《宪问》：子曰："君子上达①，小人下达。"

【注】

①达：通达、通晓。

《宪问》：子曰："君子耻其言而过①其行。"

【注】

①耻：以……为耻。而：此处相当于"之"。过：超过。

《泰伯》：曾子有疾，孟敬子问①之，曾子言曰："鸟之将死，其鸣也哀；人之将死，其言也善②。君子所贵③乎道者三：动容貌，斯远暴慢矣④；正颜色⑤，斯近信矣；出辞气，斯远鄙倍⑥矣。笾豆⑦之事，则有司存⑧。"

【注】

①孟敬子：姓仲孙，名捷，孟武伯之子，鲁国大夫，据说是曾子的弟子。问：问候、看望。

②人之将死，其言也善：人到临死，他说的话是真心话，是善意的。也：句中语气助词，表示提顿，以引下文，兼有舒缓语气的作用。

③贵:重视。

④动容貌,斯远暴慢矣:《礼记·乐记》:"外貌斯须不庄不敬,而易慢之心入之矣。"《吕氏春秋·至忠》:"何其暴而不敬也?"暴是对上粗鲁不敬,慢是对下怠慢无礼。斯:于是、就。

⑤正:严正、端庄。颜色:脸色。这里说的"动容貌,正颜色",大概就是"君子正其衣冠,尊其瞻视"(《尧曰》)之意。

⑥出:出言、发言。辞气:指所用的语句和语气。出辞气:言语得体。远:远离。鄙:粗野。倍:通"背",背理,不合理。《史记·鲁仲连邹阳列传》:"曹子以一剑之任,劫桓公于坛坫之上,颜色不变而辞气不悖。"

⑦笾(biān):古代一种用来盛果脯的竹制礼器,圆口,下面有高脚。豆:古代一种盛食物的器皿,木制,有盖,形状像高脚盘。笾、豆都是古代祭祀和典礼中的用具,笾豆之事就是指祭祀或仪礼方面的事务。《礼记·乐记》:"铺筵席,陈尊俎,列笾豆,以升降为礼者,礼之末节也,故有司掌之。"

⑧有司:主管具体事务的部门或者官员。存:有,存在。

《宪问》:子路问君子。子曰:"修①己以敬。"曰:"如斯②而已乎?"曰:"修己以安人③。"曰:"如斯而已乎?"曰:"修己以安百姓④。修己以安百姓,尧舜其犹病诸⑤?"

【注】

①修:治。

②斯:这。

③修己以安人:何晏《论语集解》引孔安国注:"人为朋友九族。"修己安人说的是己与人的关系。儒家处理人我关系,常常是推己及人。《雍也》:"己欲立而立人,己欲达而达人。"

④修己以安百姓:意近"博施于民而能济众",皆"尧舜其犹病诸"(《雍也》)。如果说"修己"是"内圣","安人""安百姓"则是"外王"。

⑤其:大概。犹:尚且。病:担心、忧虑。诸:"之乎"的合音。

《子张》:子游曰:"子夏之门人小子,当洒扫应对进退①,则可矣,抑末②也。本之则无,如之何?"子夏闻之,曰:"噫!言游过矣!君子之道③,孰先传焉?孰后倦④焉?譬诸草木,区以别矣。君子之道,焉可诬⑤也?有始有卒⑥者,其惟圣人乎!"

【注】

①洒扫应对进退:《礼记·学记》:"不学杂服,不能安礼。""杂服"大概就是子游说的"洒扫应对进退"等琐屑杂事(参黄式三《论语后案》卷十九)。

②抑:但是、不过。末:与"本"相对而言,即不是最重要的东西。《礼记·乐记》:"乐者,非谓黄钟、大吕、弦歌、干扬也,乐之末节也,故童者舞之。铺筵席,陈尊俎,列笾豆,以升降为礼者,礼之末节也,故有司掌之。"《大戴礼记·保傅》:"古者八岁而就外舍,学小艺焉,履小节焉;束发而就大学,学大艺焉,履大节焉。"

③君子之道:君子的立身之道,与"本"有密切联系,故《学而》有"君子务本,本立而道生"的话。

④倦:疑为"传"字之误。一说不误,意思是:君子之道,传于人,宜有先后,非以其"末"为先而传之,非以其"本"为后而倦教,非专传其宜先者,而倦传其宜后者。

⑤诬:歪曲。

⑥有始有卒:有始有终。《礼记·大学》:"物有本末,事有终始。知所先后,则近道矣。"

《卫灵公》:在陈绝粮①,从者病②,莫能兴③。子路愠④见曰:"君子亦有穷乎?"子曰:"君子固穷⑤,小人穷斯滥⑥矣。"

【注】

①绝粮:断粮。孔子绝粮于陈,在吴师伐陈之年。《史记·陈世家》:"愍公十三年,吴复来伐陈,陈告急楚,楚昭王来救,军于城父,吴师去。是年,

楚昭王卒于城父。时孔子在陈。"《孟子·尽心下》也说孔子"厄于陈、蔡之间,无上下之交也"。

②病:这里指饿得厉害。

③莫:无人。兴(xīng):站起来,起身。

④愠(yùn):愠怒,生气。《史记·孔子世家》:"孔子知弟子有愠心,乃召子路而问。"子路愠,说明他还不能像君子那样做到"人不知而不愠",虽然"在陈绝粮"确实是危机,但越是危急时刻,越能见出"君子固穷"的本色。

⑤固:坚守、固守。王勃《滕王阁序》"穷且益坚,不坠青云之志",即"君子固穷"之意。

⑥斯:就。滥:放肆、放纵。《礼记·坊记》:"子云:小人贫斯约,富斯骄;约斯盗,骄斯乱。"

《卫灵公》:子曰:"君子疾没世而名不称①焉。"

【注】

①疾:担心、害怕。没(mò)世:终身,死。称(chēng):称述,称道。死而声名不被称述,其生前乏善可知,君子特别担心这个。《史记·孔子世家》:"子曰:'弗乎弗乎,君子病没世而名不称焉。吾道不行矣,吾何以自见于后世哉?'乃因史记作《春秋》。"

《卫灵公》:子曰:"君子不可小知①而可大受②也,小人不可大受而可小知也。"

【注】

①知:主持,主管。

②受:承担。

《卫灵公》:子曰:"君子贞而不谅①。"

【注】

①贞:固守正道,恪守节操。谅:信实,指死守信用。像尾生那样抱柱而死,就是只讲守信不知变通,不符合"贞而不谅"的君子之道。

《季氏》:孔子曰:"君子有九思:视思明,听思聪,色思温,貌思恭①,言思忠,事思敬,疑思问②,忿思难③,见得思义④。"

【注】

①貌思恭:《尚书·洪范》:"五事:一曰貌,二曰言,三曰视,四曰听,五曰思。貌曰恭,言曰从,视曰明,听曰聪,思曰睿。恭作肃,从作乂,明作哲,聪作谋,睿作圣。"

②疑思问:《大戴礼记·曾子制言上》:"不能则学,疑则问","耻不知而又不问"。《荀子·非十二子》:"不知则问,不能则学。"孔子入太庙"每事问",孔文子"不耻下问",都是好"问"的典范,"问"是"学"的重要途径。

③难(nàn):灾难,后患,不良后果。《大戴礼记·曾子立事》:"君子见利思辱,见恶思诟,嗜欲思耻,忿怒思患。"

④见得思义:《宪问》:"见利思义。"《子张》:"见得思义。"虽然儒家并不反对利,但在儒家看来,义和利是矛盾的,应该取义舍利,这种取舍当然体现了高尚的品德。不过,我们也要看到,义和利有时是统一的,不能过于强调二者的对立而牺牲应有的利益。

《季氏》:孔子曰:"君子有三戒:少之时①,血气未定②,戒之在色③;及其壮也,血气方刚,戒之在斗④;及其老也,血气既⑤衰,戒之在得⑥。"

【注】

①少之时:年轻时。

②血气:指体力、精力。《礼记·乐记》:"民有血气心知之性。"未定:未成熟、未固定。

③色:女色、美色。《礼记·礼运》:"饮食男女,人之大欲存焉。"

④血气方刚：指年轻人精力旺盛，容易冲动。方：正。刚：强烈、强劲，这里指容易冲动。《左传·昭公十年》："凡有血气，皆有争心。"《荀子·修身》："血气刚强，则柔之以调和。"斗：争斗、打斗。

⑤既：已经。

⑥得：贪心。《道德经》第四十六章："咎莫大于欲得。"《淮南子·诠言训》："凡人之性，少则猖狂，壮则强暴，老则好利。"

《季氏》：孔子曰："君子有三畏①：畏天命②，畏大人③，畏圣人之言。小人不知天命而不畏也，狎④大人，侮圣人之言。"

【注】

①畏：敬畏、敬服。

②天命：天意、命运。

③大人：泛指在上之人，包括天子、诸侯、卿大夫。

④狎（xiá）：轻慢，不尊重。

《子张》：子夏曰："君子有三变：望之俨然①，即之也②温，听其言也厉。"

【注】

①俨然：庄重的样子。《尧曰》："俨然人望而畏之。"

②即：接近、靠近。也：句中表停顿。

《子路》：子曰："君子泰而不骄①，小人骄而不泰。"

【注】

①泰：泰然、安然。骄：骄傲、得意。《礼记·中庸》："居上不骄，为下不倍。"《周易·乾卦·文言》："居上位而不骄，在下位而不忧。"

《阳货》：子路曰："君子尚①勇乎？"子曰："君子义以为上②。君子有勇而无义为乱③，小人有勇而无义为盗。"

【注】

①尚：崇尚。

②义以为上：即"以义为上"，意近"义之与比"(《里仁》)。

③有勇而无义为乱：《泰伯》："勇而无礼则乱。"《左传·哀公十六年》："率义之为勇。"

《阳货》：子贡曰："君子亦有恶①乎？"子曰："有恶：恶称人之恶者，恶居下流而讪上②者，恶勇而无礼③者，恶果敢而窒④者。"曰："赐也亦有恶乎？""恶徼以为知⑤者，恶不孙⑥以为勇者，恶讦⑦以为直者。"

【注】

①恶(wù)：厌恶、憎恶。

②流："流"字可能是衍文。晚唐以前的《论语》版本无"流"字，至宋代，才有此衍误。讪(shàn)：诽谤，讥讽，诋毁。以言毁人称谤，在下谤上称讪。《礼记·少仪》："为人臣下者，有谏而无讪。"《孟子·梁惠王下》："人不得，则非其上矣。不得而非其上者，非也。"

③勇而无礼：《阳货》："君子有勇而无义为乱，小人有勇而无义为盗。"《泰伯》："勇而无礼则乱。"

④窒：头脑僵化，不通事理。

⑤徼(jiāo)：抄袭，窃取，剽窃他人的知识成果，如言论、学问、见解、做出的成绩等。一说，私察他人之言行动静，而自作聪明，假以为知。知：通"智"。

⑥孙(xùn)：通"逊"，谦逊、谦虚。

⑦讦(jié)：攻击别人的短处，揭发别人的隐私。《阳货》："好直不好学，其蔽也绞。"绞、讦意思相近。

《子张》:子夏曰:"百工居肆以成其事①,君子学以致其道②。"

【注】

①百工:各种工匠。肆:古代制造物品的场所,陈列商品的店铺也叫肆,如酒肆。事:工作。《礼记·学记》:"《记》曰:凡学,官先事,士先志。"

②学以致其道:以学致其道,即通过广泛学习来实现道德、理想。

《子张》:子夏曰:"君子信而后劳①其民;未信,则以为厉②己也。信而后谏;未信,则以为谤己也③。"

【注】

①劳:指役使,让百姓去服劳役。

②厉:虐待,坑害。

③信而后谏;未信,则以为谤己也:《颜氏家训·省事》引作"未信而谏,人以为谤己也"。(清)朱骏声《说文通训定声》:"放言曰谤,微言曰诽曰讥。"

《尧曰》:子曰:"不知命①,无以为君子也;不知礼,无以立②也;不知言,无以知人③也。"

【注】

①命:天命。

②不知礼,无以立:《季氏》:"不学礼,无以立。"《泰伯》:"立于礼。"

③言:言论。不知言,无以知人:知人固然要考察其言,但仅仅靠言也无法知人,应该"听其言而观其行"(《公冶长》)。

《子张》:子贡曰:"君子一言以为知①,一言以为不知,言不可不慎也。"

【注】

①知:通"智",聪明、明智、智慧。

《阳货》:子曰:"色厉而内荏①,譬诸②小人,其犹穿窬之盗也与③?"

【注】

①色:神色,样子。厉:严厉、凶猛。荏(rěn):虚弱、软弱。色厉内荏:外表强硬凶猛,内心怯懦软弱,常常用来形容一个人的外强中干。

②譬(pì):譬如、好比。诸:之于。

③其:大概。犹:如。窬(yú):门的小洞。盗:贼、小偷。穿窬之盗:指行窃。《礼记·表记》:"子曰:君子不以色亲人,情疏而貌亲,在小人则穿窬之盗也与?"《孟子·尽心下》:"人能充无穿窬之心,而义不可胜用也。"与:语气词,表推测,犹"吧"。

《子张》:子贡曰:"君子之过也,如日月之食①焉:过也,人皆见之;更②也,人皆仰③之。"

【注】

①食:通"蚀"。《说苑·说丛》:"君子之过,犹日月之蚀也,何害于明?"

②更:改正。

③仰:仰望、敬仰。《孟子·公孙丑下》:"古之君子,其过也,如日月之食,民皆见之;及其更也,民皆仰之。"

《子张》:子夏曰:"小人之过也必文①。"

【注】

①文:掩饰。

《卫灵公》:子曰:"过而①不改,是谓②过矣。"

【注】

①而:却。

②是:这,指"过而不改"。谓:叫做。

【思考题】

1.君子有何人格特征?

2.如何理解"和而不同"及其当代价值?

3.如何理解《论语》提出的"文质彬彬"的思想?

（五）论政治

《学而》：子曰："道千乘之国①，敬事②而信，节用而爱人③，使民以时④。"

【注】

①道：通"导"，治理。乘（shèng）：四匹马拉的兵车。古代称四匹马拉的一辆车为"一乘"。千乘：一千辆兵车。千乘之国：春秋时期为中等规模的国家（如鲁国），万乘之国则为大国（如晋国）。

②敬事：即敬业。孔子多次提及"敬事"，如《子路》"执事敬"、《卫灵公》"事君，敬其事而后其食"、《季氏》"事思敬"。

③节用：荀子也说："强本而节用，则不能贫"，"本荒而用侈，则不能使之富"（《天论》），"足国之道，节用裕民，而善臧（藏）其余"（《富国》），可见儒家对"节俭"的重视。不过，儒家主张"节用以礼"（《荀子·富国》），只要符合礼的要求，即使是"食不厌精，脍不厌细"也是允许的，这跟墨家说的节俭不同。人：清人刘逢禄《论语述何》："人谓大臣群臣。"对"人"言"爱"，对"民"言"使"，可见人和民分属不同的社会阶层。大致上说，人是执政者，民是劳动者、被统治者。《先进》："比及三年，可使足民。""人"不存在食物不足的情况，只有"民"才需要"足"，说明"民"的阶层较低。《为政》："何为则民服"、《八佾》："使民战栗"，可见民是被统治者，需要服从上层的统治。

④使：役使。民：《谷梁传·成公元年》："古者有四民：有士民，有商民，有农民，有工民。""使民以时"之"民"可能指从事耕作的农民。清人金锷《释民》："民之本义，当属农人。《中庸》别庶民于工商，以时使薄敛为劝庶民之事……《孟子》许行、陈相皆治农事，而曰愿为氓，亦可知民专属农矣。"以：按（照）。时：一定的时间、固定的时间，这里指农闲季节。《左传·襄公十七年》："宋皇国父为大（太）宰，为平公筑台，妨于农功。子罕请俟

农功之毕,公弗许。"这是一个不"使民以时"的例子,从反面证明使民要"以时"。

《学而》:子禽①问于子贡曰:"夫子至于是邦也②,必闻③其政,求之与④? 抑与⑤之与?"子贡曰:"夫子温、良⑥、恭、俭、让以得之。夫子之求之也,其诸⑦异乎人之求之与?"

【注】

①子禽:姓陈名亢(Gāng),字子亢,又字子禽,春秋末期陈国人。郑玄注《论语》《檀弓》说他是孔子的学生,但《史记·仲尼弟子列传》未载此人。我们虽然不能确知子禽是孔门弟子,但大致可以确定,他跟孔门弟子颇有交往,对孔子及其思想比较尊崇。

②夫子:孔门弟子对孔子的尊称。是:这。

③闻:打听。

④与:本章都通"欤",语气词。

⑤抑:表示选择,可译为"或者""还是"。与:给。

⑥温、良:《礼记·儒行》:"温良者,仁之本也。"

⑦其:大概,表揣测语气。诸:语助词,用于句中。

《为政》:子曰:"为政以德①,譬如北辰居其所而众星共之②。"

【注】

①为政以德:《左传·僖公二十四年》:"太上以德抚民。"自周公以来,周人强调"敬德保民",孔子继承并发扬了这一思想。以:用。

②北辰:北极星。共:通"拱",拱卫、环绕。

《为政》:子曰:"道之以政①,齐②之以刑,民免而无耻③;道之以德,齐之以礼④,有耻且格⑤。"

【注】

①道：通"导"，治理。"道之以德"的"道"，同此。政：政令、政法。

②齐：整齐、整治，这里引申为约束。《孙子兵法·行军》："令之以文，齐之以武。"

③免：免于犯罪。无耻：没有羞耻之心。《孟子·尽心上》："人不可以无耻""耻之于人大矣"。

④齐之以礼：春秋时期，"礼不下庶人"（《礼记·曲礼上》），孔子以"礼"齐民，目的不是提高"民"的道德水准，而是为了更好地治"民"，因为"小人学道则易使也"（道包括礼乐）。毕竟，先秦时期的礼不是维护"民"的利益："夫礼，所以整民也"（《左传·庄公二十三年》）、"以礼防民"（《左传·哀公十五年》）、"由士以上则必以礼乐节之，众庶百姓则必以法数制之"（《荀子·富国》）。

⑤格：纠正。有耻且格的意思是心悦诚服地改正错误。桓宽《盐铁论·授时》："教之以德，齐之以礼，则民徙义而从善，莫不入孝出悌，夫何奢侈暴慢之有？"

《为政》：哀公①问曰："何为②则民服？"孔子对曰："举直错诸枉③，则民服；举枉错诸直，则民不服。"

【注】

①哀公：姬姓，名蒋，鲁定公之子，鲁国第二十七任君主，公元前494至前468年在位。"哀"是他的谥号。

②何为：如何做。

③举：提拔、任用。直：比喻正直的人。错：通"措"，安置、放置。诸："之于"的合音，兼有代词和介词的作用。枉（wǎng）：与"直"相对，比喻不正派、不正直的人。

《为政》：季康子问："使民敬、忠以劝①，如之何②？"子曰："临之以庄，则敬③；孝慈，则忠④；举善而教⑤不能，则劝。"

【注】

①以：而，连词。劝：劝勉、鼓励。《墨子·尚贤下》："有道者劝以教人。"

②如之何：怎么做。

③临：对待；治理。之：指"民"。临之以庄，则敬：《卫灵公》："不庄以莅之，则民不敬。"

④孝慈：《礼记·大学》："为人子，止于孝；为人父，止于慈。"孝慈，则忠：意近"惠则足以使人"（《阳货》）、"君行仁政，斯民亲其上、死其长矣"（《孟子·梁惠王下》）。

⑤举：推举、提拔。善：好。教：《说文》："教，上所施，下所效也。"《论语》中表示"教育"的词是"诲"，"诲"与"教"不同。"诲"的对象常常是"人"，"教"的对象常常是"民"，可见"教"多指教化、训导百姓，如"子欲善而民善""君子笃于亲，则民兴于仁""上好信，则民莫敢不用情"之类，也就是《为政》所说的："道之以政，齐之以刑；道之以德，齐之以礼。"

《八佾》：定公①问："君使臣，臣事君②，如之何③？"孔子对曰："君使臣以礼，臣事君以忠④。"

【注】

①定公：姬姓，名宋，鲁昭公的弟弟，继昭公而即位，鲁国第二十六任君主，在位十五年（公元前509年至前495年）。"定"是他的谥号。

②使：役使。事：侍奉。对上言"事"，对下言"使"。另如《子路》："子曰：君子易事而难说也。说之不以道，不说也；及其使人也，器之。小人难事而易说也。说之虽不以道，说也；及其使人也，求备焉。"《墨子·尚贤上》："上之所以使下者""下之所以事上者"《荀子·王制》："能以事上谓之顺，能以使下谓之君。"

③如之何：即"如何"，"之"是虚词。

④事君以忠：即《学而》"事君，能致其身"。以：按照、依照。忠：尽心尽力、认真负责。

《卫灵公》：子曰："事①君，敬其事而后其食②。"

【注】

①事：侍奉。

②敬：认真对待，不怠慢，不苟且。后：动词，把……放在后面。食：俸禄，官吏的薪水。

《八佾》：子曰："事君尽礼，人以为谄①也。"

【注】

①谄(chǎn)：谄媚、巴结。《周易·系辞下》："君子上交不谄，下交不渎。"

《乡党》：君命召，不俟①驾行矣。

【注】

①俟(sì)：等待。

《泰伯》：子曰："民可使由①之，不可使知之。"

【注】

①由：从，听从。郭店楚简《尊德义》："民可使道之，而不可使知之"，"民可导也，而不可强也"。

《泰伯》：子曰："不在其位①，不谋②其政。"

【注】

①其：那个。《周易·艮卦·象传》："君子以思不出其位。"《宪问》："曾子曰：'君子思不出其位。'"

②谋：谋划、考虑、参与。

《颜渊》：子贡问政。子曰："足食，足兵①，民信②之矣。"子贡曰："必不得已而去，于斯三者何先③？"曰："去兵。"子贡曰："必不得已而去，于斯二者何先？"曰："去食。自古皆有死，民无信不立④。"

【注】

①食：粮食。兵：兵器，武器，这里指军备。《墨子·七患》："食者，国之宝也；兵者，国之爪也。"《韩非子·五蠹》："富国以农，距敌恃卒。"

②信：受人信任。《阳货》："信则人任焉。"《子路》："上好信，则民莫敢不用情。"

③于：在。斯：这。先：动词，先做某事。

④立：存在。《左传·成公八年》："失信不立。"

《颜渊》：哀公问于有若曰："年饥①，用不足，如之何？"有若对曰："盍彻乎②？"曰："二③，吾犹不足，如之何其彻也？"对曰："百姓足，君孰与不足？百姓不足，君孰与足④？"

【注】

①饥：收成不好。《左传》宣公十年、十五年，襄公二十四年，哀公十四年皆有饥的记载。

②盍(hé)：何不，为什么不。彻：西周的一种田税制度，就是十一税（从耕地的收获中抽取十分之一作为赋税）。

③二：国家从耕地的收获中抽取十分之二作为赋税。

④百姓足，君孰与不足？百姓不足，君孰与足：《管子·山至数》："民富君无与贫，民贫君无与富。"

《颜渊》：齐景公问政于孔子①。孔子对曰："君君，臣臣，父父，子子②。"公曰："善哉！信③如君不君，臣不臣，父不父，子不子，虽有粟④，吾得而食诸⑤？"

【注】

①齐景公：姜姓，吕氏，名杵臼，春秋时期齐国君主，齐庄公之弟。齐景公以一国之君的身份问政于孔子，固然说明景公尚能礼贤下士，也说明孔子当时已闻名诸侯，虽然孔子只是一个流寓来齐的士人。

②君君，臣臣，父父，子子：《周易·家人·彖(tuàn)传》："父父，子子，兄兄，弟弟，夫夫，妇妇，而家道正。正家而天下定矣。"《国语·周语中·刘康公论鲁大夫俭与侈》："为臣必臣，为君必君。宽肃宣惠，君也；敬恪恭俭，臣也。"《国语·晋语四·寺人勃鞮(dī)求见文公》："君君臣臣，是谓明训。"《谷梁传·宣公十五年》："为人臣而侵其君之命而用之，是不臣也。为人君而失其命，是不君也。君不君，臣不臣，此天下所以倾也。"《礼记·曲礼上》："君臣上下父子兄弟，非礼不定。"《礼记·哀公问》："丘闻之：民之所由生，礼为大。非礼无以节事天地之神也，非礼无以辨君臣上下长幼之位也，非礼无以别男女父子兄弟之亲、昏姻疏数之交也。"君君臣臣体现的是森严的等级制度，现在我们追求的是人与人之间的平等，但不能因此就忽视社会角色的差别。

③信：真的。

④粟：小米，这里代指粮食。

⑤得：合适。诸："之乎"的合音。虽有粟，吾得而食诸：意思是，即使有粮食，我合适去吃吗？

《颜渊》：子曰："片言可以折狱①者，其由也与②？"

【注】

①片言：单方面的言辞。折：判断。狱：案件。折狱：判决诉讼案件。

②与(yú)：语气词，表推测，犹"吧"。

《颜渊》：子曰："听讼①，吾犹②人也。必也使无讼乎。"

【注】

①听：审理、处理。听讼：断案。《史记·孔子世家》："孔子在位听讼，文

辞有可与人共者,弗独有也。"

②犹:如同,好像。

《微子》:柳下惠为士师①,三黜②。人曰:"子未可以去③乎?"曰:"直道而事④人,焉往⑤而不三黜?枉⑥道而事人,何必去父母之邦⑦?"

【注】

①柳下惠:即鲁国贤人展获(鲁公族展氏之后),字禽,又叫展季、柳下季,曾任鲁国士师。"柳下"可能是其居处,所以以此为号;"惠"是他的私谥。士师:古代掌管司法刑狱的官员。

②三:多次。黜(chù):罢免、罢官。

③去:离去、离开。

④直道:正道。事:侍奉。

⑤焉:疑问代词,何、哪里。往:去。

⑥枉(wǎng):不直、不正。

⑦父母之邦:父母所在之国,也就是自己的国家,即本国、祖国。

《子张》:孟氏使阳肤为士师①,问于曾子。曾子曰:"上失其道②,民散③久矣。如得其情④,则哀矜⑤而勿喜。"

【注】

①孟氏:孟孙氏,鲁国三桓之一。阳肤:曾子弟子,武城人。士师:司法官员。

②失其道:违背正道。

③民散(sàn):民心涣散。

④情:实情。

⑤哀矜:怜悯、怜惜、同情。

《子张》:子夏曰:"仕而优①则学,学而优则仕。"

【注】

①仕：做官。优：优裕，有余力。这里不能理解为"优秀"。《学而》："行有余力，则以学文。"

《颜渊》：子张问政。子曰："居之无倦①，行之以忠。"

【注】

①居：指坚守岗位。倦：倦怠、懈怠。

《子路》：子路问政。子曰："先①之，劳之。"请益②。曰："无倦。"

【注】

①先：在……之前。指为政者身体力行，凡事率先垂范，以身作则。
②益：增加，这里指再多说一点。

《宪问》：子路问事①君，子曰："勿欺也，而犯②之。"

【注】

①事：侍奉。
②犯：触犯、冒犯，这里指向君主提出批评性意见。《礼记·檀弓上》："事君有犯而无隐。"《韩非子·难一》："夫为人臣者，君有过则谏。"

《颜渊》：季康子问政于孔子。孔子对曰："政者，正也①。子帅②以正，孰敢不正？"

【注】

①正：端正（包括思想的纯正、行为的中正）。"政者，正也"是随文声训（声训是训诂的一种方式），另如《左传·桓公二年》："政以正民。是以政成而民听。"《孟子·滕文公上》："庠者，养也；校者，教也。"《庄子·齐物论》：

"庸也者,用也。"

②帅:通"率",带领、率领。《礼记·哀公问》中,孔子与鲁哀公论政也有类似的对话:"政者,正也。君为正,则百姓从政矣。君之所为,百姓之所从也。君所不为,百姓何从?"孔子在季康子和鲁哀公面前都做这样的回答,可见这是他一贯的政治主张。在孔子看来,统治者应该为民表率,率先垂范,因为身教重于言教。

《子路》:子曰:"其身正①,不令而行②;其身不正,虽令不从③。"

【注】
①其:他,指执政的人。身:本身、自身。正:端正、正派。
②令:命令。行:做。
③虽:即使。从:服从。

《子路》:子曰:"苟正①其身矣,于从政乎何有②? 不能正其身,如正人何?"

【注】
①苟:如果。正:端正。
②乎:句中语气词,表示停顿。何有:何难之有。

《颜渊》:季康子患①盗,问于孔子。孔子对曰:"苟子之不欲②,虽赏之不窃③。"

【注】
①患:担忧、忧虑。
②苟:假如,如果。欲:贪欲、贪婪。
③虽:即使。赏:劝、鼓励。《说苑·君道》:"仁昭而义立,德博而化广,故不赏而民劝,不罚而民治。"

《颜渊》：季康子问政于孔子曰："如杀无道，以就①有道，何如？"孔子对曰："子为政，焉用杀②？子欲善而民善矣。君子之德风，小人之德草。草上之风，必偃③。"

【注】

①以：而。就：接近、亲近。

②焉用杀：《尧曰》："不教而杀谓之虐。"可见孔子反对滥杀。

③偃：倒伏。"君子之德"数句：《尚书·君陈》："尔为风，下民为草。"孔子是引《书》以教季康子。

《子路》：仲弓为季氏宰①，问政。子曰："先有司②，赦小过③，举贤才。"曰："焉④知贤才而举之？"曰："举尔所知。尔所不知，人其舍诸⑤？"

【注】

①仲弓：即冉雍。宰：此处指家宰，卿大夫家的总管。刘师培《春秋时代地方行政考》："鲁国之县邑有二类：公邑之长官称'大夫'或'人'，私邑之大夫称'宰'"，"谓之'宰'者，表其处家臣之位也。"

②先：在……之前。有司：有关部门、有关官员。

③赦小过：即"无求备于一人"（《微子》）之意。

④焉：怎么。

⑤舍：舍弃，放弃，这里指不推举。诸："之乎"二字的合音。

《雍也》：子游为武城宰①。子曰："女得人焉耳乎②？"曰："有澹台灭明③者，行不由径④，非公事，未尝至于偃之室⑤也。"

【注】

①为：做。武城：鲁国城邑，在今山东费县西南。子游少孔子四十五岁，其为武城宰当在孔子归鲁之后。

②得人：就是举贤的意思。《子路》："仲弓为季氏宰，问政。子曰：先有

司,赦小过,举贤才。"可见,"举贤才"是"宰"的一大职责。焉:于此。

③澹(tán)台灭明:复姓澹台,名灭明,字子羽,鲁国武城人,是孔子周游列国时招收的学生,少孔子三十九岁。《论语》提及一次。孔子曾恶其貌丑,他退而修行,颇有君子之才,南游至江,弟子从者三百人,名闻诸侯。孔子闻之,曰:"吾以言取人,失之宰予;以貌取人,失之子羽。"(《史记·仲尼弟子列传》)孔子卒后,"子羽居楚"(《史记·儒林列传》)。孔道之行于南方,子游、子羽都有功劳。

④径:小路。《道德经》第五十三章:"大道甚夷,而民好径。"不走大道而走小路,取其便。"径"也被引申为正路、正道之外的邪路。行不由径:从来不走邪路,比喻行动正大光明。

⑤未尝:不曾,从来没有。偃:子游。室:内室,这里指住处。

《卫灵公》:子曰:"臧文仲其窃位者与①? 知柳下惠之贤而不与立②也。"

【注】
①臧文仲:即鲁国大夫臧孙辰,"文"是他的谥号。其:大概。
②立:通"位"。俞樾《群经平议》卷三十一《论语二》:"立当读为位","不与立即不与位,言知柳下惠之贤而不与之禄位也。"

《宪问》:公叔文子之臣大夫僎①与文子同升诸公②,子闻之,曰:"可以为'文'矣。"

【注】
①公叔文子:卫国大夫,复姓公叔,名拔,"文"是他的谥号。僎(zhuàn):公叔文子的家臣,后由于文子的推荐,当上了卫国的大夫,故称"大夫僎"。
②诸:用法同"于"。公:公室,朝廷。

《子路》:子路曰:"卫君①待子而为政,子将奚②先?"子曰:"必也正名③乎。"子路曰:"有是哉,子之迂④也!奚其正?"子曰:"野哉,由也⑤!君子于其所不知,盖阙如⑥也。名不正,则言不顺⑦;言不顺,则事不成;事不成,则礼乐不兴⑧;礼乐不兴,则刑罚不中⑨;刑罚不中,则民无所错⑩手足。故君子名⑪之必可言也,言之必可行也。君子于其言,无所苟⑫而已矣。"

【注】

①卫君:指卫出公蒯辄。他与父亲蒯聩争位,引起国内混乱。所以孔子主张,要治理卫国,必先"正名",以明确君君臣臣父父子子的关系。

②奚:何、什么。

③正:纠正、改正。名:名分,名义。正名就是整顿在其位的人与他的身份不符的言行。孔子在齐景公面前说的"君君臣臣,父父子子",说的也是正名。《左传·成公二年》记载孔子的话:"唯器与名不可以假人。"

④是:这样。迂:迂腐,也就是不切实际。

⑤野:粗野、粗鲁,这里指子路见识浅陋。由:仲由(即子路)。

⑥于:对于。盖:大概。阙如:存疑,对不清楚的疑难问题暂时搁置,不下判断。阙(quē):通"缺"。

⑦顺:合理、顺当。

⑧兴:起。

⑨中(zhòng):得当、恰当、适合。

⑩错:通"措",安放、处置。

⑪故:因此。名:命名。

⑫苟:苟且、马虎。

《子路》:子曰:"苟①有用我者,期月②而已可也,三年有成。"

【注】

①苟:如果、假如。

②期月:即一周年。期(jī):通"朞",周,指时间的周而复始。

《子罕》:子贡曰:"有美玉于斯①,韫椟②而藏诸? 求善贾而沽③诸?"子曰:"沽之哉! 沽之哉! 我待贾者④也。"

【注】
①斯:这(里)。
②韫(yùn):藏。椟(dú):木匣子。
③贾(gǔ):通"价"。善贾:高价。沽(gū):出卖、出售。沽还有买的意思(《乡党》"沽酒市脯"),这叫"施受同辞",类似的词还有贾、鬻、售、乞、丐、贷、假等。
④贾者:商家、买家。

《为政》:或①谓孔子曰:"子奚不为政②?"子曰:"《书》云:'孝乎惟孝,友于兄弟,施于有政③。'是④亦为政,奚其为⑤为政?"

【注】
①或:代词,有人。
②奚:疑问词,何、怎么。为政:从政。
③《书》:这里指《尚书·君陈》:"惟孝,友于兄弟,克施有政。"施(yì):推广、延及。有:语助词。
④是:这。
⑤其:代词,这里指做官。为:是。

《子路》:冉子①退朝,子曰:"何晏②也?"对曰:"有政③。"子曰:"其事④也。如有政,虽不吾以⑤,吾其与⑥闻之。"

【注】
①冉子:即冉求,字子有,通称"冉有",尊称"冉子"。曾任季氏宰。

②晏：晚，迟。

③政：政务、公务。

④其：大概。事：私事、家事。

⑤虽：虽然。以：用。"吾以"即"用我"。

⑥与(yù)：参与。孔子晚年回国，鲁虽不用，然尊为国老，不时问政于他，故孔子曰："虽不吾以，吾其与闻之。"

《子路》：定公①问："一言而可以兴邦②，有诸？"孔子对曰："言不可以若是其几③也。人之言曰：'为君难，为臣不易。'如知为君之难也，不几乎一言而兴邦乎？"曰："一言而丧邦，有诸？"孔子对曰："言不可以若是其几也。人之言曰：'予无乐乎为君，唯其言而莫予违也。'如其善而莫之违也，不亦善乎？如不善而莫之违也，不几乎一言而丧邦④乎？"

【注】

①定公：即鲁定公姬宋，昭公之弟，鲁国第二十六任国君。

②一言：一句话。《礼记·大学》："一言偾事，一人定国。"邦：国家。"一言而可以兴邦"即"可以一言而兴邦"之意。《国语·晋语四·郭偃论治国之难易》："文公问于郭偃曰：'始也，吾以治国为易，今也难。'对曰：'君以为易，其难也将至矣。君以为难，其易也将至焉。'"这番对话可以作为"一言而兴邦"的生动案例。

③几(jī)：接近，将近。下同。

④一言而丧邦：《韩非子·难一》："晋平公与群臣饮，饮酣，乃喟然叹曰：'莫乐为人君，惟其言而莫之违。'师旷侍坐于前，援琴撞之。公被衽而避，琴坏于壁。"这件事可以作为"一言而丧邦"的注脚。

《子路》：叶公①问政。子曰："近者说，远者来②。"

【注】

①叶公：姓沈，名诸梁，字子高，楚国的大夫。他的封邑在叶城(今河

南叶县南三十里有古叶城），为叶尹，故称叶公。

②说：通"悦"，此处可以解释为"服"。来：前来投奔、依靠、归附。《尚书·舜典》："柔远能迩，惇德允元，而难任人，蛮夷率服。"《尚书·顾命》："柔远能迩，安劝小大庶邦。"《尚书·文侯之命》："柔远能迩，惠康小民，无荒宁。"《尚书·旅獒》："不宝远物，则远人格；所宝惟贤，则迩人安。"《诗经·大雅·民劳》："柔远能迩，以定我王。"《国语·周语上·祭公谏穆王征犬戎》："近无不听，远无不服。"这是先秦时期很流行的一种政治理想。

《子路》：子夏为莒父①宰，问政。子曰："无欲速②，无见小利③。欲速则不达，见小利则大事不成④。"

【注】

①为：做。莒父（Jǔ fǔ）：鲁国邑名，在今山东莒县境内，一说在高密县东南。

②无：通"毋"，不要。速：快。

③无见小利：孔子并不排斥利，从他说"沽之哉！沽之哉！我待贾者也"（《子罕》）不难看出（虽然这只是一个比喻的说法），但他追求的是"大利"，这个"大利"就是"义"，就是他一生追求的"道"。孟子也重义轻利，但把义和利对立起来，认为讲利就必然害义，利是引起社会混乱的源头（《孟子·梁惠王上》："仁义而已，何必曰利"）。

④见小利则大事不成：《韩非子·十过》："顾小利，则大利之残也。"《淮南子·泰族训》："愚者惑于小利而忘其大害。"

《子路》：子曰："如有王者①，必世②而后仁。"

【注】

①王者：能治国安邦、以德行仁的贤明君王。

②世：三十年是一世。

《子路》：子曰："'善人为邦①百年，亦可以胜残去杀②矣。'诚哉是③言也。"

【注】

①善人：有德之人。为邦：治国。

②胜：克服。去：免去。

③诚：正确。是：这。

《子路》：子曰："善人教①民七年，亦可以即戎②矣。"

【注】

①教（jiào）：教练、训练。

②即：从事，参加。戎：军队，战争。

《子路》：子曰："以不教民①战，是②谓弃之。"

【注】

①不教（jiào）民：即"不教之民"，没有经过军事训练的人。《百战奇略·教站》："凡欲兴师，必先教战。"

②是：这。

《宪问》：子曰："为命①，裨谌草创②之，世叔讨论③之，行人子羽修饰④之，东里子产润色⑤之。"

【注】

①命：这里指外交公文。

②裨谌（pí chén）：郑国大夫。草创：撰写草稿。

③世叔：即郑国大夫子大（太）叔。子产死后，继任郑国宰相。讨论：提出修改意见。

④行人:使者,指外交人员。子羽:郑国大夫公孙挥的字。修饰:加工文字。

⑤东里:郑国邑名,在今河南郑州,子产所居。子产:姓公孙,名侨,字子产,郑国大夫,后任宰相,有政声。润色:修饰文字,使之更为得体。

《宪问》:子言卫灵公①之无道也,康子曰:"夫如是,奚而不丧②?"孔子曰:"仲叔圉③治宾客,祝鮀④治宗庙,王孙贾⑤治军旅。夫如是,奚其丧?"

【注】

①卫灵公:卫国国君,姓姬名元。

②夫(fú):发语词。奚:为何、为什么。丧:败亡。

③仲叔圉:即孔文子,卫国大夫。

④祝鮀(tuó):卫国大夫,字子鱼,善于辞令。

⑤王孙贾(gǔ):卫国大夫。三人各有所长,得到了孔子的好评。

《宪问》:陈成子弑简公①。孔子沐浴②而朝,告于哀公③曰:"陈恒弑其君,请讨④之。"公曰:"告夫三子⑤!"孔子曰:"以吾从大夫之后⑥,不敢不告⑦也。君曰'告夫三子'者!"之⑧三子告,不可。孔子曰:"以吾从大夫之后,不敢不告也。"

【注】

①陈成子:即齐国大夫田成子,因其家族出自陈国,也称为陈恒("田""陈"二字古通用),汉朝为避汉文帝刘恒讳,改称"田常"。田成子杀死齐简公,掌握齐国政权,此后的齐国在历史上称为"田齐"。弑:臣杀君、子杀父为弑。简公:齐国国君,姜姓,吕氏,名壬,齐悼公之子,前484年至前481年在位。前481年6月,齐简公与夫人在仓皇逃往徐州的路上,被田恒的追兵杀死。孔子对陈成子弑君之事很不满。

②沐浴:洗头,洗澡,指上朝前为表示尊敬与严肃而举行的斋戒。

③哀公:即鲁哀公姬将,鲁国第二十七任国君。

④讨：讨伐。《左传·哀公十四年》记载了孔子与哀公讨论此事时说的一番话："陈恒弑其君，民之不与者半。以鲁之众，加齐之半，可克也。"

⑤夫(fú)：那。三子：指鲁三桓。季孙氏、孟孙氏(亦作仲孙氏)和叔孙氏是鲁国的三大贵族，他们都是鲁桓公之子季友、仲庆父(即孟氏)和叔牙的后代，被称为"三桓"。三桓掌握了鲁国的政权，其中季孙氏权力最大。

⑥以：因为。从大夫之后：位居大夫的行列。

⑦告：禀报、报告。

⑧之：去，往，到。

《宪问》：子曰："不在其位，不谋①其政。"

【注】

①谋：谋划、考虑。

《卫灵公》：卫灵公问陈①于孔子。孔子对曰："俎豆之事②，则尝③闻之矣；军旅④之事，未之学也。"明日遂⑤行。

【注】

①陈(zhèn)：通"阵"，列阵、布阵。鲁哀公元年(公元前494年)夏秋两季，齐、卫联军两次入晋作战，夏围五鹿，秋取棘蒲。

②俎(zǔ)：古代祭祀宴享用以盛放牲肉的器皿。豆：古代盛食物的器皿，似高脚盘。二者都是古代祭祀宴享的礼器。俎豆之事：指祭祀。

③尝：曾经。

④军旅：军队；战争。《左传·哀公十一年》："孔文子之将攻大叔也，访于仲尼。仲尼曰：胡簋之事，则尝学之矣。甲兵之事，未之闻也。"《史记·孔子世家》："他日，灵公问兵陈。孔子曰：'俎豆之事则尝闻之，军旅之事未之学也。'明日，与孔子语，见蜚(飞)雁，仰视之，色不在孔子。孔子遂行。"可见孔子对甲兵、军旅之事不欲言也。但孔子并非不重视军事，观孔子"足食足

兵""善人教民七年,亦可以即戎矣""子之所慎:齐,战,疾"诸论,可见孔子知兵。孔子弟子冉有、子路、子贡亦知兵。冉有带兵打退齐人对鲁国的进攻,季氏问他从哪里学到的军事才能,冉有回答是孔子教他的。

⑤遂:就。

《卫灵公》:颜渊问为邦①。子曰:"行夏之时②,乘殷之辂③,服周之冕④,乐则《韶》《舞》⑤。放郑声⑥,远佞人⑦。郑声淫⑧,佞人殆⑨。"

【注】

①为:治理,建设。邦:诸侯国。

②时:时令,时节,此指历法。行夏之时:孔子对当时用的周历不满,主张用夏历(即现在的农历)代替周历,这对农业生产有利。因为夏历以正月为第一个月,全年的历法与农业季节大体一致,而周历把农历的十一月定为每年的正月,和农业的时令不一致。孔子主张"行夏之时",是"取其时之正与其令之善"。

③辂(lù):商代的车子,比周代的车子朴实一些。

④冕:礼帽。周代贵族用的礼帽华美而自然。

⑤韶:舜时音乐。舞:通"武",周武王时的音乐。

⑥放:弃置不用。郑声:郑国的民间音乐。《韶》乐是雅乐,郑、卫之音在古代常常被视为淫乐的代表,是雅乐、古乐的对立面,因其溺于声色,不合于礼(参《礼记·乐记》中魏文侯与子夏的对话)。《白虎通·社稷》载孔子言:"郑国土地民人,山居谷浴,男女错杂,为郑声以相悦怿,故邪僻声,皆淫色之声也。"孔子说的"郑声",并非对应《诗经》里面的《郑风》。孔子没说过"郑诗淫"之类的话,也不认为《郑风》是淫奔之诗。

⑦远:疏远。佞人:花言巧语之人。

⑧淫:放纵无度。

⑨殆(dài):危险。《阳货》:"恶利口之覆邦家者。"覆邦家就是一种危险。

《八佾》:子曰:"周监于二代①,郁郁乎文②哉! 吾从周③。"

【注】

①监(jiàn):通"鉴",本义是镜子,引申为借鉴。二代:夏、商两代。

②郁郁:本义是草木茂盛,这里指文化发达。文:指周文化更富理性人文精神,更具美感,这是因为周礼不再像夏商之礼那样重视天命和鬼神,而是淡化礼的宗教色彩,使其成为覆盖社会生活各个方面的准则,人们的衣食住行、视听言动甚至乐舞艺术无不受其制约。

③从周:《礼记·中庸》载孔子语:"吾说夏礼,杞不足征也;吾学殷礼,有宋存焉;吾学周礼,今用之,吾从周。"

《阳货》:子曰:"恶紫之夺朱①也,恶郑声之乱雅乐②也,恶利口之覆③邦家者。"

【注】

①恶(wù):厌恶、讨厌。夺:使……失去(光彩),这里可以译为取代、代替……的地位。朱:大红色,古代视为正色;紫色由红色和蓝色混合而成,虽然接近红色,但属于杂色,不是正色。《礼记·王制》:"奸色乱正色,不粥(鬻)于市。"

②雅乐:正乐,如《韶乐》《武乐》。

③利口:巧言、佞言。覆:覆灭、倾覆。

《季氏》:季氏将伐颛臾①。冉有、季路见于②孔子曰:"季氏将有事③于颛臾。"孔子曰:"求!无乃尔是过与④?夫颛臾,昔者先王以为东蒙主⑤,且在邦域之中矣,是社稷之臣⑥也,何以伐为⑦?"冉有曰:"夫子⑧欲之,吾二臣者皆不欲也。"孔子曰:"求!周任⑨有言曰:'陈力就列⑩,不能者止。'危而不持,颠而不扶⑪,则将焉用彼相⑫矣?且尔言过矣,虎兕出于柙⑬,龟玉毁于椟⑭中,是谁之过与⑮?"冉有曰:"今夫⑯颛臾,固而近于费⑰。今不取,后世必为子孙忧。"孔子曰:"求!君子疾夫舍曰欲之而必为之辞⑱。丘也闻有国有家⑲者,不患寡而患不均,不患贫而患不安⑳。盖均无贫,和无寡,安无倾㉑。夫如是,故远人不服㉒,则修文德以来之㉓。既来之,则安之㉔。今由与求也,相㉕夫子,远人不服,而不能来也;邦分崩离析㉖,而不能守也;而谋动干戈㉗于邦内。吾恐季孙之忧,不在颛臾,而在萧墙㉘之内也。"

【注】

①季氏:指季康子。颛臾(zhuān yú):附属于鲁国的一个小国,位于季氏的费邑西北五十余里(今山东平邑县境),国君姓风,传说是伏羲氏的后代。孔安国注:"季氏贪其土地,欲灭而取之。"朱熹《四书或问》:"以鲁臣而取其君之属,以大夫而擅天子之大权。"

②冉有:即冉求,字子有。季路:即子路,因仕于季氏,又称季路。见于:表明这是冉有、季路去见孔子,而不是让孔子来见冉有、季路。

③有事:这里指动武、采取军事行动。

④无乃:岂不是、难道不是。是:这。过:动词,责备。与(yú):通"欤"。

⑤先王:周天子。东蒙主:主祭东蒙山。东蒙:即蒙山,在鲁国东部,与费县交界。主:主持祭祀。

⑥邦域:指鲁国。社稷之臣:身负国家重任的大臣,这里指春秋时附庸于大国的小国。

⑦何以:以何,为什么。为:语气助词,相当于"呢"。

⑧夫子:这里指季康子。

⑨周任(rén):周朝有名的史官,《左传》两次引用他的话。《左传·隐公六年》:"周任有言曰:为国家者,见恶如农夫之务去草焉,芟夷蕴崇之,绝其本根,勿使能殖,则善者信矣。"《左传·昭公五年》:"周任有言曰:为政者不赏私劳,不罚私怨。"

⑩陈力:贡献才力。就:担任。列:官职、职位。陈力就列:贡献才力,担任相应的官职。

⑪危而不持,颠而不扶:身体倾斜却不扶持,人跌倒了却不扶他起来。

⑫焉:哪里、何。相(xiàng):辅佐、帮助,这里用作名词,指盲人的助

手。孔子批评冉有、季路不能尽相之道，与孔子批评他们是具臣而非大臣一样，都是指责他们不能"以道事君"(《先进》)。

⑬兕(sì)：古代指犀牛类的野兽。柙(xiá)：关猛兽的木笼。

⑭龟玉：占卜用的龟甲、祭祀用的玉器。椟(dú)：匣子，柜子。

⑮是：这。与(yú)：通"欤"。

⑯今夫(fú)：语气词，用于句首。

⑰固：指城墙坚固。费(Bì)：季氏的采邑，在今山东费县北。

⑱疾：厌恶、痛恨。夫(fú)：句中语气词，起舒缓语气的作用。舍曰：不说。辞：托词、借口。

⑲有国有家者：指诸侯国国君和卿大夫。

⑳患：担心。寡：人口少。贫：财富少。不患寡而患不均，不患贫而患不安：当作"不患贫而患不均，不患寡而患不安"，"贫""寡"二字互错倒误。贫和均是从财富着眼，寡和安是从百姓着眼。

㉑盖：发语词。安：安定。倾：灭亡。均无贫，和无寡，安无倾：郑浩《论语集注述要》："均对无贫，和对无寡，安对无倾，意义分配至当，无俟烦解。"

㉒故：因而。服：归服、归顺。

㉓修：修养、培养。文德：教化与仁德。来：通"徕"，招徕，吸引。

㉔既来之，则安之：指他们既然来了，就要让他们安下心来。来之：使之来；安之：使之安；之：代词，指上文的"远人"。

㉕相(xiàng)：辅佐、辅助。夫子：指季氏(季康子)。

㉖崩：倒塌。析：分开。分崩离析：分裂瓦解。

㉗干戈：古代的两种武器(干：古代指盾；戈：古代一种像矛的兵器)，后用作武器的通称，也代指武力、战争。

㉘萧墙：古代宫室内作为屏障的矮墙，借指宫内、内部。祸起萧墙：指祸乱发生在家里，比喻内部发生祸乱。

《季氏》：孔子曰："天下有道，则礼乐征伐①自天子出；天下无道，则礼乐征伐自诸侯出②。自诸侯出，盖十世希③不失矣；自大夫出④，五世希不失矣；陪臣执国命⑤，三世希不失矣。天下有道，则政⑥不在大夫。天下有道，则庶人⑦不议。"

【注】

①礼乐：指文的一面。征伐：指武的一面。

②自诸侯出：春秋时期周天子不再受到诸侯的尊重，反而遭受诸侯的欺凌，如郑庄公打伤了周桓王、晋文公召周襄王去践土参加会盟、楚庄王问周鼎之轻重意欲取代周室。《史记·周本纪》："平王立，东迁于雒邑，辟戎寇。平王之时，周室衰微，诸侯强并弱，齐、楚、秦、晋始大，政由方伯。"描述的正是这种"礼乐征伐自诸侯出"的局面。

③盖：大概、大约。十世：十代。希：通"稀"，少有。

④自大夫出：诸侯国国君的权力落到世袭的卿大夫手里，如鲁之季孙氏、叔孙氏、孟孙氏，齐之国氏、高氏、崔氏、陈氏，晋之赵氏、魏氏、韩氏、智氏、范氏、中行氏，卫之孙氏、宁氏等，都是权势超过国君的世卿。

⑤陪臣：这里指卿、大夫的家臣。陪臣执国命：卿大夫手下的家臣控制了执政的世卿，试图掌握整个国家的权力，如季孙氏的家臣阳虎通过控制季孙氏掌握了鲁国的权力。此外，季孙氏的家臣南蒯、公山弗扰先后占据费邑背叛季孙氏，叔孙氏的家臣侯犯占据郈邑背叛叔孙氏，晋国范氏的家臣佛肸占据中牟对抗晋国上卿赵简子(赵鞅)，都是陪臣权力过大酿成的乱子。

⑥政：政权、权力。

⑦庶人：庶民，百姓。《周礼·地官·乡大夫》："正岁，令群吏考法于司徒以退，各宪之于其所治国，大询于众庶，则各帅其乡之众寡而致于朝。"《左传·襄公三十一年》："郑人游于乡校，以论执政。"可见，春秋时期庶民有一定的政治权力。

《季氏》：孔子曰："禄之去公室五世①矣，政逮于大夫四世②矣，故夫三桓之子孙微③矣。"

【注】

①禄:爵禄,这里代指国家政权。去:离开。公室:诸侯国国君,这里指鲁国朝廷。五世:五代,这里指鲁宣公、鲁成公、鲁襄公、鲁昭公、鲁定公。

②逮(dài):及、到。逮于:落到。大夫:这里指季氏。四世:指季文子、季武子、季平子、季桓子。

③三桓:鲁桓公三个儿子的后裔仲孙氏(即孟孙氏)、叔孙氏、季孙氏,分别任鲁国的司空、司马、司徒,为鲁国世袭的三卿。后来,三桓的家臣在三桓的封地上大建城堡,对抗三桓。微:衰微。鲁定公时,三桓势力一度衰落。

《尧曰》:谨权量①,审法度②,修③废官,四方之政④行焉。兴灭国,继绝世⑤,举逸民⑥,天下之民归心⑦焉。

【注】

①谨:谨慎制定。权量:计算重量和体积的标准。

②审:审核。法度:计量长度的标准。

③修:恢复。

④政:政策、政令。

⑤兴灭国,继绝世:《尚书·仲虺(huǐ)之诰》:"推亡固存,邦乃其昌。"《左传·襄公十四年》:"推亡固存,国之道也。"《礼记·中庸》:"继绝世,举废国,治乱持危,朝聘以时,厚往而薄来,所以怀诸侯也。"《公羊传·僖公十七年》:"(齐)桓公尝有继绝存亡之功。"可见,这是先秦时期被普遍推崇的一种功德,齐桓公在这方面的功德尤其为人称颂。

⑥举:任用。逸民:散落在民间的人才。

⑦天下之民归心:形容天下老百姓心悦诚服。

《尧曰》:宽①则得众,信则民任焉,敏则有功②,公则说③。

【注】

①宽:宽厚、宽容。

②敏：勤敏、勤奋。功：成功。

③公：公平。说(yuè)：通"悦"，此处可以解释为信服。

《尧曰》：子张问于孔子曰："何如斯①可以从政矣？"子曰："尊五美，屏②四恶，斯可以从政矣。"子张曰："何谓五美？"曰："君子惠而不费③，劳④而不怨，欲而不贪⑤，泰而不骄⑥，威而不猛。"子张曰："何谓惠而不费？"子曰："因民之所利而利之⑦，斯不亦惠而不费乎？择可劳而劳之⑧，又谁怨？欲仁而得仁，又焉贪⑨？君子无⑩众寡，无小大，无敢慢⑪，斯不亦泰而不骄乎？君子正⑫其衣冠，尊其瞻视⑬，俨然人望而畏之⑭，斯不亦威而不猛乎？"子张曰："何谓四恶？"子曰："不教而杀谓之虐⑮；不戒视成谓之暴⑯；慢令致期谓之贼⑰；犹之与人⑱也，出纳之吝谓之有司⑲。"

【注】

①斯：就。

②屏：通"摒"，摒弃、排除。

③惠而不费：给人好处，自己却不怎么费劲。惠：施惠于人，给人以好处。费：耗费钱财或者精力。《左传·襄公二十九年》："施而不费。"

④劳：劳苦、辛劳。安大简《仲尼曰》："君子之择人劳，其用之逸；小人之择人逸，其用之劳。"

⑤欲而不贪：指其志在行仁义，而非贪图财利。(梁)皇侃《论语义疏》卷十："欲仁义者为廉，欲财色者为贪。"

⑥泰而不骄：《子路》："子曰：君子泰而不骄，小人骄而不泰。"泰：安然。骄：骄傲，得意。

⑦因：顺着、依据。因民之所利而利之：即为民生利而不与民争利。《管子·幼官》："民之所利立之，所害除之，则民人从。"

⑧择可劳而劳之：(北宋)邢昺《论语注疏》卷二十："谓使民以时。"

⑨焉：何，此为"贪"的宾语。"焉贪"即贪求什么。

⑩无:不论。

⑪无敢:不敢。慢:轻慢、怠慢。

⑫正:端正。

⑬尊:严肃、庄重。瞻视:外观。

⑭俨然:严肃的样子。望而畏之:《礼记·曲礼上》:"贤者狎而敬之,畏而爱之。"

⑮不教(jiào)而杀谓之虐:《孟子·告子下》:"不教民而用之,谓之殃民。殃民者,不容于尧舜之世。"《荀子·宥坐》:"不教其民而听其监狱,杀不辜也","不教而责成功,虐也。"《荀子·富国》:"不教而诛,则刑繁而邪不胜。"可见孟子、荀子都反对"不教而诛",这体现了儒家法治思想的人性化色彩。

⑯不戒视成:事先未曾告诫便要求马上做事成功。暴:凶暴。《说苑·谈丛》:"不教而杀谓之虐,不戒责成谓之暴。"

⑰慢令致期:很晚才下达命令却要求限期完成任务。贼:残忍。

⑱犹之与人:均之与人。

⑲出纳:偏义复词,偏指"出"。有司:这里带有贬义,意近"守财奴"。

《子路》:子适卫①,冉有仆②。子曰:"庶③矣哉!"冉有曰:"既庶矣,又何加焉④?"曰:"富⑤之。"曰:"既富矣,又何加焉?"曰:"教⑥之。"

【注】

①适:去、往。

②仆:驾车。《诗经·小雅·出车》:"召彼仆夫。"仆亦称御:"樊迟御。"(《为政》)

③庶:人口众多。

④何加:即"加何"。焉:犹"于是""于之"。"何加焉"等于说富裕之后接着干什么。

⑤富:孔子说的"因民之所利而利之"就是这种富民思想。虽然孔子本人更重视道德生活,但他认为民众首先重视的是经济生活,治国牧民理当考虑民众的利益。这说明孔子并非不重视经济,他并没有把自己的道

德生活凌驾于百姓的经济生活(他重义轻财,是针对君子的道德修养提出来的,不是针对普通百姓)。

⑥教(jiào):教育、教化。

《子罕》:子曰:"凤鸟不至①,河不出图②,吾已矣夫!"

【注】

①凤鸟:凤凰,传说中的一种祥瑞之鸟,它的出现预示着天下太平。据说舜帝时和周文王时都曾出现过。《左传·昭公十七年》:"我高祖少皞挚之立也,凤鸟适至。"

②河不出图:古代有河图洛书的传说:伏羲氏得河图而画八卦,夏禹治水获洛书写出《洪范》。《周易·系辞上》:"河出图,洛出书,圣人则之。"

《子罕》:子畏于匡①,曰:"文王既没,文不在兹②乎？ 天之将丧斯③文也,后死者不得与④于斯文也;天之未丧斯文也,匡人其如予何?"

【注】

①畏:围困、拘禁,这里是被动用法。匡:地名,在今河南长垣,春秋时原属卫国,曾为郑所占。鲁定公六年(前504年),阳虎帅师"侵郑,取匡"(《左传·定公六年》)。鲁定公十四年(前496年),孔子离开卫国,"将适陈,过匡"(《史记·孔子世家》),匡人错认孔子为阳虎(孔子貌似阳虎),就把孔子一行人围困了五日。后来匡人知道不是阳虎,"请辞而退"(《庄子·秋水》)

②文:礼乐制度。兹:这。

③斯:这。

④后死者:孔子自称。与(yù):参与,这里意为掌握。

《述而》:子曰:"甚①矣,吾衰也！ 久矣,吾不复梦见周公②!"

【注】

①甚：很。

②周公：姓姬，名旦，周文王姬昌的儿子，周武王姬发的弟弟，周成王姬诵的叔叔，也是鲁国的始祖。他是孔子所崇尚的先圣先贤之一。周公的思想见于《尚书》中的《周书》各篇。

《微子》：周公谓鲁公①曰："君子不施其亲②，不使大臣怨乎不以③。故旧无大故，则不弃也④。无求备⑤于一人。"

【注】

①周公：周武王的弟弟姬旦，封于鲁。鲁公：指周公的儿子伯禽，代替周公就封于鲁。

②施(chí)：通"弛"，松弛、放松，引申为怠慢、疏远。《礼记·坊记》："子云：君子弛其亲之过，而敬其美。"不施其亲：即"笃于亲"（《泰伯》）之意。

③以：用、任用。

④大故：大的过错。故旧无大故，则不弃也：即"故旧不遗"（《泰伯》）、"敬大臣也、体群臣也"（《礼记·中庸》）之意。"无大故，则不弃"，一如"赦小过""无求备于一人""小德出入可也"，体现出一种宽容的态度。

⑤备：完备、齐全。《子路》："及其使人也，求备焉。"

【思考题】

1.如何理解孔子的政治理想？

2.孔子提出的治国之道有哪些可取之处？

3.你同意孔子对德治和法治的区分吗？请说说你的理由。

4.孔子先富后教的思想与其谋道不谋食的思想是否矛盾？为什么？

（六）论孝悌

《学而》：子曰：“弟子①入则孝，出则悌，谨而信，泛爱众②，而亲仁③。行有余力，则以学文④。”

【注】

①弟子：年轻人。

②众：与“仁（人）”相对，指才能、品德一般的人。《子张》：“君子尊贤而容众。”儒家重视宗法血缘关系，但“泛爱众”突破了宗法血缘关系，体现出一种宝贵的人道精神。

③仁：仁人、仁者。《弟子规·总叙》：“弟子规，圣人训。首孝弟，次谨信，泛爱众，而亲仁，有余力，则学文。”

④文：文献。行有余力，则以学文：先在行为上做到孝悌、谨信、泛爱、亲仁，如果还有余力，才可以去学文。这跟今人说的“先成人，后成才”意思接近，虽然孔子说的“文”跟今天的“文”有很大的不同。

《子罕》：子曰：“出则事①公卿，入则事父兄，丧事不敢不勉②，不为酒困③，何有④于我哉？”

【注】

①事：侍奉。

②勉：勤勉、尽力。

③不为酒困：即不酗酒。为：被。困：困扰。

④何有：何难之有。

《学而》：有子①曰：“其为人也孝弟②，而好犯③上者，鲜④矣；不好犯上，而好作乱⑤者，未之有也⑥。君子务本⑦，本立而道⑧生。孝弟也者，其为仁之本与⑨！"

【注】

①有子：即有若，字子有，孔子的学生。

②弟(tì)：通"悌"。孝顺父母为孝，尊重兄长为悌。《荀子·王制》："能以事亲谓之孝，能以事兄谓之弟。"

③好(hào)：喜欢。犯：冒犯、干犯。

④鲜(xiǎn)：少。

⑤作乱：指造反。刘宝楠《论语正义》卷一："春秋之时，学校已废，卿大夫多世官，不复知有孝悌之道。故事君事长鲜克由礼，而乱臣贼子遂至接踵以起也。"

⑥未之有也："未有之也"的倒装。未有：没有。之：宾语前置(在否定句中，"之"作为宾语要放到动词前面)《孝经·广至德》："子曰：君子之事亲孝，故忠可移于君。事兄悌，故顺可移于长。居家理，故治可移于官。"《大戴礼记·本命》："资于事父以事君而敬同，贵贵尊尊，义之大也。"既然能移孝作忠、移悌作顺，自然就不会出现"为人孝弟，而好犯上"的情况。

⑦务本：致力于根本。务：致力、从事。本：这里指孝悌。《左传·文公二年》："孝，礼之始也。"《孝经·开宗明义》："夫孝，德之本也，教之所由生也。"《国语·周语下·单襄公论晋周将得晋国》："孝，文之本也。"《孟子·告子下》："尧舜之道，孝弟而已矣。"先秦时期普遍重视孝，儒家尤甚。

⑧道：指仁道。

⑨仁之本：有子这一思想源于孔子："弟子入则孝，出则悌，谨而信，泛爱众，而亲仁。"(《学而》)"君子笃于亲，则民兴于仁。"(《泰伯》)孟子也继承和发展了这一思想："仁之实，事亲是也；义之实，从兄是也；智之实，知斯二者弗去是也。"(《孟子·离娄上》)"未有仁而遗其亲者也，未有义而后其君者也。"(《孟子·梁惠王上》)可见，孝(悌)为仁之本，仁为孝(悌)的扩充。与(yú)：通"欤"，句末语气词，有时表感叹，有时表示疑问或反问，此处表感叹。

《学而》：曾子曰："慎终追远①，民德归厚②矣。"

【注】

①终：死者，这里指死去的父母。远：指祖先。《礼记·大传》："敬宗，尊祖之义也。"

②归：归于、走向。《泰伯》："君子笃于亲，则民兴于仁，故旧不遗，则民不偷。"与本章的意思接近，所谓"民不偷"就是"民德归厚"。

《学而》：子曰："父在，观其志；父没^①，观其行；三年无改于父之道^②，可谓孝矣。"

【注】

①没（mò）：去世。

②无：不。

《子张》：曾子曰："吾闻诸夫子：孟庄子^①之孝也，其他可能也；其不改父之臣与父之政，是难能也。"

【注】

①孟庄子：鲁国大夫孟孙速（其父是孟献子），品德好，有贤名。

《为政》：孟懿子^①问孝。子曰："无违^②。"樊迟御^③，子告之曰："孟孙问孝于我，我对曰：无违。"樊迟曰："何谓也？"子曰："生，事之以礼；死，葬之以礼，祭之以礼^④。"

【注】

①孟懿子：鲁国孟孙氏第九代宗主，姬姓，仲孙氏（也称孟孙氏），名何忌，"懿"是他的谥号（《谥法》：温柔贤善曰懿）。他是孟僖子的长子。据《左传》记载，孟僖子临死前要孟懿子与其弟南宫敬叔向孔子学礼。

②无违：根据下文，可知"无违"即"不违礼"。违：本义是离开，此处是违背的意思。清人黄式三《论语后案》卷二："古人凡言背礼者谓之违。"

③御：驾车。清人武亿《群经义证》卷七："视舆马，慎驾驭，弟子事师，古礼如是。"

④生，事之以礼；死，葬之以礼，祭之以礼：《礼记·祭统》："孝子之事亲也，有三道焉：生则养，没则丧，丧毕则祭。养则观其顺也，丧则观其哀也，祭则观其敬而时也。尽此三道者，孝子之行也。"《礼记·中庸》："事死如事生，事亡如事存，孝之至也。"《大戴礼记·盛德》："丧祭之礼明，则民孝矣。"

《为政》：孟武伯①问孝。子曰："父母，唯其②疾之忧。"

【注】

①孟武伯：孟懿子的儿子仲孙彘(zhì)，"武"是他的谥号(《谥法》：刚强直理曰武)。

②唯：表示强调语气。其：指父母。《孝经·纪孝行》："孝子之事亲也……病则致其忧。"

《里仁》：子曰："父母之年①，不可不知也。一则以②喜，一则以惧③。"

【注】

①年：年龄。
②以：因此。
③惧：担心、担忧。

《里仁》：子曰："父母在，不远游，游必有方①。"

【注】

①方：地方，这里指去处。从本章的要求来看，青少年离家出走就不合孝道了。

《为政》：子游问孝。子曰："今之孝者，是谓能养①。至于犬马，皆能有养；不敬②，何以别乎？"

【注】

①养：供应父母饮食。《礼记·祭义》："孝有三：大孝尊亲，其次弗辱，其次能养""亨孰膻芗，尝而荐之，非孝也，养也"。可见，赡养父母算孝，但不是孝的最高层次。

②敬：对父母发自内心的爱，而不是视赡养父母为履行义务。《礼记·祭义》："君子生则敬养，死则敬享""养，可能也，敬为难"。《礼记·坊记》："子云：小人皆能养其亲，君子不敬，何以辨？"可见敬是比养的层次更高的孝。

《为政》：子夏问孝。子曰："色难①。有事，弟子②服其劳；有酒食，先生馔③，曾是以④为孝乎？"

【注】

①色难：一直保持和颜悦色很难。

②弟子：与"先生"相对而言，指晚辈、年轻人。

③馔（zhuàn）：吃喝。

④曾（zēng）：竟、难道。是以：以是。以：认为。是：这。

《里仁》：子曰："事①父母，几谏②，见志不从，又敬不违③，劳而不怨④。"

【注】

①事：侍奉。

②几（jī）：委婉、轻微。谏（jiàn）：劝说。几谏：微言相谏，意近《礼记·祭义》"父母有过，谏而不逆"、《礼记·内则》"父母有过，下气怡色，柔声以谏。谏若不入，起敬起孝，说则复谏"。儒家讲孝道，并非要人愚孝，在父

母有过的情况下，子女有义务谏诤，当然要注意方式，要"几谏"，不要显谏，因为"人臣之礼不显谏"（《礼记·曲礼下》），为人子之礼同理。

③违：冒犯、忤逆。

④劳：操劳、辛劳。《礼记·坊记》："子云：从命不忿，微谏不倦，劳而不怨，可谓孝矣。"

《泰伯》：曾子有疾①，召门弟子曰："启予②足！启予手！《诗》云：'战战兢兢，如临深渊，如履薄冰③。'而今而后④，吾知免夫⑤！小子⑥！"

【注】

①曾子：即曾参，孔子晚年的弟子。曾子"志存孝道，故孔子因之以作《孝经》"（《孔子家语·七十二弟子解》）。《战国策·秦策五·四国为一》："曾参孝其亲，天下愿以为子。"《战国策·燕策一·人有恶苏秦于燕王者》："信如尾生，廉如伯夷，孝如曾参，三者天下之高行。"《韩非子·八说》："修孝寡欲如曾、史。"可见曾子在先秦即以孝闻名。疾：病。

②启：开。予：我。

③战战兢兢，如临深渊，如履薄冰：语出《诗经·小雅·小旻》。战战：恐惧的样子。兢兢：小心谨慎的样子。临：临近、靠近。深渊：深水坑。履：本意是鞋子，这里作动词用，踩、走。如临深渊，如履薄冰：此喻戒慎自守。

④而今而后：从今以后。

⑤免：免除祸害、灾难。夫（fú）：句末语气词。

⑥小子：称弟子们。这里说完一番话之后再称呼弟子们，表示反复叮咛。

《阳货》：宰我问："三年之丧①，期已久②矣。君子三年不为礼，礼必坏；三年不为乐，乐必崩。旧谷既没，新谷既升③，钻燧改火④，期⑤可已矣。"子曰："食夫稻⑥，衣夫锦⑦，于女⑧安乎？"曰："安。""女安，则为之！夫君子之居丧，食旨⑨不甘，闻乐不乐⑩，居处⑪不安，故不为也。今女安，则为之！"宰我出，子曰："予之不仁也！子生三年，然后免于⑫父母之怀。夫三年之丧,天下之通丧⑬也,予也有三年之爱于其父母乎!"

【注】

①三年之丧:《礼记·檀弓上》:"事亲有隐而无犯,左右就养无方,服勤至死,致丧三年。"

②期:时间、期限。久:长。

③升:谷物成熟登场。

④钻燧(suì):上古取火之法。燧是取火的工具,有金燧、木燧两种。晴天用金燧取火于日,阴天用木燧钻火。古人钻木取火,所用之木四季不同。春季用榆柳,孟夏与仲夏用枣杏,季夏用桑柘(zhè),秋天用柞楢(yǒu),冬天用槐檀。各种木料一年轮用一遍,第二年按上年的次序依次取用,叫"改火"。钻燧改火,即指过了一年。

⑤期(jī):通"朞",一周年。

⑥夫(fú):指示代词,这,那。稻:古代水稻种植面积很小,大米很珍贵,居丧期间不宜食。

⑦衣(yì):动词,穿。锦:锦绣做的衣服在古代也很珍贵,普通人穿不起。

⑧女:通"汝",你。下同。

⑨旨:美味。

⑩闻乐不乐:前一个"乐"(yuè)是"音乐"的意思,后一个"乐"(lè)是"快乐"的意思。

⑪居处(chǔ):指住在平时所住的好房子里。古代守孝,应在父母坟墓附近搭一个临时性的草棚子或住茅草房,睡在草苫(shān)子上,以表示不忍心住在安适的屋子里。《孝经·丧亲》:"孝子之丧亲也,哭不偯,礼无容,言不文,服美不安,闻乐不乐,食旨不甘,此哀戚之情也。"

⑫于:自,从。

⑬三年之丧,天下之通丧:《礼记·三年问》:"三年之丧,人道之至文者也,夫是之谓至隆。是百王之所同,古今之所壹也,未有知其所由来者也。孔子曰:子生三年,然后免于父母之怀;夫三年之丧,天下之达丧也。"孟子也说:"三年之丧,齐疏之服,饘粥之食,自天子达于庶人,三代共之。"(《孟子·滕文公上》)实际上未必如此,观"吾宗国鲁先君莫之行,吾先君亦莫之

行也"(《孟子·滕文公上》)、"墨者之葬也,冬日冬服,夏日夏服,桐棺三寸,服丧三月,世以为俭而礼之"(《韩非子·显学》)等语可知。

《子张》:曾子曰:"吾闻诸夫子:人未有自致①者也,必也亲②丧乎!"

【注】
①致:极、尽。
②亲:指父母。

《子张》:子游曰:"丧,致①乎哀而止。"

【注】
①致:达到,做到。

【思考题】
1.如何理解孔子的孝悌理想?
2.儒家提倡的孝道有无可取之处? 请说说你的理由。
3.孔子与宰我关于三年之丧的不同看法,你赞同哪个看法? 请说说你的理由。

(七)论教育

《阳货》:子曰:"性①相近也,习②相远也。"

【注】

①性:人的本性、天性。《荀子·性恶》:"凡人之性者,尧舜之与桀跖,其性一也;君子之与小人,其性一也。"

②习:后天的环境影响,包括教育、习染。郭店楚简《性自命出》:"四海之内,其性一也。其用心各异,教使然也。"

《述而》:子曰:"自行束脩①以上,吾未尝无诲②焉。"

【注】

①行:实行、做到。脩(xiū):干肉。束脩:捆在一起的一束干肉,每束十条。古代人常用来作为见面的礼物。《孔丛子·公仪》:"子思居贫,其友有馈之粟者,受一车焉;或献樽酒、束修,子思弗为当也。"后世常用作教师的酬金。《北史·周武帝纪》:"诏诸胄子入学,但束脩于师。"

②未尝:未曾、从来没有。诲:教诲、教育。

《卫灵公》:子曰:"有教无类①。"

【注】

①类:类别、区别。有教无类就是教育不分贫富、贵贱、智愚。(梁)皇侃《论语义疏》卷八:"人乃有贵贱,同宜资教,不可以其种类庶鄙而不教之也。教之则善,本无类也。"

《述而》:子曰:"默而识①之,学而不厌②,诲人不倦③,何有于我哉④?"

【注】

①识(zhì):通"志",记住。

②厌:通"餍(yàn)",本义是吃饱,后引申为满足。学而不厌:学习总感到不满足,形容好学。

③诲:教诲、教导。倦:疲倦、倦怠。诲人不倦:教导人特别有耐心,从不厌倦。孔子对子路的教导堪称"诲人不倦"。

④何有于我哉:即"于我何有哉",对我来说有什么困难。

《述而》:子曰:"二三子①以我为隐乎? 吾无隐乎尔②。吾无行而不与③二三子者,是④丘也。"

【注】

①二三子:这里是孔子客气地称呼弟子们。子是尊称。

②乎:介词,相当于"于"。尔:你们。

③与:给与。

④是:这。

《阳货》:子曰:"予欲无言。"子贡曰:"子如不言,则小子何述①焉?"子曰:"天何言哉②? 四时行③焉,百物生④焉。天何言哉?"

【注】

①小子:自称之谦辞。述:传述。

②天何言哉:《孟子·万章上》:"天不言,以行与事示之而已矣。"《荀子·不苟》:"变化代兴,谓之天德。天不言而人推其高焉,地不言而人推其厚焉,四时不言而百姓期焉。"《礼记·中庸》:"天地之无不持载,无不覆帱(dào),辟如四时之错行,如日月之代明。万物并育而不相害,道并行而不相悖。"儒家从天地得到神秘的启示,对人生做了富有启示意义的思考,这

有助于我们把道德境界升华到天地境界。

③行:四季运行。

④生:生长。

《卫灵公》:子曰:"赐①也,女以予为多学而识之者与②?"对曰:"然③。非与?"曰:"非也。予一以贯之④。"

【注】

①赐:端木赐,即子贡。

②女:通"汝",你。予:我。识(zhì):"志",记住。与(yú):通"欤"。

③然:对,是的。

④一:一个基本的原则、思想。以:用,介词。贯:贯穿、贯通。之:指学到的各种知识。《里仁》:"子曰:参乎,吾道一以贯之。"

《公冶长》:子贡曰:"夫子之文章①,可得而闻也;夫子之言性与天道②,不可得而闻也。"

【注】

①文章:孔子说的诗书礼乐等属于文章范畴。

②性与天道:性偏指人性。"性与天道"讨论的是天人之学,这是先秦哲学的基本命题,也是最高深的哲学命题。

《雍也》:子曰:"中人①以上,可以语上②也;中人以下,不可以语上也。"

【注】

①中人:中等智力的人,也就是普通人。

②语(yù):讨论、告诉、讲、说。上:指高深的内容。

《阳货》:子曰:"唯上知与下愚不移①。"

【注】

①知:通"智"。不移:不可改变。

《子罕》:子曰:"后生①可畏,焉②知来者之不如今也? 四十、五十而无闻③焉,斯④亦不足畏也已。"

【注】

①后生:后辈,指年轻人。孔子收的学生中,不少人比他小三四十岁(如子游、子张、曾参、公西赤等),均学有所成。

②焉:哪里。

③无闻:没有名气,也就是没有成就。

④斯:这。

《述而》:子曰:"不愤不启①,不悱不发②。举一隅不以三隅反③,则不复④也。"

【注】

①愤:心里想弄明白而还不明白的状态、样子。启:启发对方去想明白。

②悱(fěi):心里想说而说不出来的状态、样子。发:启发对方说出来。

③隅(yú):角落。反:类推。举一反三:比喻从懂得的一点类推而知道其他的,形容善于学习,能触类旁通、由此及彼。这跟"告诸往而知来者"(《学而》)在原理上是相通的。

④复:再。

《述而》:子以四教:文①、行②、忠③、信④。

【注】

①文:指诗书礼乐等古代文献。

②行:行为。

③忠:尽力,忠于职守。

④信:讲信用。

《述而》:子所雅言①,《诗》《书》、执礼②,皆雅言也。

【注】

①雅:正。雅言:指当时的官话,近似今天的"普通话"。孔子时代以西周的政治中心关中语言为标准语,后流传于中原地区,成为一种共同语。孔子"以诗书礼乐教"(《史记·孔子世家》)。本章未及乐,一方面是乐附于诗礼,另一方面是乐不涉及言。

②执礼:行礼。礼的内容丰富,从"文"方面说,指文献,即"经礼";从"行"方面说,指实践,即"执礼"。

《雍也》:子曰:"君子博学于文①,约之以礼②,亦可以弗畔矣夫③!"

【注】

①博:广泛。文:指诗书礼乐等古代文献。孔子自谓"好古,敏以求之"(《述而》),正是"君子博学于文"的体现。

②约:约束。以:用。

③弗:不。畔(pàn):通"叛",违背。夫(fú):语气助词,吧。

《子罕》:颜渊喟然①叹曰:"仰之弥高②,钻之弥坚③。瞻之在前,忽焉在后。夫子循循然善诱④人,博我以文,约我以礼⑤,欲罢⑥不能。既竭吾才,如有所立卓尔⑦。虽欲从之,末⑧由也已。"

【注】

①喟(kuì)然：长叹的样子。

②仰之弥高：愈仰望愈觉得其崇高。

③钻之弥坚：越钻研越觉得其高深。

④循循：有次序的样子；善：善于；诱：引导。

⑤博我以文，约我以礼：这是对君子的要求(见上章)，可见孔子对颜回是按照君子的标准来要求的。

⑥欲：想。罢：停，歇。

⑦卓：高。尔：助词。

⑧末：无。

《阳货》：子曰："小子何莫学夫诗①？诗，可以兴②，可以观③，可以群④，可以怨⑤。迩之事父⑥，远之事君⑦。多识于鸟兽草木之名⑧。"

【注】

①小子：孔子以"小子"称门人，则其年岁当在中晚年。夫(fú)：那。

②兴：本义是兴起，发动，这里指激发人的情感和意志。

③观：观察民风，观察政治得失。《礼记·王制》："(天子)命太师陈诗以观民风。"《孔丛子·巡狩》："古者天子命史采歌谣，以观民风。"

④群：交往、交际。春秋时期各国卿大夫交际聘问以及君臣应对常常赋诗、引诗，即为"诗可以群"的例证。

⑤怨：发泄怨恨的情绪。何晏《论语集解》引孔安国注："怨刺上政。"《诗经》里面有不少的怨刺作品，如《魏风·硕鼠》《魏风·伐檀》。

⑥迩：近。迩之事父：《诗经》中有孝子思念父母的诗，也有父母想念儿子的诗。

⑦远之事君：《诗经》中有臣民歌颂君上的诗，也有臣民讽刺君上的诗。

⑧识：记住。据清人顾栋高《毛诗类释》统计，《诗经》中出现的谷类有24种，蔬菜有38种，药物有17种，草有37种，花果有15种，木有43种，鸟有43种，兽有40种，马的异名有27种，虫有37种，鱼有16种。可见，阅读

《诗经》确实有助于我们"多识于鸟兽草木之名"。日本江户时代学者细井徇手绘有《诗经名物图解》,收《诗经》名物100余种。

《季氏》:陈亢问于伯鱼①曰:"子亦有异闻乎?"对曰:"未也。尝独立,鲤趋而过庭②。曰:'学诗乎?'对曰:'未也。''不学诗,无以言③。'鲤退而学诗。他日,又独立,鲤趋而过庭。曰:'学礼乎?'对曰:'未也。''不学礼,无以立④。'鲤退而学礼。闻斯二者。"陈亢退而喜曰:"问一得三:闻诗,闻礼,又闻君子之远其子⑤也。"

【注】

①伯鱼:孔子的儿子孔鲤。

②趋:小步快走,这是晚辈对长辈的尊敬。趋而过庭、退而学礼,表明孔鲤懂礼。《礼记·曲礼上》:"遭先生于道,趋而进,正立拱手。先生与之言则对,不与之言则趋而退。"

③不学诗,无以言:儒家重视《诗》,不是因为它独自发现了《诗》的价值,而是因为春秋时期,各国卿大夫需要在外交辞令中运用《诗》,因而通习《诗》,《左传》《国语》中此类用例甚多(如申包胥请求秦国出兵救楚,七天七夜哭于秦庭墙根,秦哀公为此赋《无衣》表示出兵,申包胥这才"九顿首而坐"。事见《左传·定公四年》)。当时的士大夫如果不能赋诗,就会被人看不起,比如宋国大夫华定聘鲁,因为不能以《诗》答赋,受到鲁国大夫昭子的奚落(参《左传·昭公十二年》)。如果赋诗不当,还可能引发外交纠纷,如齐国大夫高厚在参加晋国主持的诸侯会盟时赋诗"不类"(不符合宴会精神),引起晋大夫荀偃的愤怒,高厚只好逃归,差点引发战祸(参《左传·襄公十六年》)。受到这种时代风气的影响,孔子也要求学生学《诗》:"诵诗三百,授之以政,不达;使于四方,不能专对;虽多,亦奚以为?"(《子路》)所以宋人邢昺说:"古者会同皆赋诗见意,若不学之,何以为言也?"(《论语注疏》卷十六)

④不学礼,无以立:《左传·昭公七年》记孟僖子言:"礼,人之干也。无礼,无以立。"《尧曰》:"子曰:不知命,无以为君子;不知礼,无以立也;不知

言,无以知人也。"《荀子·劝学》:"学,至乎礼而止矣。"

⑤君子之远其子:指孔子对学生和儿子同等看待,视学生如爱子。远就是不偏爱的意思。

《八佾》:子夏问曰:"'巧笑倩兮,美目盼兮,素以为绚兮①。'何谓也?"子曰:"绘事后素②。"曰:"礼后③乎?"子曰:"起予者商④也,始可与言《诗》⑤已矣。"

【注】

①巧笑倩兮,美目盼兮,素以为绚兮:前二句出自《诗经·卫风·硕人》,后一句不见于今本《诗经》。巧笑:美好的笑容。倩(qiàn):漂亮、好看。兮:相当于今天的助词"啊"。盼:眼珠转动灵活。绚(xuàn):绚丽多彩。这是把素比作仁,把绚(花卉)比作礼,结论是礼在仁后。

②绘事:绘画。后:后于,在……之后。素:没有染色的丝。绘事后素:即绘事后于素,意思是绘画要以白色的底子为基础。

③礼后乎:即礼后于仁。仁是根本,相对于仁而言,礼是第二位的。

④起:启发。商:即子夏,姓卜,名商。

⑤言《诗》:《礼记·孔子闲居》记子夏独闻孔子论《诗》与礼乐。

《学而》:子贡曰:"贫而无谄①,富而无骄②。何如?"子曰:"可也;未若贫而乐,富而好礼③者也。"子贡曰:"《诗》云:'如切如磋,如琢如磨④',其斯之谓与⑤?"子曰:"赐⑥也,始可与言《诗》已矣,告诸往而知来者⑦。"

【注】

①贫:先秦"贫"与"穷"不同义,无财曰贫,地位低贱曰穷。而:连词,表转折。谄(chǎn):谄媚、巴结,讨好别人。

②富而无骄:《礼记·坊记》:"子云:小人贫斯约,富斯骄;约斯盗,骄斯乱。"《道德经》第九章:"富贵而骄,自遗其咎。"富贵之人多为小人,因其富

贵而骄。尽管这样会带来祸害,但能做到"富而无骄"的人很少,所以子贡才有这样的提问。

③贫而乐,富而好礼:《礼记·曲礼上》:"富贵而知好礼,则不骄不淫;贫贱而知好礼,则志不慑。"《礼记·坊记》:"子云:贫而好乐,富而好礼,众而以宁者,天下其几矣。"

④如切如磋,如琢如磨:见《诗经·卫风·淇奥》。切、磋、琢、磨:古代制作器物时把加工骨头叫切,加工象牙叫磋,加工玉叫琢,加工石头叫磨。这里是借用《诗经》里的诗句来打比方,形容人必须经过教育才能明白事理,正如《礼记·学记》所说:"玉不琢,不成器;人不学,不知道。"《礼记·大学》也说:"如切如磋者,道学也。如琢如磨者,自修也。"

⑤其:大概,表示推测的语气。斯:这。与(yú):通"欤",句末语气词。

⑥赐:子贡的名(孔子对学生都称其名)。

⑦诸:这里相当于"之"。

《学而》:子曰:"不患人之不己知①,患不知人②也。"

【注】

①患:担心、忧虑。之:助词,取消句子独立性,可以不译。

②知人:"以天下与人易,为天下得人难。"(《孟子·滕文公上》)"知人,圣人所难。"(《三国志·魏书·三少帝纪》)"知人不易,人不易知。"(骆宾王《自叙状》)知人难是古人的共识,孔子更是深有体会,故"于此一事,盖屡言之,其叮咛之意亦可见矣"(《论语集注》卷七)。

《里仁》:子曰:"不患无位①,患所以立②。不患莫③己知,求为可知也。"

【注】

①位:官位、官职。

②立:通"位"。清人刘宝楠《论语正义》卷五:"或谓立与位同""患所

以位,谓患己所以称其位者"。《卫灵公》:"子曰:臧文仲,其窃位者与? 知柳下惠之贤,而不与立也。"此处"立"亦与"位"通。

③莫:无人、没有谁。

《宪问》:子曰:"不患人之不己知①,患其不能②也。"

【注】

①不己知:"不知己"的倒装,不了解自己。

②不能:能力不够。

《卫灵公》:子曰:"君子病①无能焉,不病人之不己知也。"

【注】

①病:担心、担忧。

《公冶长》:颜渊、季路侍①,子曰:"盍各言尔志②?"子路曰:"愿车马衣轻裘③与朋友共,敝之而无憾④。"颜渊曰:"愿无伐善,无施劳⑤。"子路曰:"愿闻子之志。"子曰:"老者安之,朋友信之,少者怀之⑥。"

【注】

①颜渊:即颜回。季路:即子路。前期弟子中,孔子对颜渊、季路最为喜爱。子路年长颜渊二十一岁,故此处问答,子路率尔先对。

②盍(hé):"何不"的合音词。尔:你,你们。志:孔子和他的弟子所言之志,都跟政治、道德有关,属于儒家之道。

③车马衣轻裘:杨伯峻《论语译注》据前人校勘删去"轻"字,可采纳。《墨子·明鬼下》:"夺人车马衣裘以自利。"裘:冬天穿的保暖的衣服。《公羊传·桓公八年》:"冬不裘,夏不葛。"春秋时期,只有士大夫及其以上阶层的人才有车马衣裘的享受。

④敝:破旧。憾:抱怨。《韩非子·外储说右上》:"季孙相鲁,子路为郈

令。鲁以五月起众为长沟,当此之为,子路以其私秩粟为浆饭,要作沟者于五父之衢而飧之。"这可以视为子路"愿车马轻裘与朋友共,敝之而无憾"的生动注释。

⑤伐:夸耀、炫耀。施:表白。劳:功劳。《周易·系辞上》:"劳而不伐,有功而不德,厚之至也。"《礼记·表记》记孔子语:"君子不自大其事,不自尚其功,以求处情。"

⑥安:安顿。怀:依恋、依赖。《尚书·皋陶谟》:"安民则惠,黎民怀之。"《尚书·太甲下》:"安民罔常怀,怀于有仁。""老者安之,少者怀之":意近"老吾老以及人之老,幼吾幼以及人之幼"(《孟子·梁惠王上》)。

《先进》:子路、曾皙、冉有、公西华侍坐①。

子曰:"以吾一日长乎尔②,毋吾以③也。居④则曰:'不吾知也。'如或知尔,则何以哉⑤?"

子路率尔⑥对曰:"千乘之国,摄乎⑦大国之间,加之以师旅⑧,因之以饥馑⑨;由也为之⑩,比及⑪三年,可使有勇,且知方⑫也。"

夫子哂⑬之。

"求,尔何如?"

对曰:"方六七十,如⑭五六十,求也为之,比及三年,可使足⑮民。如其礼乐,以俟君子⑯。"

"赤,尔何如?"

对曰:"非曰能之,愿学焉⑰。宗庙之事,如会同⑱,端章甫⑲,愿为小相⑳焉。"

"点,尔何如?"

鼓瑟希㉑,铿尔㉒,舍瑟而作㉓,对曰:"异乎三子者之撰㉔。"

子曰:"何伤乎㉕? 亦各言其志也。"

曰:"莫春㉖者,春服既成㉗,冠者五六人,童子㉘六七人,浴乎沂㉙,风乎舞雩㉚,咏而归。"

夫子喟然叹曰:"吾与㉛点也。"

三子者出,曾皙后㉜。曾皙曰:"夫三子者之言何如?"

子曰:"亦各言其志也已矣。"

曰:"夫子何哂由也?"

曰:"为国以礼㉝,其言不让㉞,是故哂之。"

"唯求则非邦也与㉟?"

"安见方六七十如五六十而非邦也者?"

"唯赤则非邦也与?"

"宗庙会同,非诸侯而何? 赤也为之㊱小,孰能为之大?"

【注】

①侍:侍奉。侍坐:此处指执弟子之礼,侍奉老师而坐。子路、曾皙、冉有、公西华:这四个人,子路、曾皙年最长(子路少孔子九岁),冉有次之(少孔子二十九岁),公西华最少(少孔子三十二岁)。曾皙:姓曾,名点,字子皙,是曾参的父亲,孔子的早期弟子,《论语》提及一次。公西华:复姓公西,名赤,字子华,通称公西华,春秋末期鲁国人,是孔子周游列国时招收的学生,少孔子四十二岁,《论语》提及五次。子华好礼,有外交才能。

②以:因为。长:年长。乎:于。

③毋:不要。以:通"已",停止。不要因为我比你们年长,就觉得拘谨而不肯发言。这是鼓励学生畅所欲言,消除学生说话的顾虑,体现了孔子的循循善诱和孔门教学的民主作风。

④居:平时。

⑤或:有人。则:那么。

⑥率尔:急忙地、轻率地。尔:助词,用作修饰语的词尾。子路年最长,且性急,故第一个"率尔对曰"。

⑦乘(shèng):这里指兵车。摄:夹。乎:在。

⑧师旅:军队、战争。

⑨因:接续。饥馑:饥荒。《谷梁传·襄公二十四年》:"一谷不升谓之嗛,二谷不升谓之饥,三谷不升谓之馑,四谷不升谓之康,五谷不升谓之

大侵。"

⑩为:治理。之:此处代指千乘之国。

⑪比(bì)及:等到。

⑫有勇,且知方:有勇气且知道义。方:道义、礼义。《礼记·经解》:"隆礼由礼,谓之有方之士;不隆礼,不由礼,谓之无方之民。"《荀子·礼论》:"不法礼,不足礼,谓之无方之民;法礼,足礼,谓之有方之士。"

⑬哂(shěn):微笑。因为"夫子哂之",所以接下来冉有和公西华所言之志就越来越小了。

⑭方:方圆。如:或者。

⑮足:使……富足。此即孔子适卫所言"富之"(《子路》)。

⑯如:至于。俟(sì):等待。如其礼乐,以俟君子:体现了冉求的谦虚,也与其性格有关("求也退")。

⑰能:能做到。之:指管理国家的事情。学焉:在某个方面学习。焉:相当于"于之"。

⑱如:或者。会同:诸侯会盟。两诸侯相见,叫会;许多诸侯一起相见,叫同。《周礼·秋官司寇·小行人》:"朝、觐、宗、遇、会、同,君之礼也;存、覜、省、聘、问,臣之礼也。"

⑲端:一种礼服,用黑色纺织品制作,故又名"玄端"。章甫:一种礼帽,用黑色纺织品制作,故又称"缁布冠"。

⑳相(xiàng):傧相,指在祭祀、会同时行赞礼的人员。

㉑鼓:弹奏。瑟:古乐器。希:通"稀"。

㉒铿尔:"铿"的一声。

㉓舍:放下。作:起,站起身来。

㉔异乎:不同于。撰:通"譔",说的话。

㉕伤:妨害、妨碍。乎:呢。

㉖莫:通"暮"。莫春:暮春,农历三月。

㉗春服:春天穿的夹衣,里外两层。既:已经。成:定,穿得住。

㉘冠(guàn)者:成年人。古代男子二十岁举行冠礼。童子:青少年。

㉙浴:洗澡。乎:在。沂(yí):沂水,入于泗水,在今山东曲阜南,传说当时该处有温泉。

㉚风：吹风、乘凉。舞雩(yú)：古代求雨的祭坛，因为人们求雨必舞，所以称"舞雩"。《谷梁传·僖公十一年》："雩，得雨曰雩，不得雨曰旱。"

㉛喟(kuì)然：长叹的样子。与(yǔ)：赞同、赞成。曾点向往的是一个太平盛世、礼乐之邦，这跟孔子的追求是一致的，故孔子"与之"。孔子虽然赞同曾皙的理想，但喟然之叹说明他意识到这种理想在当时很难实现。

㉜曾皙后：从曾皙后面的问话来看，他的后出是有意的，说明他虽然之前在鼓瑟，但一直在倾听三子之志，甚至注意到了"夫子哂之"的细节。因为关注到了这些，所以曾皙言志，跟前面三子之志不同，他既不像子路那样说大话，也没有像公西华等人刻意低调。

㉝为国以礼：礼是治国的工具。《左传·僖公二十七年》："刚而无礼，不可以治民。"《左传·昭公五年》："礼所以守其国，行其政令，无失其民者也。"《礼记·礼运》："治国不以礼，犹无耜而耕也。"《国语·晋语四·卫文公不礼重耳》："礼，国之纪也。"《荀子·大略》："礼者，政之挽也。为政不以礼，政不行矣。"

㉞其言不让：《礼记·曲礼上》："长者问，不辞让而对，非礼也。"

㉟唯：语首助词，无实际意义。邦：国家，这是指国家大事。与(yú)：通"欤"，疑问语气词，下同。

㊱之：用法同"其"。

【思考题】

1.孔子为什么重视教育？其逻辑起点是什么？

2.孔子是如何思考教育的有效性与有限性的？

3.孔子的教育思想中有哪些可取之处？

（八）论学习

《为政》：子曰："吾十有五而志于学①，三十而立②，四十而不惑③，五十而知天命④，六十而耳顺⑤，七十而从心所欲⑥，不逾矩⑦。"

【注】

①有（yòu）：通"又"。十有五：即十五岁。志于学：宋儒张载说立志是"始学之良术"（《经学理窟·学大原下》）。

②立：有所成就，即有了事业的基础。"而立之年"后来成为三十岁的代称。

③不惑：对人生不困惑，也就是能明辨人生各种诱惑、难题。"不惑之年"后来成为四十岁的代称。

④知天命：知道有些东西是天命所在，人怎么努力都无法改变，只能任其自然。"知命之年"后来成为五十岁的代称。孔子重视天命，但"天命"到底是什么，他并没有明确的解释。孟子倒是对"天命"有个解释，可以作为我们的参考："莫之为而为者，天也；莫之致而至者，命也。"（《孟子·万章上》）意思是，非人力所能为却自动做到了，是天的力量；非人力所能招致却自动来到，是命的安排。用现在的话来说，天是客观存在，命是规律。从《论语》来看，孔子知天命、畏天命，但并没有因为敬畏天命而取消人的主观能动性。

⑤耳顺：能听得进不同的声音，特别是批评性的话语。"耳顺之年"后来成为六十岁的代称。

⑥从心所欲：按照自己的意思，想怎样便怎样。

⑦逾：逾越。"不逾矩"即思与行皆合中庸之道。

《学而》：子曰："君子食无①求饱，居无求安。敏于事而慎于言②，就有道而正焉③，可谓好学也已。"

【注】

①无：不。

②敏：勤敏、勤快。慎：谨慎、小心。《礼记·缁衣》载孔子语："君子道人以言，而禁以行，故言必虑其所终，而行必稽其所敝，则民谨于言而慎于行。""敏于事而慎于言"不是说"言"不重要，而是说"言"对"行"有重要的指导意义，所以要谨慎。

③就：接近。就有道而正焉：意近"择其善者而从之"。

《学而》：子夏曰："贤贤易色①；事②父母，能竭其力；事君，能致其身③；与朋友交，言而有信④。虽曰未学⑤，吾必谓之学矣。"

【注】

①贤贤：前面一个"贤"是动词，重视；后一个"贤"是名词，贤德。易：轻视。色：美色。"贤贤易色"可能指的是夫妇之道。夫妇之道和后文说的孝顺父母、忠于君主，都是儒家重视的人伦之道。

②事：侍奉。

③致：献出。致其身：尽其力，直至献出自己的生命。

④言而有信：《左传·昭公八年》："君子之言，信而有征，故怨远于其身。小人之言，僭而无征，故怨咎及之。"

⑤虽：即使。未：没有。

《公冶长》：子曰："十室之邑①，必有忠信如丘者焉②，不如丘之好学也。"

【注】

①十室：古时九夫为井，四井为邑(参《周礼·地官司徒·小司徒》)，一邑共有36户人家。十室之邑，极言其小，是指不满36户人家的小村邑。《谷梁传·庄公九年》："十室之邑可以逃难，百室之邑可以隐死。"

②丘：孔子自称。焉：于之，在"十室之邑"。

《述而》：叶公问孔子于①子路，子路不对②。子曰："女奚③不曰，其为人④也，发愤忘食⑤，乐以忘忧⑥，不知老之将至云尔⑦。"

【注】

①于：向。

②对：回答。

③女(rǔ)：通"汝"，你。奚：何。

④为人：做人。

⑤发愤忘食：努力学习或工作，连吃饭都忘了，形容十分用功。

⑥乐以忘忧：指高兴得忘记了忧愁，形容非常快乐。以：而。

⑦云：如此。尔：通"耳"，罢了。

《述而》：子曰："加我数年①，五十以②学《易》，可以无大过矣。"

【注】

①加：增加、增添。年：年岁、寿命。

②以：而。

《述而》：子曰："述而不作①，信而好古②，窃比于我老彭③。"

【注】

①述：讲述、阐述。作：创造、创作。《礼记·乐记》："礼乐之情者能作，识礼乐之文者能述。作者之谓圣，述者之谓明；明圣者，述作之谓也。"早期的哲学家似乎都是述而不作，与孔子差不多时代的苏格拉底和佛陀也不从事著述，他们的思想主要靠弟子在后世的追记，晚于他们五百年的基督耶稣也是靠信徒追记其言行事迹，进而形成一个思想体系。

②信：讲信用。好古：喜欢历史。孔子对古代历史文化非常爱好。《述而》："好古，敏以求之。"不过，孔子并非泥古不化，他好古的目的是"温故知新"，是为了总结历史教训。

③窃:私下,私自。第一人称的谦称。老彭:指彭祖,是殷商著名的贤大夫。

《雍也》:子曰:"知之者不如好之者①,好之者不如乐之者②。"

【注】

①好(hào):喜爱。"十室之邑,必有忠信如丘者焉,不如丘之好学也。"(《公冶长》)"学如不及,犹恐失之。"(《泰伯》)"加我数年,五十以学《易》,可以无大过矣。"(《述而》)正是孔子好学的表现。

②乐之者:孔子有过这样的自述:"发愤忘食,乐以忘忧,不知老之将至云尔。"(《述而》)这正是"乐之者"的写照。有的学生知道努力学习,是因为老师和家长在边上督促,他本人未必爱学习,这是"知之者"。有些学生热爱学习,是因为他知道学习好能考上好大学,考上大学之后他可能不再热爱学习,这是因为他没有以学习为乐,这是"好之者"。这些都不是学习的最高境界——乐学。

《为政》:子曰:"由!诲女知之①乎? 知之为知之②,不知为不知,是知也。"

【注】

①诲:教诲、教导。知:记住。《荀子·子道》:"孔子曰:由,志之,吾语女。"

②为:是。《荀子·子道》:"君子知之曰知之,不知曰不知,言之要也。"

《述而》:子曰:"我非生而知之①者,好古,敏②以求之者也。"

【注】

①生而知之:天生就懂。韩愈《师说》:"人非生而知之者,孰能无惑?"

②敏:勉力、努力。

《季氏》：孔子曰："生而知之①者上也，学而知之者次也；困②而学之，又其次也；困而不学，民斯③为下矣。"

【注】

①生而知之：孔子称舜为"大知"，但舜是通过"好问而好察迩言"（《礼记·中庸》）而知的，可见舜不是"生而知之者"。至于孔子本人，更是明确表示："我非生而知之者，好古，敏以求之者也。"（《述而》）

②困：困惑、不明白。《礼记·学记》："学然后知不足，教然后知困。知不足，然后能自反也；知困，然后能自强也。"古人对"困而不学"最为警惕，"困学""困知"在后代因此成了求学的代名词，如南宋大学者王应麟把自己的著作命名为《困学纪闻》，明代思想家罗钦顺把自己的著作命名为《困知记》，当代学者赵纪彬把自己的论文集命名为《困知录》，近代史研究名家罗尔纲把自己的论文集命名为《困学集》。

③斯：就。

《述而》：子曰："盖①有不知而作之者，我无是也。多闻，择其善者而从之；多见而识②之；知之次也。"

【注】
①盖：大概。
②识(zhì)：通"志"，记住。《盐铁论·刺议》："多见者博，多闻者智。"

《述而》：子曰："若①圣与仁，则吾岂敢②？抑为之不厌③，诲④人不倦，则可谓云尔⑤已矣。"公西华曰："正唯⑥弟子不能学也。"

【注】
①若：至于，用在句首以引起下文。
②岂敢：哪敢。
③抑：这里不表示选择，而是指轻微的转折，意为不过、还是。为：学。

厌:通"餍(yàn)",满足。

④诲:教诲、教育。

⑤云尔:这样,如此。

⑥正唯:正是、就是。"唯"起强调的作用。

《子罕》:太宰①问于子贡曰:"夫子圣者与? 何其多能②也?"子贡曰:"固天纵③之将圣,又多能也。"子闻之,曰:"太宰知我乎? 吾少也贱④,故多能鄙事⑤。君子多乎哉? 不多也。"

【注】

①太宰:官名。

②其:他。能:技能、技艺,这里似偏指体力劳动(包括农业、手工业),在春秋时期不为君子所重,故下文称之为"鄙事"。

③固:本来。天纵:上天赐予。

④贱:地位低。

⑤鄙事:指技艺。孔子年轻时候尝为"委吏"(管理仓库)、"乘田"(看管牛羊),就是这类鄙事。

《卫灵公》:子曰:"吾尝终日①不食,终夜不寝②,以③思,无益④,不如学也。"

【注】

①尝:曾经。终日:整天。

②终夜:整夜。寝:睡觉。

③以:而。

④无益:没有好处。荀子也有类似的体验:"吾尝终日而思矣,不如须臾之所学也。"(《荀子·劝学》)

《为政》:子曰:"学而不思则罔①,思而不学则殆②。"

【注】

①罔（wǎng）：迷惘、迷惑不解。而：但是，表转折。

②殆（dài）：指学识寡陋短浅。《韩诗外传》卷六："子曰：不学而好思，虽知不广矣。学而慢其身，虽学不尊矣。"可见，殆就是见识不广，学问鄙陋。《庄子·秋水》："吾非至于子之门则殆矣，吾长见笑于大方之家。"句中之"殆"亦此意也。

《为政》：子曰："攻乎异端①，斯害也已②。"

【注】

①异端：后世或以诸子百家指异端，或以佛老指异端，都不对。此处"异端"当指不合乎文武之道的思想、言论。《史记·儒林列传》："孔子闵王路废而邪道兴，于是论次《诗》《书》，修起《礼》《乐》。"邪道、异端意近。

②斯：就。已：句末语气词，相当于"矣"。

《述而》：子曰："三人行，必有我师焉①：择其善者而从②之，其不善者而改之。"

【注】

①焉：兼词，于之，在其中。

②其：那。从：追随，引申为学习。

《子张》：卫公孙朝①问于子贡曰："仲尼焉②学？"子贡曰："文武之道③，未坠于地④，在人。贤者识其大者，不贤者识其小者。莫不有文武之道焉。夫子焉不学？而亦何常师⑤之有？"

【注】

①公孙朝：卫国大夫。

②焉：于何（人）。

③文武:指周文王和周武王。《礼记·中庸》:子曰:"文武之政,布在方策。"文武之道指周文王、周武王的治国理论,这是孔子思想的重要来源。

④坠于地:掉在地上,即被人们遗弃,失传。

⑤常师:固定的老师。"三人行,必有我师""不耻下问",都体现了孔子学无常师的学习精神。韩愈说:"无贵无贱,无长无少,道之所存,师之所存也。"(《师说》)正是对孔子这种学习精神的发挥。

《泰伯》:子曰:"学如不及,犹恐①失之。"

【注】
①恐:担心。

《子张》:子夏曰:"日知其所亡①,月无忘其所能,可谓好学也已矣②。"

【注】
①亡(wú):通"无",不知道的。
②已:句末语气词,相当于"矣"。

《子罕》:子在川①上,曰:"逝者如斯夫②!不舍③昼夜。"

【注】
①川:河流。
②逝者:指逝去的岁月、时光。斯:这,这里指河水。夫(fú):语气词,用在句末,表示感叹。
③舍:停止,停留。

《子罕》:子曰:"譬如为山①,未成一篑②,止,吾止也。譬如平地,虽覆③一篑,进,吾往④也。"

【注】

①譬如：比如。为山：堆山。

②篑(kuì)：装土用的竹筐子。

③覆：倾倒。

④往：前进。

《阳货》：子曰："由也！女闻六言六蔽①矣乎？"对曰："未也。"

"居②！吾语③女。好仁不好学，其蔽也愚④；好知⑤不好学，其蔽也荡⑥；好信不好学，其蔽也贼⑦；好直不好学，其蔽也绞⑧；好勇不好学，其蔽也乱⑨；好刚不好学，其蔽也狂⑩。"

【注】

①蔽：通"弊"，弊端、弊病、害处。六言：六个字，指仁、知、信、直、勇、刚。这是六种美德，但各有弊端，需要通过学习来纠正。

②居：坐。古人铺席于地，两膝着席，臀部压在脚后跟上，谓之"坐"。

③语(yù)：告诉。

④愚：愚昧。

⑤知：通"智"。

⑥荡：放荡不羁。

⑦贼：伤害。

⑧绞：说话尖酸刻薄，不通情理。《泰伯》："直而无礼则绞。"

⑨好勇不好学，其蔽也乱：《泰伯》："勇而无礼则乱"、"好勇疾贫，乱也"。《阳货》："君子有勇而无义为乱，小人有勇而无义为盗。"可见，好勇还需学礼学义才行。孔子尚勇，观其语"见义不为，无勇也"（《为政》）、"仁者必有勇"（《宪问》）、"勇者不惧"（《子罕》）、"杀身以成仁"（《卫灵公》）、"战陈无勇，非孝也"（《礼记·祭义》）可知；与此同时，孔子也看到了"勇"的弊端，观其批评子路"好勇过我，无所取材"（《公冶长》）、"暴虎冯河，死而无悔者，吾不与也"（《述而》）可知。因此他提出"学"来防止"勇"的弊端，实际上是通过礼义来节制由勇及乱的行为。

⑩狂：狂妄、轻狂。

《为政》：子曰："温故而知新①，可以为师矣。"

【注】

①温：温习。故：旧的(知识)。《礼记·中庸》："温故而知新，敦厚以崇礼。"

《泰伯》：子曰："三年学，不至于谷①，不易得也。"

【注】

①至：通"志"，意近"谋道不谋食"之"谋"。谷：古代以谷米为俸禄(类似今天的工资)，所以"谷"就是指做官及其俸禄。《宪问》："邦有道，谷；邦无道，谷，耻也。"

《宪问》：子曰："古之学者为己，今之学者为人①。"

【注】

①学者：学习的人(不同于今日的"学者")。为己：为了提高自己。为人：为了在别人面前炫耀。《论语》中有很多关于己、人对举的话，另如"不患人之不己知，患不知人也"(《学而》)、"君子求诸己，小人求诸人"(《卫灵公》)、"修己以安人"(《宪问》)、"己欲立而立人，己欲达而达人"(《雍也》)、"己所不欲，勿施于人"(《颜渊》)、"为仁由己，而由人乎哉"(《先进》)。孔子提出"仁"，就是想解决己与人的关系问题。《礼记·中庸》："仁者，人也。"《说文解字》："仁，亲也；从人、二。"

【思考题】

1.谈谈你对孔子好学精神的体会。

2.如何理解学与思、学与行的关系？

3.孔子关于学习方法的见解有哪些可取之处？

（九）论修身

《里仁》：子曰："士志于道①，而耻恶衣恶食②者，未足③与议也。"

【注】
①道：精神追求，与物质追求相对而言。
②恶（è）：粗劣。恶衣恶食：粗劣的衣食，形容生活条件简陋。
③未足：不值得。未足与议：意即"道不同，不相为谋"。

《宪问》：子曰："士而怀居①，不足以②为士矣。"

【注】
①而：若，如果。怀：贪恋、依恋。《左传·僖公二十三年》："怀与安，实败名。"《国语·晋语四·齐姜劝重耳勿怀安》："怀与安，实疚大事。"居：指家室。
②足以：能够。

《子张》：子张曰："士见危致命①，见得思义②，祭思敬，丧思哀③，其可已矣。"

【注】
①危：危难。致：献出。致命：献出生命。
②见得思义：意即《宪问》"见利思义"。《季氏》："孔子曰：君子有九思：视思明，听思聪，色思温，貌思恭，言思忠，事思敬，疑思问，忿思难，见得思义。"
③祭思敬，丧思哀：《礼记·少仪》："祭祀主敬，丧事主哀。"

《子路》：子贡问曰："何如斯可谓之士矣？"子曰："行己有耻^①，使于四方，不辱君命，可谓士矣。"曰："敢问其次。"曰："宗族称孝焉，乡党称弟^②焉。"曰："敢问其次。"曰："言必信，行必果^③，硁硁然小人哉^④，抑^⑤亦可以为次矣。"曰："今之从政者何如？"子曰："噫！斗筲之人^⑥，何足算也？"

【注】

①行己有耻：不去做自己觉得耻辱的事情。

②乡党：同乡、当地人。弟(tì)：通"悌"，尊敬兄长。

③信：守信用。果：果断，坚决。

④硁硁(kēng)：拟声词，形容敲打石头的声音。然：……的样子。小人：士中有君子，也有小人，说明小人并非指百姓，而是品德不高的士。

⑤抑：或者。

⑥斗(dǒu)：容器，一斗等于十升。筲(shāo)：仅容一斗二升的竹器。斗筲之人：形容人的气量狭小，见识短浅。董仲舒把人性分为三品：圣人之性、中民之性、斗筲之性(《春秋繁露·实性》)。

《子路》：子路问曰："何如斯^①可谓之士矣？"子曰："切切偲偲^②，怡怡^③如也，可谓士矣。朋友切切偲偲，兄弟怡怡。"

【注】

①斯：就。

②切切偲偲(sī)：朋友之间相互批评，相互督促，和睦相处。

③怡怡：和气、安适、愉快。

《颜渊》：子张问："士何如斯可谓之达^①矣？"子曰："何哉，尔所谓达者？"子张对曰："在邦必闻^②，在家必闻。"子曰："是闻也，非达也。夫达也者，质直而好义^③，察言而观色^④，虑以下人^⑤。在邦必达，在家必达。

夫闻也者,色⑥取仁而行违,居之⑦不疑。在邦必闻,在家必闻。"

【注】

①达:通达,显达。《大戴礼记·曾子制言上》:"弟子问于曾子曰:'夫士,何如则可以为达矣?'曾子曰:'不能则学,疑则问,欲行则比贤,虽有险道,循行达矣。'"曾子之论"达",与孔子略同。

②闻:有名望。诸葛亮《出师表》:"不求闻达于诸侯。"

③质直:朴实正直。好义:爱好仁义。

④察言而观色:通过观察别人的言语、脸色来揣摩其内心。察:详审。

⑤虑以下人:对人谦恭有礼。以:用、凭借。下人:比别人低的身份。《庄子·徐无鬼》:"以贤临人,未有得人者也;以贤下人,未有不得人者也。"

⑥色:表面上。

⑦居:处于。之:指仁。

《述而》:子曰:"饭疏食①,饮水②,曲肱而枕之③,乐亦在其中矣。不义而富且贵,于我如浮云④。"

【注】

①饭:动词,吃。疏食:粗粮。古代以稻粱为细粮,以稷为粗粮。

②饮水:古代汤和水常常相对而言,汤是热水,水是冷水。

③肱(gōng):胳膊由肘到肩的部分,泛指胳膊。枕:枕着。曲肱而枕之:枕着弯曲的胳膊睡。

④于我如浮云:意思是把富贵看得很轻。

《述而》:子曰:"富而①可求也,虽执鞭②之士,吾亦为之。如不可求,从吾所好③。"

【注】

①而：假设连词，如果。

②虽：即使。执鞭：《周礼·地官·司氏》："凡市入，则胥执鞭度守门。"可见，执鞭度守门的群胥控制着商贾求富之道。

③从：听从、遵从。好（hào）：喜好、喜爱。从吾所好：意即《礼记·中庸》所言："君子素其位而行，不愿乎其外。素富贵，行乎富贵；素贫贱，行乎贫贱……君子无入而不自得焉。"

《里仁》：子曰："见贤思齐焉①，见不贤而内自省②也。"

【注】

①贤：贤人，德才兼备的人。齐：看齐。焉：相当于"于之"。陆游的母亲非常欣赏秦观（字少游）的才华，就给自己的儿子取名陆游，字务观——把秦观的字作为儿子的名，把秦观的名作为儿子的字。这就是"见贤思齐"。

②内：内心。自省（xǐng）：自我反省。

《季氏》：孔子曰："见善如不及①，见不善如探汤②。吾见其人矣，吾闻其语矣。隐居以求③其志，行义以达④其道。吾闻其语矣，未见其人也。"

【注】

①"见善"二句：类似的话，先秦文献屡见，如《周易·益卦·象传》："君子以见善则迁，有过则改。"《述而》："择其善者而从之，其不善者而改之。"《荀子·修身》："见善，修然必以自存也；见不善，愀然必以自省也。"

②探：伸进。汤：开水，热水。

③求：追求。

④达：达到，全面贯彻。

《卫灵公》:子曰:"群居终日,言不及义①,好行小慧②,难矣哉!"

【注】

①及:涉及。义:正经的道理。

②慧:聪明。《后汉书·韦彪传》:"察察小慧,类无大能。"

《阳货》:子曰:"饱食终日①,无所用心,难矣哉! 不有博弈②者乎? 为之,犹贤乎已③。"

【注】

①终日:整天。《论衡·别通》:"自孔子以下,至汉之际,有才能之称者,非有饱食终日无所用心也,不说五经则读书传。"

②博:古代一种棋类游戏。弈:围棋,下法与"博"略有不同:"盖弈但(只)行棋,博以掷采(骰子)而后行棋。"(焦循《孟子正义》)。

③犹:总算。贤乎:好于、胜过。已:止,指什么都不干。

《宪问》:原壤夷俟①。子曰:"幼而不孙弟②,长而无述③焉,老而不死,是为贼④。"以杖叩其胫⑤。

【注】

①原壤:鲁国人,是孔子多年的老朋友。《礼记·檀弓下》记有他们交往的故事:"孔子之故人曰原壤,其母死,夫子助之沐椁。原壤登木曰:'久矣予之不托于音也。'歌曰:'狸首之斑然,执女手之卷然。'夫子为弗闻也者而过之,从者曰:'子未可以已乎?'夫子曰:'丘闻之:亲者毋失其为亲也,故者毋失其为故也。'"夷:指"箕踞",即屁股坐地,两条腿伸出去,古人认为这是一种傲慢无礼的坐姿。《礼记·曲礼上》:"游毋倨,立毋跛,坐毋箕,寝毋伏。"俟(sì):等待。

②孙(xùn):通"逊",谦虚。弟(tì):通"悌",尊敬兄长。

③述:述说、称道。无述:没什么好说的,也就是无作为、没成就。

④贼：祸害。

⑤以：用。杖：老年人用的手杖，说明孔子当时已年老。叩：轻轻敲打。胫(jìng)：小腿。

《雍也》：子曰："人之生也直①，罔之生也幸而免②。"

【注】

①直：正直。

②罔：不正直。免：免于灾难。这就好比一个人从不遵守交通规则迟早会出事，暂时没出事只是"幸而免"罢了。遵守规则、道德也是一个人"直"的表现。

《雍也》：子曰："不有祝鮀之佞①，而有宋朝之美②，难乎免于今之世矣。"

【注】

①祝鮀(tuó)：卫国大夫。孔子说祝鮀善治宗庙(《宪问》)，先秦时期治宗庙者需主赞词，因而养成口才，故孔子赞祝鮀"佞"。

②宋朝(zhāo)：宋国的公子朝，因貌美而闻名于世。《左传·昭公二十年》和《左传·定公十四年》记载了他因为貌美而惹乱的事情。

《泰伯》：子曰："如①有周公之才之美，使骄②且吝③，其余不足观也已。"

【注】

①如：表示让步，即使。

②使：假使。骄：骄傲。《尚书·大禹谟》："满招损，谦受益。"谦即"不骄"。周公戒伯禽曰："子之鲁，慎无以国骄人。"(《史记·鲁世家》)《史记·老子韩非列传》记载老子对孔子的告诫："去子之骄气与多欲，态色与淫

志,是皆无异于子之身。"《庄子·外物》记载老莱子对孔子的告诫:"去汝躬
矜与汝容知,斯为君子矣。"孔子之戒骄,或许与这些先哲(时贤)的告诫有
关,也可能是受到了古代典籍的影响。

③吝:吝啬、小气,过分爱惜。《尧曰》:"犹之与人也,出纳之吝谓之有司。"

《子罕》:子绝四:毋意①、毋必②、毋固③、毋我④。

【注】

①毋:不。意:通"臆",意为主观猜测。子曰:"吾与回言终日,不违,
如愚。"(《为政》)陈、蔡绝粮期间,有一次孔子看见颜回用手抓锅里的饭
吃,误以为他在偷吃(事见《吕氏春秋·审分览·任数》《孔子家语·困厄》)。
这都是"意"。

②毋必:孔子说"言必信,行必果"是小人的行为,就是"毋必"(《子
路》),意思是言不必都信,行不必都果,这取决于言行是否符合仁义。

③毋固:用孔子的话来说,就是"无可无不可"(《微子》)。孔子回答子
路、冉有同样的问题("闻斯行诸"),但给出了完全不同的答案,也是"毋
固"的体现。

④毋我:孔子善于向别人学习,"择其善者而从之,其不善者而改之"
(《述而》),就是"毋我"。郭店楚简《语丛三》也有类似的话:"毋意、毋固、
毋我、毋必。"四者之中,最重要的是毋我,因为意、必、固都是因为有个
"我"在。要去除意、必、固,就必须去除"我执"。

《述而》:子不语①怪、力、乱、神。

【注】
①语:谈论。

《卫灵公》:子曰:"人无远虑①,必有近忧。"

【注】

①远虑:长远的考虑。《左传·襄公二十八年》:"子服惠伯曰:君子有远虑,小人从迩。"《国语·晋语六·范文子论胜楚必有内忧》:"唯圣人能无外患,又无内忧。"

《宪问》:子曰:"莫我知也夫①!"子贡曰:"何为②其莫知子也?"子曰:"不怨天,不尤人③,下学而上达④。知我者其天乎!"

【注】

①莫:无人。我知:"知我"的倒装。夫(fú):句末语气词。

②何为:即"为何",为什么。

③怨:抱怨、怨恨。天:天命,命运。尤:归咎,归罪。怨天尤人:指遭受挫折或出现问题后,只是一味抱怨天,归罪于他人。《礼记·中庸》:"上不怨天,下不尤人。"《孟子·公孙丑下》:"君子不怨天,不尤人。"《荀子·荣辱》:"自知者不怨人,知命者不怨天。"《庄子·天道》:"知天乐者,无天怨,无人非。"

④下学而上达:下学人事,上达天道。《宪问》:"子曰:君子上达,小人下达。"

《子罕》:子曰:"三军可夺帅也,匹夫不可夺①志也。"

【注】

①匹夫:普通男子。夺:使……失去。《孙子兵法·军争》:"三军可夺气,将军可夺心。"《礼记·儒行》:"身可危也,而志不可夺也。"

《子罕》:子曰:"岁寒,然后知松柏①之后凋也。"

【注】

①松柏:《诗经·大雅·天保》:"如松柏之茂,无不尔或承。"《诗经·大

雅·頍弁》："茑与女萝,施于松柏。"在《诗经》里,松柏尚无象征意味,但到了孔子这里,已经具有了象征意味。陈毅《青松》："大雪压青松,青松挺且直。要知松高洁,待到雪化时。"正是对这种象征内涵的演绎。

《宪问》:子路问成人①。子曰:"若臧武仲之知②,公绰之不欲③,卞庄子之勇④,冉求之艺⑤,文之以礼乐⑥,亦可以为成人矣。"曰:"今之成人者何必然?见利思义⑦,见危授命⑧,久要不忘平生⑨之言,亦可以为成人矣。"

【注】

①成人:完人,德才兼备的人。《荀子·劝学》:"权利不能倾也,群众不能移也,天下不能荡也。生乎由是,死乎由是,夫是之谓德操。德操然后能定,能定然后能应。能定能应,夫是之谓成人。天见其明,地见其光,君子贵其全也。"

②若:意思是"像……",表示举例。臧武仲:即鲁国大夫臧孙纥,臧文仲之孙。知:通"智"。臧武仲出逃齐国,齐庄公要给他田地,他预见齐庄公不能长久,便设法拒绝,齐庄公后被杀,他没有受到牵连,可见其先见之明。孔子感慨地说:"知之难也。有臧武仲之知,而不容于鲁国,抑有由也。作不顺而施不恕也。"(《左传·襄公二十三年》)

③公绰:孟公绰,鲁国大夫。不欲:不贪。

④卞庄子:亦称管庄子、卞严子、辨庄子,春秋时鲁国卞邑大夫。他是鲁国著名的勇士,能独力与虎格斗。《战国策·秦策二·楚绝齐齐举兵伐楚》:"有两虎争人而斗者,管庄子将刺之,管与止之曰:虎者戾虫,人者甘饵也。今两虎争人而斗,小者必死,大者必伤。子待伤虎而刺之,则是一举而兼两虎也。"《荀子·大略》:"齐人欲伐鲁,忌卞庄子,不敢过卞。"《韩诗外传》卷十:"卞庄子好勇。"

⑤冉求之艺:《雍也》:"求也艺,于从政乎何有?"可见孔子对冉求的才能的肯定。此处将冉求与鲁大夫孟公绰、臧武仲等人并提,当在冉求年龄较大时。

⑥文:文饰、修饰。以:用。《礼记·礼器》引孔子语:"礼也者,犹体也。体不备,君子谓之不成人。"据此可知,只有懂得用礼乐来修身的人才是

"成人"，不懂礼乐就不能称之为"成人"。

⑦见利思义：《礼记·乐记》："见利而让,义也。"《礼记·儒行》："见利不亏其义。"《左传·昭公十年》："利不可强,思义为愈。"《左传·昭公二十八年》："居利思义,在约思纯。"

⑧授命：献出生命。见危授命：在危急关头献出自己的生命。

⑨要：通"约",穷困、困顿。平生：平日。

《里仁》：子曰："古者言之①不出,耻躬之不逮②也。"

【注】

①之：助词,取消句子独立性。

②耻：以……为耻。躬：自己。逮：赶上。不逮：不及、不到。

《宪问》：子曰："其言之不怍①,则为之②也难。"

【注】

①怍(zuò)：惭愧。

②则：那么。为之：实现它。

《里仁》：子曰："君子欲讷①于言而敏于行。"

【注】

①讷(nè)：木讷,反应不敏捷,与下文"敏"的意思相反。毛泽东的两个女儿分别取名李敏、李讷,出处就在这里。

《为政》：子贡问①君子。子曰："先行②其言,而后从之。"

【注】

①问：意与"学"通。《论语》中多处"问"表达的是问学的意思,问仁、问

智、问孝、问政，皆是也。"樊迟请学稼"之"学"，亦"问"也。

②行：孔子说的"行"并非今天讲的社会实践，而是偏于修身方面的道德践履。

《宪问》：子曰："君子耻其言而过其行①。"

【注】

①耻：以……为耻。而：此处相当于"之"。过：超过。

《述而》：子曰："文莫①，吾犹②人也。躬行③君子，则吾未之有得。"

【注】

①文莫：周斌武以为即"忞慔"，意思是努力（学习），参见《怎样学好大学文科》（复旦大学出版社1982年）。

②犹：如同。

③躬行：身体力行，体现了儒家思想重实践的品格。

《乡党》：孔子于乡党①，恂恂②如也，似不能言者。其在宗庙朝廷，便便③言，唯谨尔④。

【注】

①乡党：指在家乡本地。古代，一万二千五百户为一乡，五百户为一党。

②恂恂(xún)：温和恭顺而又郑重谨慎的样子。

③便便(pián)：擅长谈论，善辩。《史记·孔子世家》作"辩辩"。《尔雅·释训》："便便，辩也。"

④尔：罢了。

《乡党》：朝①，与下大夫②言，侃侃如③也；与上大夫言，訚訚④如也。

君在,踧踖⑤如也,与与⑥如也。

【注】

①朝:上朝。

②下大夫:周代,诸侯以下是大夫。大夫的最高一级称"卿",即上大夫;地位低于上大夫的,称下大夫。孔子当时属下大夫。

③侃侃:理直气壮而又从容不迫。如:……的样子。

④訚訚(yín):和颜悦色、中正诚恳。

⑤踧踖(cù jí):恭敬不安的样子。

⑥与与(yú):慢步行走,非常小心谨慎的样子。

《宪问》:子曰:"邦有道,危言危行①;邦无道,危行言孙②。"

【注】

①危言危行:说正直的话,做正直的事。危:正直。邦有道,危言危行:此正所谓"君子之仕也,行其义也"(《微子》)。

②孙(xùn):通"逊",谦逊、谨慎、恭顺、随和。

《为政》:子张学干禄①。子曰:"多闻阙疑②,慎言其余,则寡尤③;多见阙殆④,慎行其余,则寡悔。言寡尤,行寡悔⑤,禄在其中矣。"

【注】

①干(gān):求取。禄:俸禄;干禄就是做官,古代只有做官的人才有俸禄。子张虽学干禄,但没有出来做官,而以教授终其一生(一生仅见过鲁哀公一次)。

②闻:听。阙(quē):通"缺";阙疑:有疑问的地方要保留。虽然见多识广,有不懂之处,还应存疑,这是一种谦虚谨慎的求学态度。

③则:就。寡:少。尤:过错。

④殆(dài):疑惑、困惑。

⑤言寡尤,行寡悔:这是互文用法,意思是言行谨慎,就会少犯过错,就不会后悔。

《卫灵公》:子张问行①。子曰:"言忠信②,行笃敬③,虽蛮貊④之邦,行矣。言不忠信,行不笃敬,虽州里⑤,行乎哉? 立则见其参⑥于前也,在舆则见其倚于衡⑦也,夫然⑧后行。"子张书诸绅⑨。

【注】
①行:行事、做事。
②忠信:《国语·齐语·管仲对桓公以霸术》:"忠信可结于百姓。"
③笃敬:《左传·成公十三年》:"君子勤礼,小人尽力,勤礼莫如致敬,尽力莫如敦笃,敬在养神,笃在守业。"
④虽:即使。蛮:南蛮,泛指南方少数民族。貊(mò):北狄,泛指北方少数民族。蛮貊:与夷狄均属华夏族之外的少数民族。此与下文"州里"对举,言其远也。
⑤州里:本为行政建制(古代二千五百家为州,五家为邻,五邻为里),这里指本乡本土。
⑥其:它,此处代指忠信、笃敬。参:本意为直、高,这里引申为直立。
⑦舆:车。倚:靠。衡:车辕前端的横木。
⑧夫(fú):助词,起舒缓语气的作用。然:这样。
⑨书:动词,写。诸:"之于"的合音。绅:腰间大带。

《卫灵公》:子曰:"辞①达而已矣。"

【注】
①辞:这里主要指言辞而非文辞。孔子时代不崇尚个人著述,孔子本人甚至连言也不重视,他重视的是人的道德,是行为。

《泰伯》:曾子曰:"以能问于不能,以多问于寡;有若无,实若虚①;

犯而不校②——昔者吾友尝从事于斯③矣!"

【注】

①有若无,实若虚:《大戴礼记·制让》记曾子云:"良贾深藏如虚,君子有盛教如无。"可见曾子之求真务实和谦虚谨慎。

②犯:触犯。校(jiào):通"较",计较。犯而不校:受到别人的触犯或无礼对待也不计较,体现出一种忍让精神和宽广胸怀。

③吾友:通常认为指颜渊。尝:曾经。从事:努力追求。斯:这。

【思考题】

1.孔子为什么更重视"行"而不是"言"?

2.孔子关于言语艺术的见解有哪些可取之处?

3.如何理解孔子说的"无言"?

(十)论交际

《学而》：曾子曰："吾日三省吾身①——为人谋而不忠②乎？与朋友交而不信③乎？传不习④乎？"

【注】

①日：每天。三：这里表示多次，不是实数，"三省"的意思也不是反省三件事。省(xǐng)：反省、内省。身：自身、自己。《荀子·劝学》："君子博学而日参省乎己，则知明而行无过矣。"三省吾身体现出高度的自律。大学问家胡三省(给《资治通鉴》做注)、20世纪著名的古文字学者于省吾、著名数学家陈省身，都是据此取名。

②忠：尽心尽力。

③信：诚信。曾子杀猪(《韩非子·外储说左上》)、季札挂剑(《新序·节士》)都是古代讲信用的佳话。

④传：传授的内容。习：这里的"习"和"学而时习之"的"习"都含有践履的意思，符合孔子学以致用、知行合一的思想。王阳明的语录集《传习录》书名就出自本章"传不习乎"一语。

《为政》：子曰：人而无信①，不知其可也。大车无輗②，小车无軏③，其何以④行之哉？

【注】

①而：如果、若。信：信用。

②大车：指古代的牛车。輗(ní)：辕端横木，缚轭以架牛。

③小车：指古代的马车。軏(yuè)：辕端上曲，勾衡以架马。

④其：它。何以：以何，用什么、靠什么。

《里仁》：子曰："人之过也，各于其党①。观过，斯②知仁矣。"

【注】

①其：他的。党：类别。《礼记·坊记》："子云：睦于父母之党，可谓孝矣。"

②斯：那么、就。

《为政》：子曰："视其所以①，观其所由②，察其所安，人焉廋③哉？人焉廋哉？"

【注】

①以：用。

②由：经。

③焉：哪里。廋(sōu)：隐藏。《孟子·离娄上》："听其言也，观其眸子，人焉廋哉？"

《里仁》：子游曰："事君数①，斯②辱矣；朋友数，斯疏③矣。"

【注】

①事：侍奉。数(shuò)：屡次、多次，指交往次数多，彼此关系密切。先秦时期，"数"表示这个意义的时候可以与"疏"构成反义词，如《礼记·祭义》："祭不欲数，数则烦，烦则不敬。祭不欲疏，疏则怠，怠则忘。"《礼记·哀公问》："非礼无以别男女父子兄弟之亲、昏姻疏数之交也。"

②斯：副词，就。

③疏：疏远。

《颜渊》：子贡问友。子曰："忠告而善道①之，不可则止，毋②自辱焉。"

【注】

①道(dǎo)：通"导"，引导，诱导。

②毋：不要。

《里仁》：子曰："里仁为美①。择不处②仁，焉得知③？"

【注】

①里：邻里，这里作动词用。美：好。

②处(chǔ)：居住。

③焉：疑问词，表示反问，可以译为"哪里、怎么"。焉得：怎能。知(zhì)：通"智"。

《颜渊》：曾子曰："君子以文会①友，以友辅②仁。"

【注】

①会：结交。

②辅：辅助、帮助。以友辅仁：《卫灵公》："事其大夫之贤者，友其士之仁者。"

《季氏》：孔子曰："益者三友，损者三友。友直①，友谅②，友多闻③，益矣。友便辟④，友善柔⑤，友便佞⑥，损矣。"

【注】

①直：正直。《孝经·谏诤》："士有争友，则身不离于令名。"《荀子·子道》引孔子语："士有争友，不为不义。""争友(诤友)"接近此处说的"友直"。

②谅：《说文》："谅，信也。"即诚实。

③多闻：学识渊博、知识面广。

④便辟(pián pì)：虚伪做作。

⑤善柔：善于和颜悦色骗人，也就是阿谀奉承，内心却无诚信。

⑥便佞(pián nìng)：善于花言巧语，而言不符实。《尔雅·释训》："便便，辩也。"刘宝楠《论语正义》卷十九："便佞但能口辩，非有学问，与多闻相反。"

《季氏》：孔子曰："益者三乐，损者三乐。乐节①礼乐，乐道②人之善，乐多贤友，益矣。乐骄乐，乐佚游③，乐宴乐，损矣。"

【注】
①节：节制。
②道：称道。
③佚游：安逸游乐。佚：通"逸"，安逸、安闲。

《卫灵公》：子曰："道不同①，不相为谋②。"

【注】
①道：原则、信仰。
②谋：谋划、商议。

《子罕》：子曰："可与共学，未可与适道①；可与适道，未可与立；可与立，未可与权②。"

【注】
①适：往，这里含有达到、学到的意思。道：根本原则。
②权：本义是秤锤，引申为权衡、权变。古代有学者认为这几句话的次序可能"传写错倒"，应该说成"可与共学，未可与立；可与适道，未可与权"（参见阮元《〈论语〉校勘记》），这样意思更明确。

《公冶长》：子曰："巧言、令①色、足②恭，左丘明③耻之，丘亦耻之④。匿怨而友其人⑤，左丘明耻之，丘亦耻之。"

【注】

①令：美。

②足：过分、过度。《周易·小过·象传》：“君子以行过乎恭，丧过乎哀，用过乎俭。”

③左丘明：春秋时期鲁国人，与孔子同时或稍早，曾任鲁太史，据说是《左传》的作者。

④丘：孔子之名。古人自称时，多称名，以示谦虚。耻：意动用法，以……为耻。

⑤匿（nì）：隐藏。友：结交。其人：那个人。《朱子语类》卷十三：“心有怨于人，而外与之交，则为匿怨。”

《阳货》：子曰：“鄙夫①可与事君也与哉？其未得之也，患得之②。既得之，患失之。苟③患失之，无所不至矣。”

【注】

①鄙夫：品性低劣的俗人。

②患得之：即“患不能得之”。患：害怕、担心。患得患失：一开始担心得不到，得到了，又担心失去，指对个人利害得失看得太重，这是小人作风。《荀子·子道》引孔子云：“小人者，其未得也，则忧不得；既已得之，又恐失之。”

③苟：如果。

《子张》：子夏之门人问交于子张。子张曰：“子夏云何？”对曰：“子夏曰：‘可者与①之，其不可者拒之。’”子张曰：“异乎②吾所闻：君子尊贤而容众③，嘉善而矜不能④。我之大贤与⑤，于人何所不容？我之不贤与，人将拒我，如之何其拒人也？”

【注】

①与：结交。

②异乎：不同于。乎：于。

③尊贤而容众：《礼记·儒行》："慕贤而容众。"

④嘉：赞美。矜：怜悯、同情。

⑤大：通"太"，很。与(yú)：通"欤"，语气词。下同。

《子路》：子贡问曰："乡人皆好①之，何如？"子曰："未可也。""乡人皆恶②之，何如？"子曰："未可也；不如乡人之善者好之，其不善者恶之。"

【注】

①好(hào)：喜爱，赞扬。

②恶(wù)：憎恨，讨厌。

《卫灵公》：子曰："众恶之，必察①焉；众好之，必察焉。"

【注】

①察：考察。与下章的"试"意思接近。

《卫灵公》：子曰："吾之于人也，谁毁谁誉①？如有所誉者，其有所试②矣。斯③民也，三代之所以直道④而行也。"

【注】

①毁：诋毁。誉：赞誉。

②试：试验、考验。

③斯：这，这样。

④直道：正路。

《子路》：子曰："不得中行而与①之，必也狂狷②乎！狂者进取，狷者有所不为也。"

【注】

①中行:合乎中庸之道。刘宝楠《论语正义》卷十六引凌鸣喈《论语解义》:"中行者,依中庸而行也。"与:相与,交往。

②狂:敢作敢为。狷(juàn):不求作为,但也不同流合污。朱熹《论语集注》卷七:"狂者,志极高而行不掩;狷者,知未及而守有余。"

《卫灵公》:子曰:"君子求诸①己,小人求诸人。"

【注】

①求:责求、苛求。《周易·艮卦》:"止求诸身,得其所止。"孔颖达疏:"求,责也。"诸:"之于"的合音。

《卫灵公》:子曰:"躬自厚而薄责于①人,则远怨矣。"

【注】

①躬自:自身。厚:厚责、重责。薄责:轻责、少责。《左传·闵公二年》:"修己而不责人。"

《里仁》:子曰:"放于利而行,多怨①。"

【注】

①放:通"仿",仿照、效法、依照,引申为一味追求。《史记·孟子荀卿列传》:"夫子罕言利者,常防其原也。故曰:'放于利而行,多怨。'"

《宪问》:或曰:"以德报怨①,何如?"子曰:"何以报德? 以直报怨②,以德报德③。"

【注】

①德:恩德、恩惠。怨:仇恨、仇怨。以德报怨:不记别人的仇,反而给

他好处。这话可能是当时的俗语。《道德经》第六十三章:"大小多少,报怨以德。"《道德经》第七十九章:"和大怨,必有余怨,报怨以德,安可以为善。"孔子对"以德报怨"的调和思想不满。

②以直报怨:以公道对待自己怨恨的人。直:公正、正直。

③以德报德:用恩惠报答恩惠。这种做法体现了道德的对等性。

《卫灵公》:子曰:"可与言而不与之言,失人;不可与言而与之言,失言。知①者不失人,亦不失言。"

【注】
①知:通"智"。

《季氏》:孔子曰:"侍于君子有三愆①:言未及之而言谓之躁②,言及之而不言谓之隐③,未见颜色而言谓之瞽④。"

【注】
①愆(qiān):过失、差错、失误。
②躁:浮躁、急躁。
③隐:隐瞒。
④颜色:脸色。瞽(gǔ):本指瞎眼的人,比喻不能察言观色,说话不看时机和对象,就像盲人一样。《荀子·劝学》:"未可与言而言谓之傲,可与言而不言谓之隐,不观气色而言谓之瞽。故君子不傲、不隐、不瞽,谨顺其身。"

《卫灵公》:子曰:"君子不以言举①人,不以人废②言。"

【注】
①以:凭借、依据。举:推举、推荐。
②废:废弃。

《子罕》：子曰："法语之言①，能无从乎？改之为贵。巽与②之言，能无说③乎？绎④之为贵。说而不绎，从而不改，吾末⑤如之何也已矣。"

【注】
①法语之言：正确而合乎原则的话。法：法则、礼法。
②巽（xùn）：通"逊"，谦逊、恭顺。与：赞许、称赞。
③说（yuè）：通"悦"。
④绎：本义是抽丝，引申为探究事理。
⑤末：意思同"未"，表示否定。

《宪问》：子曰："爱之，能勿劳①乎？忠焉②，能勿诲③乎？"

【注】
①劳：操劳、辛劳、勤苦。
②忠：尽心尽力。焉：指示代词，相当于"之"。因为"忠"是不及物动词，不能带直接宾语"之"，所以后面用间接宾语"焉"，而"爱"是及物动词，可以带直接宾语"之"（"之"可以作直接宾语，"焉"不能）。
③诲：教诲、教导。

《述而》：互乡①难与言，童子见，门人惑。子曰："与②其进也，不与其退也，唯何甚③？人洁己以进，与其洁也，不保其往④也。"

【注】
①互乡：地名，具体地址不详。
②与：赞许、赞成、肯定。下同。
③甚：过分。
④保：守。引申为追究、纠缠。往：以往、以前。

《阳货》：孺悲①欲见孔子，孔子辞以疾。将命者出户②，取瑟③而歌，使之闻之。

【注】

①孺悲：鲁国人。鲁哀公曾派孺悲向孔子学习士丧礼，见《礼记·杂记下》："恤由之丧，哀公使孺悲之孔子学《士丧礼》，《士丧礼》于是乎书。"

②将命者：传话的人。将：传。户：门。

③瑟：一种乐器。

《颜渊》：子张问明①。子曰："浸润之谮②，肤受之愬③，不行焉，可谓明也已矣。浸润之谮，肤受之愬，不行焉，可谓远也已矣。"

【注】

①明：看得明、看得清，比喻明白事理。

②浸润之谮(zèn)：比喻暗中诽谤别人的坏话。

③肤受之愬(sù)：指利害切身。肤受：肌肤所受。愬：通"诉"，诽谤、诬告。

《宪问》：子曰："不逆①诈，不亿②不信，抑③亦先觉者，是④贤乎！"

【注】

①逆：预先。

②亿：通"臆"，凭空猜测。

③抑：转折连词，却。

④是：这样的人。

【思考题】

1.孔子关于交友之道的见解有哪些可取之处？

2.请谈谈你对"无友不如己者"的理解。

（十一）论古今人物

《泰伯》:子曰:"大哉尧之为君也! 巍巍①乎! 唯天为大,唯尧则之②。荡荡③乎,民无能名④焉。巍巍乎其有成功也,焕乎其有文章⑤。"

【注】
①巍巍:形容崇高。
②则:效法。之:指天。
③荡荡:广大、广远。
④无能:不能。名:说出。
⑤焕乎:光彩的样子。文章:指礼乐典章制度。

《卫灵公》:子曰:"无为而治者其舜也与①? 夫②何为哉? 恭己正南面③而已矣。"

【注】
①无为:不作过多的人为干预。治:治理。《尚书·武成》"垂拱而天下治"说的也是无为而治。其:大概。也与:语气词,表推测,犹"吧"。
②夫(fú):代词,他。
③恭己:恭谨以律己。南面:古代礼法,王位总是坐北朝南的。《周易·说卦传》:"圣人南面而听天下,向明而治。"《礼记·大传》:"圣人南面而听天下。"

《泰伯》:子曰:"巍巍乎,舜禹①之有天下也而不与焉②!"

【注】
①禹:夏后氏首领,后世尊称为大禹。舜时中国大水,禹治水有功,舜

传位给禹。《左传·昭公元年》记刘定公语:"美哉禹功,明德远矣。微禹,吾其鱼乎!"孟子也盛赞"禹抑洪水,而天下平"(《孟子·滕文公下》)。可见先秦时人对大禹治水之功的赞美。

②与(yù):占有、享受。焉:句末语气词,此处表赞叹。

《泰伯》:子曰:"禹,吾无间然①矣。菲饮食②而致孝乎鬼神,恶衣服而致美乎黻冕③,卑宫室而尽力乎沟洫④。禹,吾无间然矣!"

【注】

①间(jiàn)然:彼此隔阂的样子。这里有非议、异议的意思。

②菲(fěi):菲薄。菲饮食:饮食简陋。

③黻(fú):祭祀用的礼服。冕(miǎn):这里指祭祀用的礼帽。

④卑:指地势低。宫室:房屋。先秦时期,"宫"不限于"宫殿",而是泛指房屋。卑宫室:宫室简陋。沟洫(xù):春秋时期一夫耕田百亩,百亩之间的水沟叫做"沟";百人耕种土地的水沟,叫做"洫";一千人耕种土地的水沟,叫做"浍";一万人耕种土地的水沟,叫做"川"。沟、洫、浍、川,简称"沟洫"。尽力乎沟洫:有人以为指大禹治水,我觉得指的是"禹、稷躬稼"(《宪问》)一事。《尚书·无逸》:"文王卑服,即康功田功。"田功即服田力穑之事,意近"尽力乎沟洫"。这也是儒家推崇的先王之美德。

《微子》:微子去之①,箕子为之奴②,比干谏而死③。孔子曰:"殷有三仁焉。"

【注】

①微子:商纣王的同母兄,名启,采邑在微,被封为子爵,见纣王昏乱而弃商归周,后被周武王封为宋国国君。去:离开。之:代词,指纣王。

②箕子:商纣王的叔父,名胥馀,采邑在箕,子爵,官太师。曾多次劝谏纣王,纣王不听,箕子披发装疯,被纣王拘囚,降为奴隶。武王灭殷后才被释放。

③比干(gān)：商纣王的叔父，官少师，屡次强谏纣王要勤政爱民，后被纣王剖心而死(事见《史记·殷本纪》)。

《子张》：子贡曰："纣①之不善，不如是②之甚也。是以君子恶居下流③，天下之恶皆归焉④。"

【注】

①纣：名辛，史称"帝辛"，"纣"是他的谥号。古代谥法，残忍不义称为"纣"。纣王是上古时期与夏桀齐名的暴君。

②是：代词，指人们传说的这样。

③是以：因此。恶(wù)：讨厌，憎恨。居：处于。下流：即下游，引申为卑下的地位。

④恶(è)：恶名、坏事。焉：于之。

《泰伯》：子曰："泰伯①，其可谓至德②也已矣。三以天下让，民无得而称焉③。"

【注】

①泰伯：也写作"太伯"，周人祖先古公亶父的长子。古公亶父有三个儿子：泰伯、仲雍、季历。古公亶父希望季历的儿子昌(即后来的周文王)将来即位，就想把君位传给季历。泰伯为了满足父亲的心愿，就和仲雍一起逃至勾吴，后来成为吴国的始祖。

②至德：最高的道德。

③民无得而称焉：即"民无能名焉"(《泰伯》)。无得：不能。

《泰伯》：舜有臣五人①而天下治。武王曰："予有乱臣十人②。"孔子曰："才难，不其然乎？唐虞之际③，于斯为盛。有妇人④焉，九人而已。三分天下有其二⑤，以服事殷。周之德，其可谓至德⑥也已矣。"

【注】

①五人：指禹、稷、契（xiè）、皋陶（yáo）、伯益（见朱熹《论语集注》卷四）。

②乱臣：治国之臣。《尚书·泰誓中》："受（指商纣王）有亿兆夷人，离心离德。予有乱臣十人，同心同德。"《说文》："乱，治也。"《尔雅·释诂》同。十人：周公旦、召公奭（shì）、太公望、毕公、荣公、太颠、闳（hóng）夭、散宜生、南宫适和一位妇人邑姜（见朱熹《论语集注》卷四）。

③唐虞之际：尧舜之际。尧号陶唐氏，史称唐尧。舜号有虞氏，史称虞舜。

④妇人：或说是文王之妻太姒，或说是武王之妻邑姜（姜太公之女），后一种说法更近情理。

⑤三分天下有其二：《逸周书·程典解》："文王合九州之侯，奉勤于商。"古代中国号九州，文王得六州，故曰"三分天下有其二"。

⑥至德：最高的道德。

《微子》：周有八士：伯达、伯适、仲突、仲忽、叔夜、叔夏、季随、季骊①。

【注】

①这里的"伯仲叔季"是排行，达、适、突、忽、夜、夏、随、骊（guā）是人名。这八人生平事迹不详。

《公冶长》：子曰："伯夷、叔齐①，不念旧恶②，怨是用希③。"

【注】

①伯夷、叔齐：商朝末年孤竹国（今河北卢龙县一带）国君的两个儿子，劝阻周武王兴兵伐纣；周灭商，二人义不食周粟，最终饿死在首阳山，《史记》第一篇列传就是他们的合传。

②念：记在心上。恶（è）：怨仇、嫌隙。洪应明《菜根谭》："不责人小

过,不发人阴私,不念旧恶。三者可以养德,亦可以远害。"

③是用:因此。希:通"稀",少。

《述而》:冉有曰:"夫子为卫君①乎?"子贡曰:"诺②;吾将问之。"入,曰:"伯夷、叔齐何人也?"曰:"古之贤人也。"曰:"怨乎?"曰:"求仁而得仁③,又何怨?"出,曰:"夫子不为也。"

【注】

①为(wèi):赞成、帮助。卫君:指卫出公蒯辄。他和父亲蒯聩争夺君位,这正好与伯夷、叔齐互相放弃孤竹国国君之位形成了对照。按照儒家的观念,儿子不能与父亲争位,所以孔子不赞成卫出公辄,这跟他赞美伯夷、叔齐的态度也是一致的。

②诺(nuò):应答声。

③求仁而得仁:追求仁德就得到了仁德,比喻理想和愿望实现。

《八佾》:子曰:"管仲之器①小哉!"或曰:"管仲俭②乎?"曰:"管氏有三归③,官事不摄④,焉⑤得俭?""然则管仲知礼乎?"曰:"邦君树塞门⑥,管氏亦树塞门。邦君为两君之好,有反坫⑦,管氏亦有反坫。管氏而⑧知礼,孰不知礼?"

【注】

①管仲:即管夷吾,春秋时期齐国名相,辅佐齐桓公称霸,被齐桓公尊为"仲父"。器:器量、胸襟。司马光《训俭示康》:"管仲镂簋朱纮,山节藻棁,孔子鄙其小器。"

②俭:节俭。《国语·周语中·刘康公论鲁大夫俭与侈》:"宽肃宣惠,君也;敬恪恭俭,臣也。"

③三归:一说为管仲自筑之台的名称,一说为齐桓公赐给管仲的封地名,一说为娶三姓女。《韩非子·外储说左下》则另有解释:"仲相齐,曰:'臣贵矣,然而臣贫。'桓公曰:'使子有三归之家。'"似乎以"三归"指市租(税

收）。杨伯峻《论语译注》也认为指市租。《史记·货殖列传》："管氏亦有三归,位在陪臣,富于列国之君。"《汉书·地理志》:"(管仲)身在陪臣而取三归。"似乎都是指市租。

④摄:兼职、兼任。官事不摄指设置很多专职人员,导致冗员。

⑤焉:哪里,表反问。

⑥邦君:诸侯国的国君。树:树立、建立。塞(sè)门:用来隔开内外视线的屏壁,近于后世所说的"照壁""影壁"。《礼记·郊特牲》"台门而旅树"郑玄注:"天子外屏,诸侯内屏,大夫以帘,士以帷。"可见,管仲树塞门不合礼的要求。

⑦反坫(diàn):坫为土台,建于两楹之间,可以放器物。周代诸侯宴会,主人酌酒进宾,宾受爵,饮毕,置空爵于坫上,称反坫。《礼记·郊特牲》:"反坫,绣黼,丹朱中衣,大夫之僭礼也。"可见,有反坫和树塞门均系国君之礼,管仲不该有而自设,违背了礼,所以孔子批评他"不知礼"。

⑧而:假设连词,如果、若。

《宪问》:子路曰:"桓公杀公子纠,召忽①死之,管仲不死。"曰:"未仁乎?"子曰:"桓公九合诸侯②,不以兵车③,管仲之力④也。如其仁⑤,如其仁。"

【注】

①公子纠,召(shào)忽:齐国内乱,管仲、召忽奉公子纠(齐桓公的哥哥)奔鲁,鲍叔牙奉公子小白奔莒。后公子小白入齐即位,是为齐桓公。公子纠争位失败,齐人逼鲁杀之,召忽自杀殉节。齐人逼鲁囚管仲,送他归齐,管仲后由鲍叔牙推荐当了齐桓公的宰相。

②九合诸侯:多次主持诸侯的会盟。《战国策·齐策四·先生王斗造门而欲见齐宣王》:"昔先君桓公所好者五,九合诸侯,一匡天下,天子受籍,立为大伯。"《韩非子·十过》:"齐桓公九合诸侯,一匡天下,为五伯长,管仲佐之。"九:多次。合:集合、召集。

③以:用。兵车:战车,代指武力。

④力：功劳。《荀子·王霸》也说齐桓公"九合诸侯，一匡天下，为五伯长"，是"知一政于管仲"的结果。

⑤如：就是。孔子称许管仲之仁，是就其对天下的贡献而言的，管仲辅佐齐桓公，不以兵车，"九合诸侯""一匡天下，民到于今受其赐"，可谓仁济天下。

《宪问》：子贡曰："管仲非仁者与①？桓公杀公子纠，不能死，又相之②。"子曰："管仲相桓公，霸③诸侯，一匡④天下，民到于今受其赐⑤。微⑥管仲，吾其被发左衽⑦矣。岂若匹夫匹妇之为谅⑧也，自经于沟渎而莫⑨之知也？"

【注】

①与（yú）：通"欤"。

②又：表示叠加或递进，而且。相（xiàng）：帮助、辅佐。之：指齐桓公。上文"不能死"后面省略了宾语"之"，指"公子纠"。不能死的意思是不能为公子纠而死，这是指责管仲没有像召忽那样殉节。

③霸：称霸。

④一：完全。匡：纠正。《韩非子·难二》："夫一匡天下，九合诸侯，美之大者。"

⑤赐：好处。

⑥微：没有。一般用于和既成事实相反的假设句前面。

⑦其：恐怕、也许。被（pī）：通"披"。披发：头发散开。衽：衣襟。左衽（rèn）：衣襟向左掩。披发左衽：披头散发，衣襟左开，先秦时期这是少数民族的装束，跟华夏族束发、衣服右衽不同。

⑧匹夫匹妇：普通男女。谅：诚信。这里指拘泥小的信义、小的节操。《卫灵公》："子曰：君子贞而不谅。"

⑨自经：自缢，上吊自杀。沟渎（dú）：古时，田间水道称沟，邑间水道称渎。这里指小山沟。莫：无人。

《宪问》:子曰:"晋文公谲①而不正,齐桓公正而不谲。"

【注】

①晋文公:姬姓,名重耳,晋献公之子,春秋时期晋国第二十二任国君(前636年—前628年在位)。齐桓公死后,他成为诸侯中的霸主,与齐桓公并称"齐桓晋文"或"桓文"。谲(jué):欺诈。

《公冶长》:子谓子产①:"有君子之道四焉:其行己也恭②,其事上也敬③,其养民也惠④,其使民也义⑤。"

【注】

①谓:说(用于评论人物)。子产:即郑国大夫公孙侨,字子产,是郑穆公的孙子,公子发之子,担任过正卿(相当于宰相)。他在郑简公、郑定公时执政22年,有过许多改革措施,颇得民众的拥护。

②行己也恭:自己做人很谦恭。

③事上也敬:《国语·晋语一·献公将黜太子申生而立奚齐》:"事君以敬。"上:国君。

④惠:《尚书·皋陶谟》:"安民则惠,黎民怀之。"《里仁》:"小人怀惠。"《阳货》:"惠则足以使人。"《尧曰》:"因民之所利而利之,斯不亦惠而不费乎?"《大戴礼记·曾子制言上》:"夫礼,贵者敬焉,老者孝焉,幼者慈焉,少者友焉,贱者惠焉。"据此,惠的对象或为"民",或为"小人",或为"贱者",都是地位或觉悟不高的人,惠的目的是"使人"。

⑤义:宜。使民也义:意近"使民以时"。

《宪问》:或①问子产。子曰:"惠②人也。"问子西③,曰:"彼哉!彼哉!"问管仲。曰:"人④也。夺伯氏骈邑三百⑤,饭疏食⑥,没齿⑦无怨言。"

【注】

①或:有人。

②惠：孔子说子产"有君子之道四焉"，其一为"其养民也惠"（《公冶长》）。《孟子·滕文公上》："分人以财谓之惠。"

③子西：郑国大夫公孙夏，是子产的同宗兄弟，子产继他而主政郑国。

④人：通"仁"。清人朱彬《经传考证》卷八："孔子于子产称其'惠'，于管仲称其'仁'，观伯氏之没齿无怨，则仲之'仁'可知。"

⑤夺：使……失去。伯氏：或即伯鸡父的后裔，乃齐国的世族，其在齐国的地位和鲁国的季氏、孟氏等三家相近。骈邑：齐国地名，在今山东临朐。伯氏以武功得此地为采邑，食三百家，后因犯罪被管仲没收家财，以疏食为饭。《荀子·仲尼》所言齐桓公给管仲书社三百，"而富人莫之敢距也"，或即指此。三百：即邑民三百家。

⑥饭：动词，吃。疏食：粗糙的食物。

⑦没（mò）齿：老到牙齿都掉没了，指老死。

《公冶长》：子曰："晏平仲①善与人交，久而敬②之。"

【注】

①晏平仲：姓晏，名婴，字仲，夷维（今山东高密）人，齐国大夫，是当时著名政治家。谥号为"平"，故称他为"晏平仲"。

②敬：尊敬。之：指晏平仲。《礼记·曲礼上》："贤者狎而敬之，畏而爱之。"晏平仲正是这样让人敬的贤者。

《公冶长》：子张问曰："令尹子文三仕为令尹①，无喜色②；三已③之，无愠④色。旧令尹之政，必以告新令尹。何如？"子曰："忠矣。"曰："仁矣乎？"曰："未知；——焉得仁⑤？""崔子弑齐君⑥，陈文子有马十乘⑦，弃而违之⑧。至于他邦，则曰：'犹⑨吾大夫崔子也。'违之。之⑩一邦，则又曰：'犹吾大夫崔子也。'违之。何如？"子曰："清矣。"曰："仁矣乎？"曰："未知；——焉得仁？"

【注】

①令尹：楚国的官职名，相当于宰相。子文：姓鬭（dòu），名谷於菟（gòu wū tú），字子文，楚国著名宰相。《国语·楚语下·子常问蓄货聚马鬭且论其必亡》："昔子文三舍令尹，无一日之积。"仕：做官。为：担任。

②色：脸色，表情。

③已：本义是停止，这里的意思是罢免。

④愠（yùn）：怨恨。

⑤未知：不知。焉：哪里、怎么。

⑥崔子：指齐国大夫崔杼（zhù）。弑：古代称大臣杀国君。齐君：指齐庄公姜光，无道之君（事见《史记·齐太公世家》）。

⑦陈文子：齐国大夫，姓陈，名须无，谥"文"。崔杼杀死齐庄公，陈文子离开齐国，两年后返回。乘（shèng）：四匹马拉着一辆车叫做一乘，十乘就是四十匹马。

⑧违：离开。之：此指齐国。

⑨则：就。犹：犹如，好比。

⑩之：到。

《季氏》：齐景公有马千驷①，死之日，民无德②而称焉。伯夷叔齐饿于首阳③之下，民到于今称之。其斯之谓与④？

【注】

①千驷：一千乘车。古代驾二马为骈，驾三马为骖，驾四马为驷。驷就是四匹马的统称。千驷就是四千匹马。

②无德：无得。德：通"得"。《泰伯》："泰伯，其可谓至德也已矣。三以天下让，民无得而称焉。"《子张》："仲尼，日月也，无得而逾焉。"

③首阳：首阳山，在今山西运城。

④其：大概。斯：这。谓：说。与（yú）：通"欤"。

《微子》：逸民①：伯夷、叔齐、虞仲、夷逸、朱张、柳下惠、少连②。子曰:"不降其志,不辱其身③,伯夷、叔齐与④!"谓:"柳下惠、少连,降志辱身⑤矣,言中伦,行中虑⑥,其斯⑦而已矣。"谓:"虞仲、夷逸,隐居放言⑧,身中清,废中权⑨。我则异于是,无可无不可。"

【注】

①逸民:隐逸不仕的人。

②虞仲:有人以为即仲雍,为推辞王位,与泰伯一起隐居荆蛮,见《泰伯》。但杨伯峻、钱穆都以为此说"不可信"。夷逸:见《尸子》卷下,有人劝他做官,他不肯做。朱张:事迹不详。柳下惠:鲁国贤大夫。少连:见《礼记·杂记》,孔子说他善于守孝。

③不降其志:不因志向难以实现而改变志向。不辱其身:不做与自己身份不合的事情。

④与(yú):通"欤"。

⑤降志辱身:降低自己的志向,屈辱自己的身份,指与世俗同流合污。这句是在说柳下惠、少连的反抗不及伯夷、叔齐那么激烈。

⑥中(zhòng):符合、合于。伦:伦理道德。行中虑:有人说,"虑"与"律"通。"律"即"准则、规矩","行中虑"即"行中律",意思是"做事合乎规矩"。

⑦斯:如此。

⑧放言:即"言不中伦"。

⑨废:舍弃。权:权变。《孟子·尽心下》:"执中无权,犹执一也。"《庄子·秋水》:"知道者必达于理,达于理者必明于权,明于权者不以物害己。""身中清"是坚持原则性,"废中权"是说灵活性。"身中清,废中权"即在坚持原则的同时不失灵活性。这是在说虞仲、夷逸不及柳下惠、少连,但仍有其可取之处。

《宪问》:蘧伯玉使人于①孔子。孔子与之坐而问焉,曰:"夫子何为?"对曰:"夫子欲寡其过②而未能也。"使者出。子曰:"使乎! 使乎!"

【注】

①蘧(Qú)伯玉：姓蘧，名瑗，字伯玉，卫国大夫，很有道德修养。相传他"年五十而有四十九所非"（《淮南子·原道训》），是一个善于改过的君子。孔子去卫国时，曾住在他家。使：派。于：到。

②寡：少，减少。过：过错。

《卫灵公》：子曰："直哉史鱼①！邦有道，如矢②；邦无道，如矢。君子哉蘧伯玉！邦有道，则仕；邦无道，则可卷而怀③之。"

【注】

①史鱼：卫国大夫，名䲡(qiū)，字子鱼。卫灵公时任祝史，负责卫国对社稷神的祭祀，故称祝䲡。多次向卫灵公推荐蘧伯玉，未被采纳。临终前再次推荐，古人称之为"尸谏"（参《韩诗外传》卷七）。

②矢：箭，形容正直。

③卷：收。怀：藏，指收藏在心里。

《宪问》：子问公叔文子于公明贾①曰："信乎，夫子②不言，不笑，不取乎？"公明贾对曰："以告者过③也。夫子时④然后言，人不厌其言；乐然后笑，人不厌其笑；义然后取⑤，人不厌其取。"子曰："其然？岂其然乎？"

【注】

①公叔文子：公叔氏，名发，卫国大夫，谥号为"贞惠文子"，省称"文子"，是孔子敬仰的贤人，《礼记·檀弓》载有他的故事。公明贾(gǔ)：姓公明，名贾，卫国人，公叔文子的使臣。

②信：真的、真实。夫子：对公叔文子的敬称。

③以：介词，这里可以译为"因为""由于"。过：过错，指传话传错了。

④时：适时，在合适的时候。

⑤义然后取：即不妄取。《礼记·缁衣》："子曰：私惠不归德，君子不自

留焉。"表达的也是这个意思。

《公冶长》：子曰："孰谓微生高直①？或乞醯焉②，乞诸其③邻而与之。"

【注】

①微生高：复姓微生，名高，或谓即尾生高，春秋时期鲁国人，以直爽、守信著称。

②乞：讨要。醯(xī)：醋。焉：于之。

③乞：求。诸："之于"的合音。其：他的。

《雍也》：子曰："孟之反不伐①，奔而殿②，将入门，策③其马，曰：'非敢后④也，马不进⑤也。'"

【注】

①孟之反：姓孟，名侧，字之反，鲁国大夫。鲁哀公十一年(公元前484年)，齐鲁交战，鲁国右翼军败退，孟之反殿后掩护撤退的鲁军。伐：夸耀功劳。

②奔：败退。殿：行军走在最后。

③策：本意是马鞭，这里作动词用，用鞭子鞭打。

④后：落后。

⑤进：前进。

《子路》：子谓卫公子荆善居室①："始有，曰：'苟②合矣。'少有，曰：'苟完③矣。'富有，曰：'苟美矣。'"

【注】

①公子荆：卫国大夫，字南楚，是卫献公的儿子，故称公子荆。吴国的公子季札曾把他列为卫国的君子(见《左传·襄公二十九年》)。居：积、贮。

室：家产、财产。

②苟：差不多，也算是。

③完：完备。

《公冶长》：子曰："臧文仲①居蔡②，山节藻梲③，何如其知④也？"

【注】

①臧文仲：姓臧孙，名辰，字仲，春秋时鲁国大夫，世袭司寇之职。服事鲁庄公、闵公、僖公、文公四位国君，废除关卡，利于经商。鲁文公十年去世，谥号为"文"，世称臧文仲。

②蔡：蔡龟，一种大龟。龟为灵物，古代常用乌龟壳来占卜吉凶，蔡龟尤为有名。《淮南子·说山训》："大蔡神龟出于沟壑。"高诱注："大蔡，元龟之所出地名，因名其龟为大蔡。"居：居住、房子，这里用作动词，"居蔡"就是为大乌龟盖房子以备占卜之用。《汉书·食货志》："元龟为蔡，非四民所得居。"可见，"居蔡"非臧文仲所当为。

③山节：刻成山形的斗拱。藻梲（zhuō）：画有水藻的梁上短柱。山节藻梲为古代天子的庙饰，大夫不当有此装饰。《礼记·明堂位》："山节藻梲……天子之庙饰也。"《礼记·礼器》："管仲镂簋朱纮，山节藻梲，君子以为滥矣。"

④知（zhì）：通"智"。

《公冶长》：子贡问曰："孔文子①何以谓之'文'也？"子曰："敏而好学②，不耻下问③，是以谓之④'文'也。"

【注】

①孔文子：卫国的执政上卿，姓孔，名圉（yǔ），字仲叔，"子"是对孔圉的尊称，"文"是他的谥号。古代谥法，道德高尚、学识广博为"文"（据《逸周书·谥法解》）。杨伯峻《论语译注》："考孔文子死于鲁哀公十五年，或者在此稍前；孔子卒于十六年夏四月，那么，这次问答一定在鲁哀公十五年到十六年初的一段时间内。"

②敏：聪敏、聪明。一个人天资聪明，后天又勤奋好学，可以想见其未来的成就不低。

③耻：这里是意动用法。不耻下问：不把向学问、地位等不如自己的人请教当成可耻的事。老师向学生请教，家长向孩子请教，大学者向普通人请教，都叫"不耻下问"，这是一个人谦虚好学的表现。孔文子本来就"敏而好学"，再加上"不耻下问"，他学到的知识、懂得的道理自然就更多了。

④是以：因此。之：他，指孔文子。

《公冶长》：季文子三思而后行①。子闻之，曰："再②，斯③可矣！"

【注】

①季文子：鲁国大夫，姓季孙，名行父，"文"是他的谥号，春秋时期鲁国的正卿，公元前601年—前568年执政，卒于鲁襄公五年。《左传·襄公五年》："季文子卒。大夫入敛，公在位。宰庀（pǐ）家器为葬备，无衣帛之妾，无食粟之马，无藏金玉，无重器备。君子是以知季文子之忠于公室也。相三君矣，而无私积，可不谓忠乎？"三：再三，表示多次。

②再：两次。做副词用，后面省略了动词"思"。

③斯：副词，就。

《公冶长》：子曰："宁武子①，邦有道，则知②；邦无道，则愚③。其知可及④也，其愚不可及也。"

【注】

①宁（nìng）武子：卫国大夫，姓宁，名俞，"武"是他的谥号。

②邦有道：国家的政治秩序处在正常状态。知（zhì）：通"智"，下同。

③邦无道：国家的政治秩序处在不正常状态、无序状态。愚：傻，笨。

④及：比得上。

《宪问》:子曰:"孟公绰为赵魏老则优①,不可以为滕薛②大夫。"

【注】

①孟公绰:鲁国大夫,其德为孔子所敬重。老:亦称"室老",是古代对家臣之长的尊称。优:有余力。

②滕薛:当时两个小的诸侯国,都在鲁国附近,是鲁国的附属国。

【思考题】

1.孔子是如何对学生进行历史教育的?

2.孔子对管仲的不同评价是否矛盾? 请说说你的理由。

（十二）论众弟子

《公冶长》：子谓公冶长①："可妻②也。虽在缧绁③之中，非其罪也。"
以其子妻④之。

【注】

①公冶长：复姓公冶，名子长，春秋末期齐国人，一说鲁国人。《论语》
提及一次。孔子弟子、女婿。《大成通志·先贤列传》说他"能通鸟语"。有
一次他听到鸟雀说到清溪边吃死人肉的消息，就告诉了正为儿子下落不
明而哭泣的老太婆，结果被误认为是杀人犯而入狱，幸亏他在狱中听到鸟
雀说河边有粮车翻了，告诉狱卒，果然如此，得以释放。还有一次他听鸟
语而到南山夺得一只老虎咬死的山羊，山羊主人告发他偷羊，导致他被收
监，幸亏他在狱中听到一群小鸟在说齐军即将攻打鲁国的消息，他告诉鲁
人，使鲁人提前做好迎战准备，并打败了齐军，鲁君因此释放了他。这两
次入狱，均"非其罪也"。

②妻（qì）：这里做动词用，把女儿嫁给他为妻。

③缧绁（léi xiè）：捆绑犯人的绳索，这里代指监狱。

④子：这里指女儿。妻（qì）：这里做动词用，以女嫁人。

《公冶长》：子谓南容①："邦有道，不废②；邦无道，免于刑戮③。"以其
兄之子④妻之。

【注】

①南容：南宫适（kuò），复姓南宫，名适，字子容，通称南容。孔子的学
生，春秋末期鲁国人。《论语》提及三次。孔子称赞他是君子，并把自己的
侄女（孟皮之女）嫁给了他。

②邦有道：国家太平。不废：被任用。

③邦无道：国家动乱。免于刑戮：免遭惩罚、杀戮。

④兄：孔子同父异母的哥哥孟皮（字伯尼），有足疾（《孔子家语·本姓解》）。子：女儿。

《先进》：南容三复白圭①，孔子以其兄之子妻之。

【注】

①三复：反复诵读。白圭：《诗经·大雅·抑》："白圭之玷，尚可磨也；斯言之玷，不可为也。"白圭上的斑点可以磨去，但言论上的过失是掩饰不了的。圭：玉制的礼器。南容反复诵读这首诗，是提醒自己要言行谨慎。

《宪问》：南宫适①问于孔子曰："羿善射②，奡荡舟③，俱不得其死然④。禹稷躬稼⑤而有天下⑥。"夫子不答。南宫适出，子曰："君子哉若⑦人！尚德哉若人！"

【注】

①南宫适(kuò)：即南容。

②羿(yì)：夏代有穷国的君主，在太康时代乘夏乱夺取政权，但他不理政事，其国相寒浞(zhuó)命射手逢蒙将他射死。《孟子·离娄下》："逢蒙学射于羿。"可见羿善射。

③奡(ào)：一作"浇"，寒浞的长子，相传力大，能陆地行舟。寒浞杀死后羿，夺取有穷氏政权，后又篡夺夏朝君位，晚年失政，死于少康的复国之战，奡亦被少康所杀。荡舟：拖舟陆行。

④俱：都。不得其死：不能善终。《道德经》第四十二章："强梁者不得其死。"然：语气助词，用于句末，表肯定。

⑤禹：夏朝的祖先。稷(jì)：周朝的祖先。躬：亲身、亲自。

⑥而：却。有天下：禹是自己得天下，稷是后代得天下。

⑦若：代词，这个。

《公冶长》：子谓子贱①："君子哉若②人！鲁无君子者，斯焉取斯③？"

【注】

①子贱：宓(fú)子贱，名不齐，字子贱，孔子的学生，春秋末年鲁国人。少孔子三十岁，《论语》提及一次。曾任单父宰，有"身不下堂而单父治"（《吕氏春秋·察贤》）之誉。孔子说，子贱治理的地方太小，应该让他治理更大的地方(《史记·仲尼弟子列传》)。

②若：代词，此，这。

③斯：这个人，指子贱。焉：于何，从何人。取：取得、获得。斯：指君子的美德。

《公冶长》：子贡问曰："赐也何如①？"子曰："女③，器也。"曰："何器也？"曰："瑚琏③也。"

【注】

①何如：如何、怎样。

②女(rǔ)：通"汝"，你。

③瑚琏(hú liǎn)：古代宗庙祭祀时盛放黍稷的重要礼器，夏朝叫"瑚"，殷朝叫"琏"。后世常用"瑚琏之器"来比喻一个人有治国的才能。

《宪问》：子贡方①人，子曰："赐也贤②乎哉？夫我则不暇③。"

【注】

①方：通"谤"，指责。孔子曾称子贡为"多言者"（《左传·定公十五年》)。《史记·仲尼弟子列传》："(子贡)不能匿人之过。"

②贤：胜过，比别人强。

③夫(fú)：发语词。暇：空闲。

《公冶长》：子贡曰："我不欲人之加诸①我也，吾亦欲无加诸人。"子曰:"赐②也,非尔③所及也。"

【注】

①诸:"之于"的合音。

②赐:端木赐,即子贡。

③尔:你。

《先进》:柴①也愚,参也鲁②,师也辟③,由也喭④。

【注】

①柴:高柴,字子羔,春秋末期齐国人("高氏之别族"),少孔子三十岁,《论语》提及两次。"少居鲁,见知名于孔子之门,仕为武城宰。"(《孔子家语·七十二弟子解》)后来,他和子路同时在卫国从政,卫国发生政变,他及时逃出,并劝子路不要回宫,但子路忠于职守,回宫遇害。孔子听说卫乱,就预言子羔可以生还,子路难以幸免,结果不出所料。孔子称赞子羔:"善为吏者树德,不善为吏者树怨。"(《说苑·至公》)

②参:曾参,字子舆。鲁:朴鲁少文,缺乏口才。

③师:颛孙师,字子张。辟(pì):通"僻",偏激。

④由:仲由,字子路。喭(yàn):粗鲁、莽撞。

《先进》:子路使子羔为费宰①,子曰:"贼夫人②之子。"子路曰:"有民人焉③,有社稷④焉,何必读书,然后为学⑤?"子曰:"是故恶⑥夫佞者。"

【注】

①费(Bì):季氏采邑,在今山东费县西南。费宰相当于一个县长。

②贼:害。夫(fú):指示代词,那个,下同。

③民人:百姓。焉:相当于"于是"。

④社稷:土地神和谷神,古代常用作国家政权的象征,这里代指土地。

⑤为学:唐文治《论语大义定本》卷十一:"民,庶民;人,庶人在官者。

社,土神;稷,谷神","子路之意,言治,事神,皆所以为学。"

⑥是故:因此,所以。恶(wù):讨厌。

《公冶长》:子使漆雕开①仕。对曰:"吾斯之未能信②。"子说③。

【注】

①漆雕开:春秋末期鲁国人,复姓漆雕,名开,字子开,又字子若,少孔子十一岁。《论语》提及一次。他为人谦和而有自尊,博览群书,不愿出仕,在孔门中以德行著称。《韩非子·显学》把他列为儒家八派之一(漆雕氏之儒),说明他的学问自成一家,且颇有影响。

②吾斯之未能信:"吾未能信斯"的倒装。斯:代指做官的事。信:相信、自信。

③说(yuè):通"悦"。

《公冶长》:孟武伯①问:"子路仁乎?"子曰:"不知也。"又问。子曰:"由②也,千乘之国③,可使治其赋④也,不知其仁也。""求⑤也何如?"子曰:"求也,千室之邑⑥,百乘之家⑦,可使为之宰⑧也,不知其仁也。""赤⑨也何如?"子曰:"赤也,束带立于朝,可使与宾客言也⑩,不知其仁也。"

【注】

①孟武伯:鲁国孟孙氏第十代宗主,谥号"武",是孟懿子的儿子。见《为政》"孟武伯问孝"。

②由:即仲由,字子路,颇有政治才干。

③千乘(shèng)之国:拥有一千辆兵车的国家,春秋时指中等诸侯国(如鲁国)。《礼记·明堂位》:"成王以周公为有勋劳于天下,是以封周公于曲阜,地方七百里,革车千乘,命鲁公世世祀周公天以子之礼乐。"

④治:管理。治赋:管理兵役。这里的赋指军赋,跟后世的田税不同。子路侍坐时所言"千乘之国,摄乎大国之间,加之以师旅,因之以饥馑,由也为之"(《先进》),可做"治赋"的注脚。

⑤求：即冉求，字子有，通称冉有。他长于政事，曾为季康子宰臣，且长于军事，曾以步兵执长矛的突击战术打败了入侵鲁国的齐军。

⑥千室之邑：上千户人家住的地方，形容地方大。《左传·庄公二十八年》："凡邑，有宗庙先君之主曰都，无曰邑。邑曰筑，都曰城。"

⑦百乘之家：拥有百乘兵车的大夫封地。

⑧宰：总管，既可以指邑宰，也可以指家臣。千室之邑，百乘之家，可使为之宰：冉求侍坐时所言"方六七十，如五六十，求也为之，比及三年，可使足民"（《先进》），可做此句的注脚。

⑨赤：即公西赤，复姓公西，名赤，字子华，通称公西华，长于外交。

⑩束带：整理衣服，扎好衣带，指穿上礼服去上朝。束带立于朝，可使与宾客言也：公西华侍坐时所言"宗庙之事，如会同，端章甫，愿为小相"（《先进》），可做此句的注脚。

《雍也》：季康子①问："仲由可使从政也与②？"子曰："由也果，于从政乎何有③？"曰："赐也可使从政也与？"曰："赐也达④，于从政乎何有？"曰："求也可使从政也与？"曰："求也艺⑤，于从政乎何有？"

【注】

①季康子：季桓子之子，公元前492年继其父担任鲁国正卿。孔子的弟子冉求曾帮助他推行革新。

②仲由：即子路。与(yú)：通"欤"。

③何有：有何困难。

④赐：端木赐，即子贡。达：通达。

⑤求：即冉求。艺：才能。

《先进》：季子然①问："仲由、冉求可谓大臣与②？"子曰："吾以子为异之问③，曾④由与求之问。所谓大臣者，以道事君，不可则止。今由与求也，可谓具臣⑤矣。"曰："然则从之者与？"子曰："弑父与君，亦不从也。"

【注】

①季子然:鲁国季氏的同族人,因为季氏任用子路、冉有为臣,季子然向孔子提出了这一问题。

②与(yú):通"欤",表疑问。下同。

③异之问:问的是别人。

④曾(zēng):乃、原来是。

⑤具臣:有做官的才能。具:才具、才能。孔子曾称"由也果""求也艺",说他们二人都有从政的才能(见上一章)。

《雍也》:子曰:"回也,其心三月不违仁^①,其余则日月至^②焉而已矣。"

【注】

①三月:泛指较长的时间。其心三月不违仁:即"君子无终食之间违仁"之意。

②日月:一天、一月,泛指较短的时间,偶尔。至:达到、做到。焉:之,指仁德。

《雍也》:哀公^①问:"弟子孰^②为好学?"孔子对曰:"有颜回者好学,不迁怒^③,不贰过^④。不幸短命死矣。今也则亡^⑤,未闻好学者也。"

【注】

①哀公:鲁哀公。

②孰:谁。

③迁怒:自己犯了过错,却把怒气发泄到别人身上。迁:转移、迁移。陆桴亭《思辨录》:"不迁怒正颜子正心功夫到处。凡心最忌有所,有所便不正。迁怒即所谓有所忿懥也。喜怒哀乐者,惟怒最易有所。故颜子不迁怒,孔子称之以为难。"

④贰过:犯过的错第二次又犯,即两次犯同样的错。贰:再一次、重

复。"不贰过"是说颜回有知过必改的品行。《周易·系辞下》记载孔子的话："颜氏之子,其殆庶几乎? 有不善未尝不知,知之未尝复行也。"意思是颜回能自知不善的苗头,一知不善,便不重犯。

⑤亡(wú):通"无"。《先进》有与本章类似的记载:"季康子问:'弟子孰为好学?'孔子对曰:'有颜回者好学,不幸短命死矣,今也则亡。'"

《雍也》:子曰:"贤哉,回也! 一箪食,一瓢饮①,在陋巷②,人不堪其忧③,回也不改其乐。贤哉,回也!"

【注】

①一箪食,一瓢饮:形容贫穷的生活(颜回29岁就"发尽白",跟生活贫寒有关)。箪(dān):古代盛饭用的圆形竹器,类似今天的竹筒。饮:指水。

②陋巷:形容居住的地方不好。

③堪:忍受。忧:愁苦。《孟子·离娄下》:"颜子当乱世,居于陋巷。一箪食,一瓢饮。人不堪其忧,颜子不改其乐,孔子贤之。"

《子罕》:子曰:"语之而不惰①者,其回也与②!"

【注】

①语(yù):说。惰:松懈,。

②其:表示揣测,大概、也许。与(yú):通"欤",语气助词。

《子罕》:子谓颜渊,曰:"惜乎! 吾见其进也,未见其止也①。"

【注】

①进:进步。止:停止。

《先进》:子曰:"回也其庶①乎,屡空②。赐不受命,而货殖③焉,亿则屡中④。"

【注】

①庶:庶几,差不多。

②空:指贫困。

③货殖:做买卖、经商。殖:生。

④亿:通"臆",估计、猜测。中(zhòng):正中、猜中。

《公冶长》:子谓子贡曰:"女与回也孰愈^①?"对曰:"赐也何敢望回^②?回也闻一以知十,赐也闻一以知二^③。"子曰:"弗如也,吾与女弗^④如也。"

【注】

①女(rǔ):通"汝",你。回:颜回。孰:谁。愈:超过、胜过;更好、更强。

②赐:端木赐,即子贡。望:比得上。

③以:而。闻一以知十:说明颜回善于类推。子贡因论贫富而悟诗(见《学而》),为"闻一以知二"。

④弗如:不及。《淮南子·人间训》:"人或问孔子曰:'颜回何如人也?'曰:'仁人也,丘弗如也。'"

《先进》:子曰:"回也,非助我者也。于吾言无所不说^①。"

【注】

①说:通"悦"。

《为政》:子曰:"吾与回言终日,不违^①,如愚。退而省^②其私,亦足以发^③,回也不愚。"

【注】

①违:违背。

②省(xǐng):省察。

③发：阐发、发明。这里可以解释为"领悟、明白"。

《述而》：子谓颜渊曰："用之则行①，舍之则藏②，惟我与尔有是夫③！"子路曰："子行三军④，则谁与⑤？"子曰："暴虎冯河⑥，死而无悔者，吾不与也。必也临事而惧⑦，好谋而成⑧者也。"

【注】

①行：出来做官。

②舍：舍弃、不用。藏：本义是隐藏，这里指隐居、隐退。

③夫（fú）：叹词，吧。

④行：指挥、统帅。三军：春秋时期不少诸侯国（包括鲁国）改革军制，将全国军队分为三军，或曰上中下，或曰左中右。《左传·襄公十一年》："春，季武子将作三军……正月，作三军，三分公室而各有其一。"

⑤与：同，共事。

⑥暴：徒手搏击、空手搏斗。暴虎：空手搏虎。冯（píng）：通"凭"；冯河：徒步过河，不用船、木筏之类的工具。暴虎冯河：比喻有勇无谋，鲁莽冒险。《诗经·小雅·小旻（mín）》："不敢暴虎，不敢冯河；人知其一，莫知其他。"

⑦临事：遇事。而：就。惧：戒惧、戒备。临事而惧：形容做事小心谨慎。

⑧好谋而成：认真谋划，争取成功。这是主张勇敢与谨慎、计谋结合起来，反对有勇无谋的匹夫之勇。《道德经》第七十三章："勇于敢则杀，勇于不敢则活。此两者，或利或害。"老子区分了两种勇敢。孔子说的"临事而惧，好谋而成"接近老子说的"勇于不敢则活"（《道德经》第七十三章），这符合孔子"恶勇而无礼者，恶果敢而窒者"（《阳货》）的思想。

《公冶长》：子曰："道①不行，乘桴②浮于海。从③我者，其由与④？"子路闻之喜。子曰："由也好勇⑤过我，无所取材⑥。"

【注】

①道：指孔子的主张、思想。

②桴(fú)：木筏。

③从：跟从，跟随。

④其：语助词，表示揣测。大概、可能。由：即仲由(子路)。与(yú)：通"欤"。

⑤好勇：《史记·仲尼弟子列传》："(子路)性鄙，好勇力。"

⑥无所取材：这是批评子路好勇而不好谋。

《先进》：闵子侍侧①，訚訚②如也；子路，行行③如也；冉有、子贡，侃侃④如也。子乐。"若由也，不得其死然⑤。"

【注】

①闵子：即闵子骞，后人敬称"子"。侍侧：陪在老师身边。

②訚訚(yín)：和悦而能中正直言。季氏想让闵子骞担任费宰，闵子骞辞谢："善为我辞焉！如有复我者，则吾必在汶上矣。"(《雍也》)可以想见其言之"訚訚"。

③行行(hàng)：形容性格刚强勇猛。子路曰："子行三军，则谁与？"(《述而》)孔子曰："道不行，乘桴浮于海。从我者，其由与？"子路闻之喜(《公冶长》)。可以想见其"行行如也"。

④侃侃：形容非常健谈的样子。叔孙武叔毁仲尼，叔孙武叔、陈子禽皆以为"子贡贤于仲尼"，子贡为师辩护，譬之宫墙、日月(《子张》)，可以想见其言之"侃侃"。

⑤若：至于。由：仲由(子路)。不得其死：不能正常死亡。然：句末语气词，用法同"焉"。

《子罕》：子曰："衣敝缊袍①，与衣狐貉②者立，而不耻者，其由也与③？'不忮不求，何用不臧④？'"子路终身诵⑤之。子曰："是道也，何足以臧？"

【注】

①衣(yì)：动词，穿。敝：破旧。缊(yùn)：乱麻、旧绵絮。袍：上身穿

的总称为衣。长的叫袍,短的叫襦,罩衣叫衫,单衣"有里曰复",复就是人们常说的夹衣。在表和里之间填充有绵或者乱麻、芦花等物的衣,长的也叫袍(参《战国史话》P366)。

②狐貉(hé):似狸,毛皮珍贵。(北宋)邢昺《论语注疏》卷九:"缊袍,衣之贱者;狐貉,裘之贵者。"《礼记·玉藻》:"士不衣狐白。"《春秋繁露·服制》:"百工商贾不敢服狐貉。"狐貉是地位尊贵的人穿的衣服。

③也与:语气词,表推测,犹"吧"。

④《诗经·邶风·雄雉》:"百尔君子,不知德行。不忮不求,何用不臧。"忮(zhì):嫉妒别人。求:贪求财物。不忮不求:指不妒忌,不贪得无厌。何用:何行,什么行为。臧:好、善。

⑤诵:诵读。

《雍也》:冉求曰:"非不说①子之道,力不足也。"子曰:"力不足者,中道而废②。今女画③。"

【注】

①说(yuè):通"悦",喜欢。

②中道:中途。废:废止、停止。《礼记·中庸》:"君子遵道而行,半涂而废,吾弗能已矣。"

③女(rǔ):通"汝",你。画:画地自限,止而不进。

《先进》:子路问:"闻斯行诸①?"子曰:"有父兄在②,如之何其闻斯行之?"冉有问:"闻斯行诸?"子曰:"闻斯行之。"公西华曰:"由也问闻斯行诸,子曰,'有父兄在';求也问闻斯行诸,子曰,'闻斯行之'。赤也惑,敢③问。"子曰:"求也退④,故进之;由也兼人⑤,故退之。"

【注】

①闻:听到。斯:就。诸:"之乎"二字的合音。

②有父兄在:《礼记·曲礼上》:"父母存,不许友以死。"《礼记·檀弓

上》:"未仕者,不敢税人;如税人,则以父兄之命。"

③敢:谦辞,表示冒昧地请教别人。

④退:畏缩不前。《雍也》:"冉求曰:'非不说子之道,力不足也。'子曰:'力不足者,中道而废。今女画。'"可见冉求性格稳重,但未免显得畏畏缩缩,所以孔子对其多加鼓励。

⑤兼人:勇猛过人,一个人顶得上两个人。《雍也》:"由也果。"《里仁》:"子路有闻,未之能行,唯恐有闻。"可见子路是个行动派,做事果断,但未免性格急躁,所以需要提醒他冷静。

《公冶长》:或①曰:"雍②也仁而不佞。"子曰:"焉用佞③? 御人以口给④,屡憎于⑤人,不知其仁,焉用佞?"

【注】

①或:不定代词,有的人。

②雍:即冉雍,字仲弓。

③焉:哪里,表反问。佞(nìng):能说会道,巧言善辩。焉用佞:可以借用《道德经》第八十一章的话来解释其原因:"善者不辩,辩者不善。"在辩证法的使用上面,孔子与老子常常异曲同工。

④御:抵抗;反驳。口给(jǐ):这里指言语敏捷、嘴巴厉害。

⑤屡:多次。憎:憎恶、厌恶。于:被。

《雍也》:子曰:"雍也可使南面①。"

【注】

①使:让,后面省略"之"字。南面:脸朝南(古代以坐北朝南为尊位),这里用作动词。

《雍也》:子谓仲弓①,曰:"犁牛之子骍且角②,虽欲勿用,山川其舍诸③?"

【注】

①仲弓：即冉雍，"生于不肖之父，以德行著名"（《孔子家语·七十二弟子解》）。

②犁牛：犁田的牛，即耕牛，地位比祭祀用的牺牛低，这是因为犁牛毛色驳杂不纯，牛角也不一定周正，不能用来祭祀。《公羊传·文公十三年》："鲁祭周公何以为牲？周公用白牲，鲁公用骍犅，群公不毛。"骍（xīng）：赤色。周代以赤色为贵，祭祀要用赤色的牛。角：指两角长得周正。犁牛之子骍且角：指杂色牛生下纯赤色、角周正的小牛。

③山川：山川之神。其：难道，表反问。诸："之乎"的合音。

《雍也》：仲弓问子桑伯子①。子曰："可也简②。"仲弓曰："居敬而行简③，以临④其民，不亦可乎？居简而行简，无乃大简乎⑤？"子曰："雍之言然⑥。"

【注】

①子桑伯子：人名，具体情况不详。从"居敬而行简，以临其民"一句来看，他似乎从政过。

②简：简单，不繁琐。《礼记·乐记》："大乐必易，大礼必简。"

③居：居心。行：行为。

④临：治理。

⑤无乃……乎：古代汉语里的固定结构，表示委婉的疑问语气，对某种情况加以揣测。大（tài）：通"太"。

⑥然：对、正确。

《公冶长》：宰予①昼寝。子曰："朽木②不可雕也，粪土之墙不可杇③也；于予与何诛④？"子曰："始吾于人也，听其言而信其行；今吾于人也，听其言而观其行⑤。于予与改是⑥。"

【注】

①宰予：即宰我，名予，字子我。

②朽木:烂木头。《抱朴子外篇·博喻》:"朽烂之材,不受雕镂之饰。"

③杇(wū):同"圬",本指用灰泥抹墙的工具,俗称"抹子",这里作动词用,指粉刷墙壁。

④于:对于。与(yú):通"欤",语气词,这里表停顿。下同。予:宰予。诛:责备、指责。

⑤听其言而观其行:墨子、韩非子也有类似的话:"圣人听其言,迹其行,察其所能而慎予官"(《墨子·尚贤中》)、"明主听其言必责其用,观其行必求其功,然则虚旧之学不谈,矜诬之行不饰矣"(《韩非子·六反》)。这些都是先秦哲人从历史和现实中总结出来的人生教训,对我们很有启发。

⑥与(yú):通"欤",语气词,这里表停顿。是:代词,此,这。这里指代观察人的方法。

《先进》:子曰:"孝哉,闵子骞。人不间①于其父母昆弟②之言。"

【注】
①间(jiàn):挑剔,找毛病。
②昆弟:兄弟。昆:兄。

《先进》:鲁人为长府①,闵子骞曰:"仍旧贯②,如之何?何必改作?"子曰:"夫人③不言,言必有中③。"

【注】
①鲁人:可能指鲁国的当权者季氏。为:制造,此处意为改建、翻修(即下文的"改作")。长(cháng)府:鲁国国库名,一说宫室名,王夫之《四书稗疏》则释"为长府"是改铸长钱。

②仍:因袭,依照。贯:习惯的办法。季氏驱逐昭公之后,厌恶他曾经占据长府攻打自己,就让鲁人改作长府,使此后的鲁君再也不能凭借它来对付自己,闵子骞针对季氏此举,力主"仁在旧贯,改作不仁"。

③夫(fú):指示代词,那(个)。夫人,这里指闵子骞。

④中(zhòng)：说话说到点子上。《晏子春秋·内篇·问上》："言不中不言。"

《先进》：子贡问："师与商也孰①贤？"子曰："师也过，商也不及②。"曰："然则师愈与③？"子曰："过犹不及④。"

【注】

①师：颛孙师，字子张。商：卜商，字子夏。二人都是孔子的学生。孰：谁。

②过：过分。不及：达不到。

③然：这样。则：那么。愈：胜过、超过。与(yú)：通"欤"，语气助词，表疑问。

④过犹不及：做事过头如同做得不够，都是不好的。犹：如同。《礼记·中庸》："知者过之，愚者不及也"，"贤者过之，不肖者不及也"。

《先进》：子曰："从我于陈、蔡①者，皆不及门②也。德行③：颜渊、闵子骞、冉伯牛、仲弓。言语④：宰我、子贡。政事⑤：冉有、季路。文学⑥：子游、子夏。"

【注】

①陈、蔡：均为诸侯国国名。陈国妫姓，蔡国姬姓，后皆为楚所灭。

②门：这里指受教的场所。不及门：不在跟前受教。

③德行：指能实行忠恕孝悌仁爱的道德。《孟子·公孙丑上》："子夏、子游、子张皆有圣人之一体，冉牛、闵子、颜渊则具体而微""冉牛、闵子、颜渊善言德行"。冉、闵、颜皆以德行著称，游、夏则以文学著名。

④言语：这里指政治方面的言论，尤其是使命应对、外交辞令，不是指日常生活语言。《孟子·公孙丑上》："宰我、子贡善为说辞。"

⑤政事：指从事具体的行政工作，如军事、财政。《论语》中常常冉有、季路一并提及，这是因为二人在政事方面能力出色。

⑥文学：人们所谈论的用文字书写出来的一切知识学问，相当于现在

说的"学术"。《墨子·非命中》:"凡出言谈、由文学之为道也,则不可而不先立义法。""文学"与"言谈"并提,与《论语》用法类似,可见先秦时期的"文学"观念与今不同。《韩非子·显学》未列子游、子夏,但《荀子·非十二子》有"子夏氏之儒""子游氏之儒"。子游、子夏均善"文学",子游早卒,孔门传承文学主要出于子夏之门,司马迁说子夏在孔子去世后"居西河教授,为魏文侯师"(《史记·仲尼弟子列传》),"田子方、段干木、吴起、禽滑(gǔ)釐(xī)之属,皆受业于子夏之伦,为王者师"(《史记·儒林列传》),章学诚甚至认为荀子、庄子"皆子夏氏门人"(《校雠通义》卷三),李学勤考证《上博战国楚竹书》中的《诗论》出自子夏之手。

《雍也》:子谓子夏曰:"女为①君子儒②,无为小人儒。"

【注】
①女(rǔ):通"汝",你。为:做。
②君子儒:即通晓周礼典章制度,道德高尚的儒者,反之即小人儒。《荀子·非儒》:"因人之家以为翠,恃人之野以为樽。富人有丧,乃大悦喜曰:此衣食之端也。"小人儒大概就是这类货色。

《公冶长》:子曰:"吾未见刚①者。"或②对曰:"申枨③。"子曰:"枨也欲④,焉得⑤刚?"

【注】
①刚:刚强。孔子尚刚,然不废柔,观"夫子温、良、恭、俭、让"(《学而》)可知。
②或:从"对曰"来看,这里的"或"当指学生或者晚辈。
③申枨(chéng):郑玄以为是孔子弟子申续,司马贞《史记索隐》认为即申堂(棠),"以枨、堂声相近也",但朱彝尊《孔子弟子考》认为申堂与申枨是两个人。
④欲:欲望多,形容贪婪。孔子批评多欲,是因为贪欲不利于"道"。

《礼记·乐记》:"君子乐得其道,小人乐得其欲。"

　　⑤焉:哪里。焉得:怎能。最后两句包含着"无欲则刚"的道理。

【思考题】

1.孔子对颜回和子贡有何不同评价?

2.孔子对子路是如何评价的?

3.孔子对学生的评价体现了怎样的教育思想、教学风格?

【附录一】

孔子及其弟子年谱

一岁　公元前551年　周灵王二十一年　鲁襄公二十二年

夏历八月廿七日（公历9月28日），孔子生于鲁国陬（zōu）邑昌平乡（今山东省曲阜市尼山附近），祖先为宋国人。因父母曾为生子而祷于尼丘山，故名丘，字仲尼（《孔子家语·本姓解》）。仲是指他在兄弟中排行第二。孔子有一同父异母的兄长孟皮，孟皮有足疾（跛子）。

二岁　公元前550年　周灵王二十二年　鲁襄公二十三年

孔子在鲁。

三岁　公元前549年　周灵公二十三年　鲁襄公二十四年

孔子父亲叔梁纥（hé）去世，葬于防（在今曲阜市东）。

孔母颜徵在携孔子移居曲阜之阙里（亦称阙党），孤儿寡母，生活艰难。

颜姓为曲阜大族，孔子弟子中多颜氏，皆鲁人，属"仲尼母族"。

四岁　公元前548年　周灵王二十四年　鲁襄公二十五年

孔子在鲁。

五月，齐大夫崔杼杀齐庄公，立其弟，是为齐景公。

五岁　公元前547年　周灵王二十五年　鲁襄公二十六年

孔子在鲁。

孔子弟子秦商生,商字不慈,鲁国人。"少孔子四岁,其父堇父,与孔子父叔梁纥俱力闻"(《孔子家语·七十二弟子解》)。

六岁　公元前546年　周灵王二十六年　鲁襄公二十七年

孔子自幼好礼,"常陈俎豆,设礼容"(《史记·孔子世家》)。

弟子颜繇、曾点生。繇字季路,为颜渊之父。点字皙,曾参之父。他们都是鲁国人,属于孔子的早期弟子。

七岁　公元前545年　周灵王二十七年　鲁襄公二十八年

孔子在鲁。

周灵王泄心死。子贵立,是为周景王。

八岁　公元前544年　周景王元年　鲁襄公二十九年

孔子在鲁。

吴公子季札聘鲁,请观周乐,中有《韶乐》《武乐》。

弟子冉耕生。耕字伯牛,鲁国人。

九岁　公元前543年　周景王二年　鲁襄公三十年

孔子在鲁。

此年郑国子产执政,郑国大治。后来孔子对子产评价很高(《左传·襄公三十一年》:"人谓子产不仁,吾不信也")。

十岁　公元前542年　周景王三年　鲁襄公三十一年

孔子在鲁。

鲁襄公午死,其子裯(chóu)继位,是为鲁昭公。

弟子仲由生。由字子路,鲁国卞(今山东平邑县东北仲村)人。

十一岁　公元前541年　周景王四年　鲁昭公元年

孔子在鲁。

十二岁　公元前540年　周景王五年　鲁昭公二年

孔子在鲁。

春,晋侯使韩宣子(韩起)聘鲁,观书于太史氏,见《易象》与《鲁春秋》,叹曰:"周礼尽在鲁矣""吾乃今知周公之德与周之所以王也"(《左传·昭公二年》)。

弟子漆雕开生。开字子若,蔡人。

十三岁　公元前539年　周景王六年　鲁昭公三年

孔子在鲁。

十四岁　公元前538年　周景王七年　鲁昭公四年

孔子在鲁。

十五岁　公元前537年　周景王八年　鲁昭公五年

孔子在鲁。

孔子说:"吾十有五而志于学。"(《为政》)孔子童年虽然生活艰苦,但很早就立志求学,终成一代大师。

十六岁　公元前536年　周景王九年　鲁昭公六年

孔子在鲁。

弟子闵损生。损字子骞,鲁国人。

十七岁　公元前535年　周景王十年　鲁昭公七年

孔子在鲁。

母颜徵在卒于孔子十七岁之前。殡于五父之衢。后孔子得知父墓，乃合葬于防。

季氏（季平子）飨士，孔子欲往，被季氏家臣阳虎拒之门外："季氏飨士，非敢飨子也。"（《史记·孔子世家》）。

十一月，鲁执政季武子卒，平子代立。

十八岁　公元前534年　周景王十一年　鲁昭公八年

孔子在鲁。

传说孔子身长九尺六寸，世人皆以"长人"称之（《史记·孔子世家》）。

十九岁　公元前533年　周景王十二年　鲁昭公九年

孔子娶宋人亓（qí）官氏之女为妻（《孔子家语·本姓解》）。

二十岁　公元前532年　周景王十三年　鲁昭公十年

孔子生子。"鲁昭公以鲤鱼赐孔子"（《孔子家语·本姓解》），孔子因此给儿子取名鲤，字伯鱼。

孔子开始任委吏（古代管理粮仓的小官）。

二十一岁　公元前531年　周景王十四年　鲁昭公十一年

孔子改任乘田吏（管理牛羊畜牧的小官）。孟子说："孔子尝为委吏矣，曰：'会计当而已矣。'尝为乘田矣，曰：'牛羊茁壮长而已矣。'"（《孟子·万章下》）孔子说："吾少也贱，故多能鄙事""吾不试，故艺"（《子罕》），当指此。

二十二岁　公元前530年　周景王十五年　鲁昭公十二年

孔子在鲁。

春,季氏家臣南蒯据费地叛,费人逐之,南蒯奔齐。

二十三岁　公元前529年　周景王十六年　鲁昭公十三年

孔子在鲁。

二十四岁　公元前528年　周景王十七年　鲁昭公十四年

孔子在鲁。

二十五岁　公元前527年　周景王十八年　鲁昭公十五年

孔子在鲁。

二十六岁　公元前526年　周景王十九年　鲁昭公十六年

孔子在鲁。

二十七岁　公元前525年　周景王二十年　鲁昭公十七年

孔子在鲁。

郯(Tán)子朝鲁,孔子向郯子请教古代官制。孔子告人曰:"吾闻之,天子失官,学在四夷,犹信。"(《左传·昭公十七年》)

二十八岁　公元前524年　周景王二十一年　鲁昭公十八年

孔子在鲁。

二十九岁　公元前523年　周景王二十二年　鲁昭公十九年

孔子在鲁。

孔子学琴于师襄子，"而谕文王之志，见微以知明矣"（《淮南子·主术训》）。

弟子冉雍生。雍字仲弓，鲁国人。

三十岁　公元前522年　周景王二十三年　鲁昭公二十年

孔子自称"三十而立"（《为政》）。

卫齐豹杀孟絷，宗鲁死之，琴张将往吊。仲尼曰："齐豹之盗而孟絷之贼，女何吊焉？"（《左传·昭公二十年》）琴张乃孔子弟子，此时已从孔子游，知孔子三十岁前后即授徒设教。在最早的弟子中，比较知名的有颜路（颜回的父亲）、曾点（曾参的父亲）、子路等人。

弟子颜回、冉求生。回字渊，求字子有，皆鲁国人。

是年齐景公与晏婴访鲁。齐景公会见孔子，与孔子讨论秦穆公何以称霸的问题，孔子答曰："国虽小，其志大；处虽辟，行中正。"（《史记·孔子世家》）。

子产卒。孔子称其为"古之遗爱也"（《左传·昭公二十年》）。

三十一岁　公元前521年　周景王二十四年　鲁昭公二十一年

孔子在鲁。

弟子巫马施、高柴、宓不齐生。施字子期，陈国人；柴字子高，齐国人；不齐字子贱，鲁国人。

三十二岁　公元前520年　周景王二十五年　鲁昭公二十二年

孔子在鲁。

四月，周景王贵卒，子猛立，即周悼王。王子朝杀悼王自立，晋人攻之，立景王另一子匄，是为周敬王。

弟子端木赐生。赐字子贡,卫国人。

三十三岁　公元前519年　周敬王元年　鲁昭公二十三年

孔子在鲁。

弟子公冶长生。名子长,名芝,齐国人,一说鲁国人。

三十四岁　公元前518年　周敬王二年　鲁昭公二十四年

鲁大夫孟僖子病将死,嘱其二子孟懿子与南宫敬叔向孔子学礼。二子正式从学当在其后。《左传》记鲁大夫孟僖子病将死之事于昭公七年,但孟僖子死于昭公二十四年。《史记》据此记二子学礼于孔子为孔子十七岁时之事,误。

孔子带着南宫敬叔"适周问礼"(《史记·孔子世家》),向东周王室的史官学习周礼,可能发生在这一年。《礼记·曾子问》载:"孔子曰:昔者吾从老聃助葬于巷党,及堩,日有食之。"阎若璩曰:"惟昭公二十四年夏五月乙未朔,有食之,见《春秋》,此即孔子从老聃问礼时也。"(《先圣生卒年月考》)《孔子家语·观周解》云:"至周问礼于老聃,访乐于(苌)弘。"《礼记·乐记》载孔子与宾牟贾言:"吾闻诸苌弘。"

孔子自周返鲁,"弟子稍益进焉"(《史记·孔子世家》)。

三十五岁　公元前517年　周敬王三年　鲁昭公二十五年

鲁昭公帅师攻伐季孙氏,季孙、叔孙、孟孙三家联合反抗,昭公败,九月奔齐(《史记·孔子世家》)。齐景公晤昭公于野井,昭公以遇礼相见,孔子曰:"其礼与其辞足观矣。"(《公羊传·昭公二十五年》)

是年冬,孔子因鲁乱适齐,途经泰山,有"苛政猛于虎"之叹(《礼记·檀弓下》)。到齐国后,为高昭子(高张)家臣,借以进见齐景公。

冬,齐取鲁之郓邑,使昭公居之。

三十六岁　公元前516年　周敬王四年　鲁昭公二十六年

孔子在齐闻《韶》,三月不知肉味。

齐景公问政于孔子,孔子对曰:"君君,臣臣,父父,子子。"他日,复问政于孔子,孔子对曰:"政在节财。"齐景公欲以尼谿田封孔子,因晏婴阻挠,没有成功(《史记·孔子世家》)。

是年,鲁昭公自齐居郓(郓原是鲁地,上年齐为昭公攻取)。

三十七岁　公元前515年　周敬王五年　鲁昭公二十七年

孔子在齐。齐景公对孔子说:"吾老矣,弗能用也。"孔子自齐返鲁(《史记·孔子世家》)。因为走得急,孔子竟然"接淅而行"(《孟子·万章下》)。

吴公子季札聘齐,其子死,葬于嬴、博(临近鲁境之齐地)之间。孔子自鲁往观其葬礼,曰:"延陵季子,吴之习于礼者也。"(《礼记·檀弓下》)

弟子樊须、原宪生。须字子迟,鲁人;宪字子思,宋人。

三十八岁　公元前514年　周敬王六年　鲁昭公二十八年

孔子在鲁。

鲁昭公至晋,居乾侯(晋邑,今河北磁县境)。

晋灭祁氏、羊舌氏,魏献子(魏舒)执政,举贤才不论亲疏。孔子称之为义举:"近不失亲,远不失举,可谓义矣。"(《左传·昭公二十八年》)

三十九岁　公元前513年　周敬王七年　鲁昭公二十九年

孔子在鲁。

是年冬,晋范宣子铸刑鼎,孔子曰:"晋其亡乎,失其度矣。"(《左传·昭公二十九年》)因为孔子认为百姓可以借此与贵者争,导致贱不尊贵、贵不守业,取消了贵贱等级,国将不国。

四十岁　公元前512年　周敬王八年　鲁昭公三十年

孔子在鲁。

孔子自称"四十而不惑"。

弟子澹台灭明生。灭明字子羽,鲁之武城人。

四十一岁　公元前511年　周敬王九年　鲁昭公三十一年

孔子在鲁。

鲁昭公久在乾侯,晋侯欲送昭公回国,鲁之季孙意如(季平子)来迎,昭公不敢返鲁。

弟子陈亢生。亢字子禽,陈国人。

四十二岁　公元前510年　周敬王十年　鲁昭公三十二年

冬,鲁昭公卒于乾侯。季孙氏立昭公弟公子宋,是为鲁定公。

吴伐越,堕会稽,得"骨节专车",问于孔子(《史记·孔子世家》)。

四十三岁　公元前509年　周敬王十一年　鲁定公元年

夏,昭公灵柩自乾侯归葬鲁,昭公弟公子宋即位,是为鲁定公。

弟子公西赤生。赤字子华,鲁国人。

四十四岁　公元前508年　周敬王十二年　鲁定公二年

孔子在鲁。

四十五岁　公元前507年　周敬王十三年　鲁定公三年

孔子在鲁。

邾庄公卒,邾隐公即位,将冠,使人问冠礼于孔子。

弟子卜商生。商字子夏,卫国人。孔子死后,他在西河讲学,时间长达六七十年,影响很大。

四十六岁　公元前506年　周敬王十四年　鲁定公四年

孔子在鲁。

孔子观鲁桓公庙宥坐之欹器,告弟子以"持满之道":"聪明圣知,守之以愚;功被天下,守之以让;勇力抚世,守之以怯;富有四海,守之以谦。此所谓挹而损之之道也。"(《荀子·宥坐》)

弟子言偃生。偃字子游,吴国人。

四十七岁　公元前505年　周敬王十五年　鲁定公五年

孔子在鲁。

六月,鲁国季孙意如(季平子)卒。九月,其家臣阳虎囚其子季孙斯(季桓子)而专鲁政,孔子称之为"陪臣执国命"(《季氏》)。

季桓子穿井得土缶,中若羊,问仲尼云"得狗"。仲尼曰:"以丘所闻,羊也。丘闻之,木石之怪夔、罔阆,水之怪龙、罔象,土之怪坟羊。"(《史记·孔子世家》)

弟子曾参、颜幸生。参字子舆,鲁国南武城人(今山东平邑县附近);幸字子柳,鲁国人。

四十八岁　公元前504年　周敬王十六年　鲁定公六年

孔子在鲁。

阳虎盟定公及三桓于周社,盟国人于亳社,"诅于五父之衢"(《左传·定公六年》)。

阳虎欲见孔子,孔子不见,于是馈孔子豚,欲待孔子拜谢时见孔子。孔子不欲见,趁阳虎出门而往谢,二人在路上不期而遇。阳虎劝孔子出仕,孔子口头答应,终不仕(《阳货》)。

四十九岁　公元前503年　周敬王十七年　鲁定公七年

孔子在鲁。

二月,齐将郓、阳关二地归还鲁国,阳虎据为己有。

弟子颛孙师生。师字子张,陈人。

五十岁　公元前502年　周敬王十八年　鲁定公八年

孔子在鲁。自谓"五十而知天命"。

冬,阳虎欲去"三桓",谋杀季氏(季桓子)未遂,为公敛处父所败,乃退守阳关叛鲁。

阳虎叛乱前夕,同党公山弗扰欲据费邑以叛,使人召孔子,孔子欲往,因子路反对而未成行。

五十一岁　公元前501年　周敬王十九年　鲁定公九年

孔子在鲁。

六月,鲁伐阳虎。阳虎奔齐,旋逃亡宋国,最后逃至晋国,投赵简子(《史记·鲁世家》)。孔子闻阳虎适赵,曰:"赵氏其世有乱乎!"(《左传·定公九年》)

孔子初仕,任中都(今山东汶上县西)宰,卓有政绩,"四方皆则之"(《史记·孔子世家》)。任上,孔子制定了"养生送死之节",如"长幼异食,强弱异任"等。孔子任中都宰,鲁定公曾经问孔子:"学子此法以治鲁国,何如?"孔子对曰:"虽天下可乎! 何但鲁国而已哉!"(《孔子家语·相鲁》)

五十二岁　公元前500年　周敬王二十年　鲁定公十年

孔子在鲁。"孔子之仕于鲁也,鲁人猎较,孔子亦猎较""孔子先簿正祭器,不以四方之食供簿正"(《孟子·万章下》)。

孔子由中都宰升司空,"别五土之性,而物各得其所生之宜,咸得厥所"(《孔子家语·相鲁》)。

又为大司寇。孔子至是始为卿职。《韩诗外传》卷八载其命辞："宋公之子,弗甫何孙,鲁孔丘,命尔为司寇。"《淮南子·泰族训》:"孔子为鲁司寇,道不拾遗,市买不豫贾,田渔皆让长,而班白不戴负,非法之所能致也。"

夏,齐与鲁媾和,鲁定公与齐景公在夹谷(今山东莱芜市南)会盟。三家惧齐,不敢行,乃以孔子当其冲,故孔子以大司寇身份摄行相礼。齐欲劫持定公,孔子以礼斥之。齐君惧,遂定盟约。齐归所侵鲁之郓、讙、龟阴之田(即汶阳之田),以谢过(《谷梁传·定公十年》)。

五十三岁　公元前499年　周敬王二十一年　鲁定公十一年

孔子为鲁大司寇,狱讼不专断而能从众议(《孔子家语·好生》),鲁国大治。"初,鲁之贩羊有沈犹氏者,常朝饮其羊以诈市人;有公慎氏者,妻淫不制;有慎溃氏,奢侈逾法;鲁之鬻六畜者,饰之以储价。及孔子之为政也,则沈犹氏不敢朝饮其羊,公慎氏出其妻,慎溃氏越境而徙,三月,则鬻牛马者不储价,卖羊豚者不加饰。男女行者别其涂,道不拾遗,男尚忠信,女尚贞顺。四方客至于邑,不求有司,皆如归焉。"(《孔子家语·相鲁》)

五十四岁　公元前498年　周敬王二十二年　鲁定公十二年

孔子为鲁国大司寇,子路为季氏宰。"季氏使闵子骞为费宰"(《雍也》)"子路使子羔为费宰"(《先进》),约发生在此事后。

孔子任鲁国大司寇时,冉伯牛曾为中都宰。伯牛有疾,孔子亲自前去探望,握着他的手,悲痛异常。

孔子将堕三都。先堕郈(今山东东平南)、费(今山东费县北)。堕成(今山东宁阳东北),弗克。

冬,鲁国大治,齐畏鲁强,欲败其政,乃选美女十六人,并文马三十驷馈鲁君。鲁国君臣荒于女色,多日不听朝政(《史记·孔子世家》)。

五十五岁　公元前497年　周敬王二十三年　鲁定公十三年

春祭，鲁不按礼制送膰肉于孔子，孔子遂去鲁适卫，开始十四年周游列国的经历。子贡、子路、冉求等从游。

孔子去鲁，"不税冕而行"（《孟子·告子下》），连礼帽都来不及脱，在国境上略作停留，曰："迟迟吾行也，去父母国之道也。"（《孟子·万章下》）

到卫国后，居住在子路妻兄颜浊邹家（《孟子·万章上》）。

五十六岁　公元前496前　周敬王二十四年　鲁定公十四年

春，孔子去卫适陈，弟子颜刻驾车。路过匡地（今河南长垣县西南），匡人误认孔子为阳虎（因阳虎曾欺压匡人，孔子貌似阳虎），围困了孔子一行，孔子仍"弦歌不辍"（《庄子·秋水》）。匡人知非阳虎，"请辞而退"（《庄子·秋水》）。后经蒲地（亦在长垣县境），适逢公叔氏起事，被蒲人所围。孔子弟子公良孺以私车五乘与蒲人斗，蒲人惧，放其行。孔子改变计划，返回卫国，改住蘧伯玉家。子路任蒲邑宰，其他学生也多仕于卫。

晋佛肸（bì xī）以中牟叛，时孔子在匡、蒲途中。佛肸召孔子，孔子欲往，但终未行，返卫。

五十七岁　公元前495年　周敬王二十五年　鲁定公十五年

孔子在卫。始见卫灵公，且出仕。灵公问孔子："居鲁得禄几何？"对曰："俸粟六万。"卫人亦致粟六万。（《论语·孔子世家》）

孔子见南子，子路不悦。

春，郏隐公来朝鲁，子贡观礼，言鲁君先亡。夏五月，鲁定公卒。孔子曰："赐不幸言而中。"（《孔子家语·辩物》）

五十八岁　公元前494年　周敬王二十六年　鲁哀公元年

孔子在卫。过蒲，观子路之善政（《韩诗外传》卷六）。

正月，鲁定公子蒋立，是为鲁哀公。

五十九岁　公元前493年　周敬王二十七年　鲁哀公二年

孔子在卫。

卫灵公问陈于孔子。孔子说:"俎豆之事,则尝闻之矣;军旅之事,未之学也。"(《卫灵公》)

夏,卫灵公卒,立蒯聩之子辄,是为卫出公(亦称孝公)。

卫国因为君位问题引发内乱,晋、齐介入。卫灵公的太子蒯聩因不满南子的行为,想杀死她未能成功,出奔晋,投靠赵鞅。蒯聩之子辄即位,赵鞅帮助蒯聩回国争夺君位,将其安置在晋、卫边境的戚地。这时齐国帮助辄,包围了戚地。是年秋,孔子去卫如曹适宋。适宋途中,曾与弟子习礼于檀树之下,宋司马桓魋(tuí)欲害孔子,派人把大树砍掉。《孟子·万章上》:"孔子不悦于鲁、卫,遭宋桓司马将要而杀之,微服而过宋。"

孔子逃到郑国,郑国没有接待他。在郑国都城,与弟子失散,独自在东门等候弟子,被人嘲笑为"丧家之犬",孔子笑曰:"然哉,然哉!"(《史记·孔子世家》)

六十岁　公元前492年　周敬王二十八年　鲁哀公三年

孔子过郑适陈,住在司城贞子家,并通过他向国君陈侯周(陈潜公越)推荐,获得了一个有名无实的职位。

夏五月,闻鲁宫火,曰:"其桓、僖乎!"后被证实,这使得陈潜公十分敬服。孔子还辨认出一支古箭为肃慎氏贡矢,并讲了它和陈国始祖的关系,这使得陈国君臣更加敬佩孔子(《史记·孔子世家》)。

秋,鲁国季桓子病,懊悔未能重用孔子,临死前嘱其子季康子召回孔子以相鲁。后来由于公之鱼的阻拦,季康子改召孔子弟子冉求。冉求将行,孔子说:"鲁人召求,非小用之,将大用之也。"(《史记·孔子世家》)是年,孔子已经六十岁,思归鲁:"归与! 归与! 吾党之小子狂简,斐然成章,不知所以裁之。"(《公冶长》)。

孔子曾说:"六十而耳顺。"

六十一岁　公元前491年　周敬王二十九年　鲁哀公四年

孔子在陈。

六十二岁　公元前490年　周敬王三十年　鲁哀公五年

孔子在陈。

六十三岁　公元前489年　周敬王三十一年　鲁哀公六年

孔子在陈。

是年吴伐陈，楚来救，陈国大乱。孔子避兵离陈，过蔡，欲赴楚，在陈、蔡间被困，绝粮七日，弟子饥馁，孔子仍弦歌不辍。

孔子"自蔡如叶"（《史记·孔子世家》），与叶公见面。叶公问政，孔子说："近者说，远者来。"（《子路》）叶公问孔子于子路，子路未答，孔子说："女奚不曰：其为人也，发愤忘食，乐以忘忧，不知老之将至云尔。"（《述而》）

孔子"将之荆，盖先之以子夏，又申之以冉有"（《礼记·檀弓上》）。楚昭王欲重用孔子，使使奉币来聘，将以书社地七百里封孔子，由于楚令尹子西的阻拦，此议遂止（《史记·孔子世家》）。

秋七月，楚昭王卒。先，楚昭王有疾，群臣为他占卜，认为是黄河作怪，楚昭王坚决不让祭祀，孔子闻曰："楚昭王知大道矣！其不失国也，宜哉！"（《左传·哀公六年》）

奔走途中，孔子遇隐者接舆、长沮、桀溺、荷蓧丈人等隐士，"欲与之言，趋而去，弗得与之言"（《史记·孔子世家》）。

卫国政局渐趋安定，孔门弟子多仕于卫，要求孔子返卫。孔子由叶地直接返回卫国。

六十四岁　公元前488年　周敬王三十二年　鲁哀公七年

孔子在卫。主张在卫国为政先要正名，这不仅是为了解决卫国出公与其父争夺君位的问题,也是为了维护周礼、巩固宗法制度。

吴太嚭召季康子,季康子使子贡辞(这时子贡已为鲁大夫)。

六十五岁　公元前487年　周敬王三十三年　鲁哀公八年

孔子在卫。

三月,吴国攻鲁,次于泗上。鲁人欲用勇士准备夜袭吴王住处,"有若与焉"(《左传·哀公八年》)。鲁与吴盟,吴师还。

是年,闵子骞去世。

六十六岁　公元前486年　周敬王三十四年　鲁哀公九年

孔子在卫。

六十七岁　公元前485年　周敬王三十五年　鲁哀公十年

孔子在卫。

孔子夫人亓官氏卒。

六十八岁　公元前484年　周敬王三十六年　鲁哀公十一年

孔子在卫,孔文子将攻太叔疾,问策于孔子,孔子止之。

春,齐师伐鲁,孔子弟子冉有为季氏将左师,以樊迟年少而能"用命"(服从命令),请他担任自己的车右,与齐军战于鲁郊,取得了胜利。冉有用矛对付齐军,最终攻入齐军,孔子赞之曰:"义也。"(《左传·哀公十一年》)在这次战斗中,处于右师的鲁国贵族公叔禺人和邻童汪踦英勇战死。按古代礼制,安葬未成年人只能用规格较低的殇礼,但鲁国对公叔禺人和汪踦都按成人丧礼安葬。孔子肯定了这种做法,认为汪踦也是为国而死,理应受到其他死难者的同等待遇,不必受古礼局限(《礼记·檀弓下》)。

夏,吴、鲁联合伐齐,战于艾陵,大败齐师。艾陵之战前,子贡至鲁。

冉有荐孔子于季氏。季康子派人以币迎孔子归鲁,孔子结束周游列

国十四年的生活(《史记·孔子世家》)。"孔子明王道,干七十余君,莫能用。"(《史记·十二诸侯年表》)

孔子返鲁,鲁人尊孔子以"国老"。鲁哀公问政,孔子曰:"政在选臣。"(《史记·孔子世家》)季康子问政,孔子曰:"政者,正也。"(《颜渊》)

季氏欲行"田赋"(改按田亩征税),使冉有访诸孔子,孔子不对,而私下里对冉有说:"君子之行也,度于礼,施取其厚,事举其中,敛从其薄,如是则以丘亦足矣。"(《左传·哀公十一年》)

孔子返鲁,鲁终不用孔子,孔子亦不求仕,专心从事文献整理和教育事业,删《诗》《书》,定《礼》《乐》,修《春秋》,聚徒授业,"弟子弥众,至自远方,莫不受业焉"(《史记·孔子世家》)。有若、曾参、言偃、卜商、颛孙师皆从之学。

六十九岁　公元前483年　周敬王三十七年　鲁哀公十二年

孔子在鲁。

春,鲁用田赋。

夏五月,鲁昭公夫人孟子卒,孔子往吊(《左传·哀公十二年》)。

鲁哀公与吴人会,吴太宰嚭请求重温过去的盟约(鲁哀公七年鄫之盟)。哀公不欲,使子贡辞之。秋,卫国国君与吴人会见,吴人围住卫君,子贡见吴太宰嚭,吴释卫君之围。

冬十二月,蝗虫成灾,季氏问诸孔子。孔子根据天象,认为不是自然界反常,而是司历者算错时间(《左传·哀公十二年》)。

七十岁　公元前482年　周敬王三十八年　鲁哀公十三年

孔子在鲁。

哀公问政于孔子,孔子对曰:"政之急者,莫大乎使民富且寿也","省力役,薄赋敛,则民富矣;敦礼教,远罪疾,则民寿矣"(《孔子家语·贤君》)。

孔子子伯鱼卒。孔子孙孔伋(jí)约生于此年。伋字子思,曾子的学生,孟子是其再传弟子。子思被后世尊为"述圣",孟子被后世尊为

"亚圣"。

孔子晚而好《易》，"读《易》，韦编三绝"（《史记·孔子世家》）。

孔子说："七十而从心所欲，不逾矩。"（《为政》）

七十一岁　公元前481年　周敬王三十九年　鲁哀公十四年

孔子在鲁，作《春秋》。春，鲁人西狩获麟，子曰："吾道穷矣！"（《公羊传·哀公十四年》）于是绝笔。

颜回去世，享年四十一岁，孔子哭之恸，曰："噫！天丧予！天丧予！"（《先进》）

司马牛奔齐，又奔吴，后卒于鲁郭门之外。

小邾国的射来献句绎，季康子使冉有谓子路与射盟，子路辞。

六月，齐国陈成子（陈恒）弑简公（壬），孔子劝鲁哀公及三桓讨之，不果。在齐国这次政变中，孔子弟子宰我死于难。

秋八月，孟懿子卒。

七十二岁　公元前480年　周敬王四十年　鲁哀公十五年

孔子在鲁。

冬，卫国发生政变。蒯聩以孔伯姬（孔悝之母）为内应，潜入孔悝府中，劫持孔悝盟誓，立自己为国君，逐其子（卫出公），是为卫庄公。子路时为孔悝宰，死于难，高柴逃出。孔子闻卫乱，曰："柴也其来，由也死矣。"（《左传·哀公十五年》）哭子路于中庭。"既哭，进使者而问故。使者曰：'醢之矣。'遂命覆醢。"（《礼记·檀弓上》）

冬，子服景伯前往齐国，子贡为介。

七十三岁　公元前479年　周敬王四十一年　鲁哀公十六年

夏历二月十一日（公历3月4日）孔子寝疾七日而殁。死前，负手曳杖，消摇于门，歌曰："泰山其颓乎！梁木其坏乎！哲人其萎乎！"（《礼记·檀弓上》）

孔子死后,葬于曲阜城北泗水之南。不少弟子为之守墓三年,唯子贡守墓六年(《孟子·滕文公上》)。弟子及鲁人往从墓而家者百有余室,因名孔里(即今日孔林所在地)。后人又把孔子的住房和讲堂以及弟子宿舍改为孔庙,用以纪念孔子并收藏孔子遗物。孔子的后代则另择住处,后来演变成孔府。

鲁哀公诔之曰:"旻天不吊,不慭遗一老,俾屏余一人以在位,茕茕余在疚,呜呼哀哉!尼父!无自律。"子贡曰:"生不能用,死而诔之,非礼也。称一人,非名也。君两失之。"

孔子死后,"七十子之徒散游诸侯,大者为师傅卿相,小者友教士大夫,或隐而不见。"(《史记·儒林列传》)鲁地诸儒继续从事儒学活动,至汉二百余年而不绝。"高皇帝诛项籍,引兵围鲁,鲁中诸儒尚讲诵习礼,弦歌之音不绝。"(《汉书·儒林传》)司马迁"适鲁,观仲尼庙堂车服礼器,诸生以时习礼其家"(《史记·孔子世家》),可见其盛况。

公元前472年　周元王五年　鲁哀公二十三年

春,宋景公的母亲景曹去世,季康子派冉有去吊唁且送葬。

公元前470年　周元王七年　鲁哀公二十五年

孔子去世九年之后,公冶长去世,享年五十岁。

公元前468年　周贞定王元年　鲁哀公二十七年

季康子参加平阳之盟,病之,言及子贡:"若在此,吾不及此夫!"(《左传·哀公二十七年》)。前年,卫出公自城鉏使人以弓问子贡,问:"吾其入乎?"子贡稽首受弓,对曰:"臣不识也。"(《左传·哀公二十六年》)

公元前456年　周贞定王十三年　鲁悼公十一年

子贡去世,享年六十五岁。

公元前443年　周贞定王二十六年　鲁悼公二十四年

子游去世。

公元前435年　周考王六年　鲁悼公三十二年

曾子去世,享年七十一岁。

公元前420年　周威烈王六年　鲁元公九年

子夏终老西河,享年八十七岁(一说卒于公元前400年)。

【附录二】

《史记·孔子世家》①

　　孔子生鲁昌平乡陬邑②。其先宋人也,曰孔防叔③。防叔生伯夏,伯夏生叔梁纥④。纥与颜氏女⑤野合而生孔子,祷于尼丘得孔子⑥。鲁襄公二十二年而孔子生⑦。生而首上圩顶⑧,故因名曰丘云⑨。字仲尼,姓孔氏。⑩

　　丘生而叔梁纥死⑪,葬于防山⑫。防山在鲁东,由是孔子疑其父墓处,

---

　　①司马迁《太史公自序》述其作《孔子世家》的缘由:"周室既衰,诸侯恣行。仲尼悼礼废乐崩,追修经术,以达王道,匡乱世反之于正,见其文辞,为天下制仪法,垂六艺之统纪于后世。"《孔子世家》述孔子生平,有些细节不大清楚,后人有很多考证,如宋人胡仔的《孔子编年》、元人程复心的《孔子论语年谱》、明人夏洪基的《孔子年谱纲目》、清人江永的《孔子年谱辑证》、崔述的《洙泗考信录》、狄子奇的《孔子编年》、郑环的《孔子世家考》、林春溥的《孔子世家补订》、近人叶瀚的《孔子世家笺注》、钱穆的《孔子传》等。

　　②陬邑:孔子父叔梁纥所治之邑,在今山东曲阜东南邹城。"陬"也写作"郰"或"鄹"。

　　③宋国司马孔父嘉的曾孙,孔子的曾祖父。畏华氏之逼,由宋奔鲁。

　　④《左传·襄公十七年》作"陬叔纥"。叔梁其字,纥其名。纥是壮武之义,梁者强梁,与名相应。叔梁纥是名字连称,和孔父嘉是一样的叫法——名嘉,字孔父(先秦时期名与字并言者,皆先字而后名)。叔梁纥曾为陬邑大夫(宰)。据孙诒让《周礼正义》考证,当时大夫(宰)分两种,一种是有"采邑"的,"子孙世守之",一种是无邑而只有"禄田"的,"仅食其田之租税而不得主其邑",且不能"世守"而传之子孙。叔梁纥属后者,所以他死后,孔子与母亲生活穷困。

　　⑤颜氏女:指颜氏小女颜徵在。

　　⑥《孔子家语·本姓解》:"私祷尼丘之山以祈焉。"尼丘山后世多称尼山,是为了避孔丘讳。

　　⑦《公羊传》:"襄公二十一年十有一月庚子,孔子生。"

　　⑧圩(wéi)顶:头顶中间低而四周高。

　　⑨《孔子家语·本姓解》则说是因孔子父母曾为生子而祷于尼丘山,故名其子为丘,字仲尼。

　　⑩孔子姓子(他是宋潘公的代代,宋国是子姓),孔是他的氏。司马迁说孔子"姓孔氏",是混姓与氏而言之。

　　⑪《孔子家语·本姓解》云孔子生三岁而叔梁纥死。

　　⑫防山:在今曲阜市东二十五里,也叫笔架山。

母讳之也。孔子为儿嬉戏，常陈俎豆，设礼容①。孔子母死，乃殡五父之衢②，盖其慎也。郰人挽父之母诲孔子父墓③，然后往合葬于防焉④。

孔子要绖⑤，季氏飨士，孔子与往⑥。阳虎绌曰⑦："季氏飨士，非敢飨子也。"孔子由是退⑧。

孔子年十七，鲁大夫孟釐子病且死⑨，诫其嗣⑩懿子曰："孔丘，圣人之后⑪，灭于宋。其祖弗父何始有宋而嗣让厉公⑫。及正考父，佐戴、武、宣公，三命兹益恭⑬，故鼎铭云：'一命而偻，再命而伛，三命而俯⑭。循墙而走⑮，亦莫敢余侮⑯。饘于是，粥于是⑰，以糊余口。'其恭如是。吾闻圣人之

---

①俎豆：古代祭祀时放祭品的方形、圆形器具。礼容：礼制仪容。设礼容：仿照祭礼，行跪拜之礼。

②殡：停放灵柩。五父之衢：名叫五父的路口，在曲阜东。衢：四通八达的道路。

③挽父：丧车执绋者。盖其人亲预叔梁纥之丧事，故知其葬地。挽父之母：挽车车夫之母。诲：告诉、指点。

④《礼记·檀弓上》："孔子少孤，不知其墓。殡于五父之衢。人之见之者，皆以为葬也。其慎也，盖殡也，问于郰曼父之母，然后得合葬于防。"《礼记·檀弓上》孔颖达注疏："郰曼父之母素与孔子母相善，见孔子殡母于外，怪问孔子，孔子因其所怪，遂问郰曼父之母，始知父墓所在，然后得以父母尸柩合葬于防。"

⑤要：通"腰"。绖（dié）：系在腰间的麻带。要绖：腰上缠着服丧的麻带，这是古代的一种丧服制度。

⑥飨：宴请。与往：和别人一同前往。

⑦阳虎：一名阳货，季氏家臣。绌：贬损、斥退。

⑧服丧期间，不食酒肉，孔子知礼，应该不会赴宴，所以清人崔述《洙泗考信录》卷一怀疑司马迁这个记载。

⑨孟釐子：鲁国贵族仲孙貜，《左传》作"孟僖子"。孟僖子病在鲁昭公七年，卒于鲁昭公二十四年二月，其时孔子年三十五，《史记》此处有错漏。

⑩诫：嘱告、嘱咐。嗣：继承人。

⑪圣人指商汤。宋国始祖微子为商纣王的庶兄，是商朝开国君主汤的后裔。

⑫弗父何：宋湣公的嫡长子，依法当为国君，后让位给弟弟（即后来的宋厉公）。事见《史记·宋微子世家》。

⑬指正考父虽为三朝重臣，却越发谦恭。正考父为弗父何的曾孙。据说《诗经》中的《商颂》是他整理的。《国语·鲁语下·闵马父笑子服景伯》："昔正考父校商之名《颂》十二篇于周太师。"

⑭这三句皆形容正考父恭敬貌。鼎铭指鼎上所铸的文字。

⑮循墙而走：不敢安行。循：沿着。

⑯莫：没人。侮：欺侮。

⑰这两句说的是正考父的俭朴。饘（zhān）：厚曰饘，稀曰粥。于是：在这个鼎中。

后，虽不当世，必有达者①。今孔丘年少好礼，其达者欤？吾即没，若必师之②。"及釐子卒，懿子与鲁人③南宫敬叔往学礼焉。是岁，季武子卒，平子代立。

孔子贫且贱④。及长，尝为季氏史，料量平⑤；尝为司职吏而畜蕃息⑥。由是为司空⑦。已而去⑧鲁，斥乎⑨齐，逐乎宋、卫，困于陈、蔡之间，于是反⑩鲁。孔子长九尺有六寸⑪，人皆谓之"长人"⑫而异⑬之。鲁复善待，由是反鲁。

鲁南宫敬叔言鲁君⑭曰："请与孔子适⑮周。"鲁君与之一乘⑯车，两马，一竖子俱⑰，适周问礼，盖见老子云⑱。辞去，而老子送之曰："吾闻富贵者送人以财，仁人者送人以言。吾不能富贵⑲，窃⑳仁人之号，送子以言，曰：

---

①当世：当权。达者：显贵的人。《左传·昭公七年》："圣人有明德者，若不当世，其后必有达人。"

②即：如果。若：你。

③据《左传》《世本》，南宫敬叔与孟懿子皆孟釐子之子，不当再说"鲁人"。

④贫且贱：《论语·子罕》："吾少也贱。"

⑤季氏史：《孟子·万章下》作"委吏"，管理仓库的小官。料量：计算。平：公平准确。

⑥司职吏：《孟子·万章下》作"乘田"，管理牛羊的小官。畜：牲畜。蕃息：繁殖兴旺。

⑦司空：六卿之一，主管建筑工程、车服器械。

⑧已而：不久。去：离开。

⑨乎：在。

⑩反：通"返"，返回。

⑪有：通"又"。《孔子家语·本姓解》说叔梁纥"身长十尺（合2.31米），武力绝伦"。孔子的身高可能是遗传。另据《史记·孔子世家》记载，孔子的七世孙，孔鲋的弟弟子襄（即孔腾），"长九尺六寸"，和孔子一样高，估计，孔子家族有个子高的基因。

⑫《路史·后纪》引《世本》："仲尼坏顶，反首张面，四十有九表，堤眉谷窍，参臂骈胁，腰大十围，长九尺六寸，时谓长人。"《荀子·非相》："仲尼长，子弓短。"

⑬异：意动用法，以……为异。

⑭鲁君：指鲁昭公。

⑮适：往、到。

⑯一乘（shèng）：周代一车四马为一乘。

⑰竖子：童仆。俱：同行，一起去。

⑱孔子何时适周见老子，诸说歧异，以《庄子·天运篇》"孔子年五十一，南见老聃"较为接近事实。

⑲不能富贵：不擅长致富显贵。

⑳窃：冒充。此处为谦辞。

'聪明深察而近于死者,好议人者也。博辩广大危其身者,发人之恶者也。为人子者毋以有己,为人臣者毋以有己①。'"孔子自周反于鲁,弟子稍益进②焉。

是时也,晋平公淫,六卿擅权③,东伐诸侯;楚灵王兵强,陵轹中国④;齐大⑤而近于鲁。鲁小弱,附于楚则晋怒;附于晋则楚来伐;不备⑥于齐,齐师侵鲁⑦。

鲁昭公之二十年⑧,而孔子盖年三十矣。齐景公与晏婴来适鲁⑨,景公问孔子曰:"昔秦穆公国小处辟⑩,其霸何也?"对曰:"秦,国虽小,其志大;处虽辟,行中正⑪。身举五羖⑫,爵之大夫,起累绁⑬之中,与语三日,授之以政。以此取之,虽王⑭可也,其霸小矣。"景公说⑮。

孔子年三十五,而季平子与郈昭伯以斗鸡故得罪鲁昭公,昭公率师击平子,平子与孟氏、叔孙氏三家共攻昭公,昭公师败,奔于齐,齐处昭公乾

---

①这几句的意思是:聪颖明察的人容易死亡,是因为他好议论别人。博学善辩的人危害到自身,是因为他好揭发他人坏事。作为子女在父辈面前不要总是突出自己,作为臣下不要总在君王面前抬高自己。

②稍:渐渐。益进:增多。

③六卿:晋国六家大夫,指范氏、中行氏、智氏、韩氏、魏氏、赵氏。擅权:专权。

④陵轹(lì):通"凌轹",欺压。中国:中原地区。

⑤大:强大。

⑥备:防备。

⑦《国语·鲁语》载鲁大夫叔孙穆子的感叹:"今我小侯也,处大国之间,缮贡赋以共从者,犹惧有讨。"这话颇能说明当时鲁国的两难处境。

⑧鲁昭公之二十年:指公元前522年。

⑨适:到。崔述《洙泗考信录》:"齐君如鲁,史未有不书者,而《春秋》经传皆无之。且使果有此事,孔子当述周公明王道以告之,岂得盛推秦穆乎?又按《左传》,是年齐侯疥,遂痁,期年而不瘳,至十二月始小愈,而田于沛,未几,返于遄台,此何暇远涉于鲁境耶?"

⑩辟:通"僻"。

⑪行中正:走正路。

⑫身举:亲自提拔。羖(gǔ):黑色公羊。"五羖"指"五羖大夫"百里奚。百里奚是秦国用五张公羊皮换来的,故有此称。

⑬累绁(léi xiè):捆绑囚犯的绳子,后用作监狱的代称,此处仍指百里奚之事。

⑭王(wàng):推行王道。

⑮说:通"悦"。

侯①。其后顷之②，鲁乱。孔子适③齐，为高昭子家臣④，欲以⑤通乎景公。与齐太师语⑥乐，闻《韶》音，学之，三月不知肉味，齐人称⑦之。

景公问政孔子，孔子曰："君君，臣臣，父父，子子。"景公曰："善哉！信⑧如君不君，臣不臣，父不父，子不子，虽⑨有粟，吾岂得而食诸！"他日又复问政于孔子，孔子曰："政在节财。"景公说，将欲以尼谿⑩田封孔子。晏婴进曰："夫儒者滑稽⑪而不可轨法⑫；倨傲自顺⑬，不可以为下；崇丧遂哀⑭，破产厚葬，不可以为俗；游说乞贷⑮，不可以为国⑯。自大贤之息⑰，周室既衰，礼乐缺有间⑱。今孔子盛容饰，繁登⑲降之礼，趋详⑳之节，累世㉑不能殚其学，当年㉒不能究其礼。君欲用之以移㉓齐俗，非所以先细民㉔也。"后景

---

①处：安置。乾侯：春秋时晋邑，在今河北成安东南。梁玉绳《史记志疑》引余有丁语：齐处昭公于郓，非乾侯，乾侯为晋地。郓本鲁地，昭公二十五年齐侯取之。

②顷之：不久。

③适：到。

④家臣：大夫的私臣。

⑤以：经由，通过。

⑥太师：乐官之长。语：讨论、谈论。

⑦称：赞扬。

⑧信：的确。

⑨虽：即使。

⑩尼谿：《吕氏春秋·高义》作"廪丘"。《墨子·非儒》同《史记》。

⑪滑(gǔ)稽：一种流酒器，因酒终日流出不绝，故借以形容那些能言巧辩的人。

⑫轨法：遵守法规。

⑬倨傲自顺：傲慢不恭，自以为是。

⑭崇丧：把死看得很重。遂哀：不节制悲哀。

⑮游说(shuì)乞贷：靠游说讨生活。崔述以为春秋之世无游说者。晏子这段话不仅与孔子生平相反，与《左传》《孟子》所记晏子言行也相反。

⑯为国：治国。

⑰大贤：指周文王、周武王、周公等人。息：灭，死去。

⑱有间：有一段时间。

⑲登：升。

⑳趋详：《晏子春秋》《墨子》皆作"势翔"，形容行走时如鸟张翼。此处指进退。

㉑累世：几代。

㉒当年：指盛壮之年。

㉓移：改变。

㉔所以：用来。先：导引。细民：小民百姓。

公敬见孔子,不问其礼。异日,景公止孔子曰:"奉子以季氏^①,吾不能。"以季、孟之间待之^②。齐大夫欲害孔子,孔子闻之。景公曰:"吾老矣,弗能用也。"孔子遂^③行,反乎鲁^④。

孔子年四十二,鲁昭公卒于乾侯,定公立。定公立五年,夏,季平子卒,桓子嗣立。季桓子穿井得土缶,中若羊^⑤,问仲尼云"得狗"^⑥。仲尼曰:"以丘所闻,羊也。丘闻之,木石之怪夔、罔阆,水之怪龙、罔象,土之怪坟羊^⑦。"

吴伐越,堕会稽^⑧,得骨节专车^⑨。吴使使问仲尼:"骨何者最大?"仲尼曰:"禹致^⑩群神于会稽山,防风氏^⑪后至,禹杀而戮^⑫之,其节专车,此为大矣。"吴客曰:"谁为神?"仲尼曰:"山川之神足以纲纪天下,其守为神,社稷为公侯,皆属于王者^⑬。"客曰:"防风何守?"仲尼曰:"汪罔氏^⑭之君守封、禹之山^⑮,为釐姓。在虞、夏、商为汪罔,于周为长翟,今谓之大人。"客曰:"人长几何^⑯?"仲尼曰:"僬侥氏^⑰三尺,短之至也。长者不过十之^⑱,数之极也。"于是吴客曰:"善哉圣人!"

---

①奉子以季氏:像鲁国对待季氏那样待您。季氏在鲁国为上卿。

②以季、孟之间待之:齐国给孔子的待遇在上卿、下卿之间。孟氏在鲁国为下卿。

③遂:于是。

④反:通"返",返回。反鲁之事详细的记载见《晏子春秋》卷八。

⑤穿井:打井。土缶:一种容器。《国语·鲁语下》作"季桓子穿井,获如土缶,其中有羊"。

⑥"得狗":得羊而说"得狗",是想试探孔子的学问。

⑦夔:传说中的独足怪兽。罔阆:亦作"魍魉",传说中的山精。罔象:传说中的水怪。坟羊:亦作"羵羊",传说中的土中怪兽。

⑧堕:通"隳",毁坏。会稽:指会稽山,越王勾践被吴打败后退居的地方。

⑨得骨节专车:得到一节骨头,有一辆车那么长。

⑩致:召集。

⑪防风氏:上古的一位部落首领。

⑫戮:陈尸。

⑬孔子这几句话的意思是:名山大川的神灵能够约束天下,负责监守山川按时祭祀的叫做神,监守社稷的叫公侯,他们都归于王的统治。纲纪:法则,这里做动词用。

⑭汪罔氏:上古的一位部落首领。

⑮封、禹之山:二山相邻,在今浙江德清西南。

⑯人长几何:人的身高有多少。

⑰僬侥(jiāo yáo)氏:传说中的矮人。韦昭说为西南夷之别名。

⑱十之:三尺的十倍,即三丈。

桓子嬖臣①曰仲梁怀，与阳虎有隙②。阳虎欲逐怀，公山不狃③止之。其④秋，怀益骄，阳虎执⑤怀。桓子怒，阳虎因囚桓子，与盟而醳之⑥。阳虎由此益轻季氏。季氏亦僭于公室⑦，陪臣⑧执国政，是以鲁自大夫以下皆僭离于正道。故孔子不仕，退而修诗书礼乐，弟子弥⑨众，至自远方，莫不受业焉。

定公八年，公山不狃不得意于季氏，因阳虎为乱，欲废三桓之适⑩，更立其庶孽⑪阳虎素所善者，遂执季桓子。桓子诈之，得脱⑫。定公九年，阳虎不胜，奔于齐。是时孔子年五十。

公山不狃以费畔⑬季氏，使人召孔子⑭。孔子循道⑮弥久，温温⑯无所试，莫能己用⑰，曰："盖周文、武起丰、镐而王，今费虽小，傥庶几乎⑱！"欲

---

①嬖(bì)臣：被宠幸的家臣。

②有隙：有仇。

③公山不狃：季氏家臣，《论语·阳货》作"公山弗扰"。狃，上古泥纽幽部；扰，上古日纽幽部。韵相同，声相近，故得替换。不、弗二字音近。

④其：那年。

⑤执：拘禁。

⑥醳：通"释"，释放。《左传·定公五年》："(九月)己亥，阳虎囚季桓子。"《史记·鲁世家》："定公五年，季平子卒。阳虎私怒，囚季桓子，与盟乃舍之。"

⑦僭(jiàn)：超越本分。公室：周时，王朝称王室，列国诸侯称公室，卿大夫称家。

⑧陪臣：即家臣，这里指阳虎。

⑨弥：更加。

⑩因：趁。三桓：指叔孙氏、季孙氏、孟孙氏。三氏皆鲁桓公之后，故称。适：通"嫡"，正妻所生长子。

⑪庶孽：妾所生之子。

⑫见《左传》。公山不狃为季氏费邑宰，内结阳虎，将享桓子于蒲圃而杀之。桓子知其谋，以计得脱。

⑬费(Bì)：季氏封邑，在今山东费县北。畔：通"叛"。

⑭事见《左传·定公十二年》。《论语·阳货》亦载。

⑮循道：遵循一定的原则。

⑯温温：温和的样子。

⑰莫能己用：无人重用自己。

⑱傥庶几乎：说不定有成功的可能。傥：通"倘"，或许。庶几：差不多，近似。

往。子路不说①，止②孔子。孔子曰："夫召我者岂徒哉③？如用我，其④为东周⑤乎！"然亦卒⑥不行。

其后定公以孔子为中都宰⑦，一年，四方皆则⑧之。由中都宰为司空，由司空为大司寇⑨。

定公十年春，及齐平⑩。夏，齐大夫黎鉏言于景公曰："鲁用孔丘，其势危齐。"乃使使告鲁为好会⑪，会于夹谷⑫。鲁定公且以乘车好往⑬。孔子摄相事⑭，曰："臣闻有文事者必有武备，有武事者必有文备。古者诸侯出疆，必具⑮官以从。请具左右司马⑯。"定公曰："诺。"具左右司马。会齐侯

---

①说：通"悦"。

②止：阻止。

③夫召我者岂徒哉：刘宝楠《论语正义》："言不徒召之而往也。"意思是孔子遵周道而无处试，故欲往费，借此施展自己的抱负，表明并非去帮助公山不狃搞叛乱。徒：空、白费。

④其：大概。

⑤为东周：在东方建立一个像周那样的王朝。

⑥卒：最终、终于。

⑦中都宰：孔子为中都宰，《论语》不载，《礼记·檀弓上》通过有若之口追记之，《孔子家语·相鲁》记此事最详。中都：今山东汶上县西。

⑧四方：《孔子家语·相鲁》作"西方"。王肃："鲁国近东，故西方诸侯皆取法则焉。"则：效法。

⑨大司寇：主管司法的最高官员。《周礼·秋官·大司寇》："大司寇之职，掌建邦之三典，以佐王刑邦国，诘四方。"据梁玉绳《史记志疑》考证，这里说的"为大司寇"与《墨子》说的"孔子为鲁司寇"同为一职；"司空"实即司空之副职小司寇。马骕《绎史》卷八十六："侯国司寇亦不称大，此云由司空为司寇，是由卿而大夫矣，进退无惧""疑孔子为司空非实"。

⑩及齐平：与齐国和好。平：讲和、和好。当时齐、晋争霸，此前，鲁依附于晋，齐、鲁交恶。

⑪好会：友好会见。

⑫夹谷：亦作祝其，故址有数说，以在今山东莱芜境内较当。

⑬好往：不做戒备就前往。

⑭摄：代理。相事：此谓孔子以司寇之职兼代相的事。相，相当于现在的司仪。

⑮具：配备。

⑯左右司马：即小司马，地位较低的武官。《周礼·夏官司马》：小司马掌小祭祀、小会同等。

夹谷,为坛位①,土阶三等,以会遇之礼②相见,揖让而登。献酬③之礼毕,齐有司④趋而进曰:"请奏四方之乐⑤。"景公曰:"诺。"于是旍旄羽袚矛戟剑拨鼓噪而至⑥。孔子趋而进,历阶而登⑦,不尽一等⑧,举袂⑨而言曰:"吾两君为好会,夷狄之乐何为于此!请命有司⑩!"有司却之⑪,不去,则左右视晏子与景公。景公心怍⑫,麾⑬而去之。有顷,齐有司趋而进曰:"请奏宫中之乐。"景公曰:"诺。"优倡侏儒⑭为戏而前。孔子趋而进,历阶而登,不尽一等,曰:"匹夫而营惑⑮诸侯者罪当诛!请命有司!"有司加法⑯焉,手足异处⑰。景公惧而动,知义不若,归而大恐,告其群臣曰:"鲁以君子之道辅其君,而子独以夷狄之道教寡人,使得罪于鲁君,为之奈何?"有司进对曰:"君子有过则谢以质⑱,小人有过则谢以文⑲。君若悼⑳之,则谢以质。"

①坛:土台。位:坛上的席位。

②会遇之礼:国君相会时一种简略的礼节,不隆重,级别不高。春秋时期,诸侯相见有盟、会、遇等形式,盟为高级形式,要订约盟誓;会为一般会见;不期而会曰遇。夹谷之会系齐召鲁君,孔子为使鲁君摆脱被齐控制的地位,故以较低的礼节会见齐君。

③献酬:赠送礼品。

④有司:泛指当事的官员。

⑤四方之乐:边地少数民族的音乐。

⑥据《左传》《孔子家语》记载,这次会见齐国事先布置好了,准备用莱夷劫持鲁定公。旍:通"旌",古代一种用五色羽毛装饰的旗子,用以指挥或开道。袚(fú):舞者所执的舞具。拨(fá):大盾。鼓噪而至:一哄而上。

⑦历阶而登:一步一个台阶地往台上走。古代礼法,登台阶必须两只脚同时登在一级台阶上,然后才能登另一级台阶,孔子历阶而登,说明情况紧急,他已顾不得礼法。

⑧不尽一等:还有一个台阶没有上。

⑨袂:袖子。

⑩请命有司:命令当事官员加以处置。

⑪却之:命令舞乐的人退去。

⑫心怍:心里惭愧不安。

⑬麾:指挥。

⑭优倡:表演歌唱乐舞的人。侏儒:矮小的人,在舞乐中扮演丑角。

⑮营惑:迷惑、诱惑。

⑯加法:依法处罚。

⑰手足异处:腰斩。

⑱谢以质:用实际行动来道歉认错。

⑲谢以文:用花言巧语来认罪。

⑳悼:悔过。

于是齐侯乃归所侵鲁之郓、汶阳、龟阴之田[①]以谢过。

定公十三年[②]夏,孔子言于定公曰:"臣无藏甲,大夫毋百雉之城[③]。"使仲由为季氏宰,将堕三都[④]。于是叔孙氏先堕郈[⑤]。季氏将堕费,公山不狃、叔孙辄率费人袭鲁[⑥]。公与三子入于季氏之宫,登武子[⑦]之台。费人攻之,弗克,入及公侧[⑧]。孔子命申句须、乐颀[⑨]下伐之,费人北[⑩]。国人追之,败诸姑蔑[⑪]。二子奔齐,遂堕费。将堕成[⑫],公敛处父[⑬]谓孟孙曰:"堕成,齐人必至于北门。且成,孟氏之保郭[⑭],无成是无孟氏也。我将弗堕。"十二月,公围成,弗克。

定公十四年,孔子年五十六,由大司寇行摄[⑮]相事,有喜色。门人曰:"闻君子祸至不惧,福至不喜。"孔子曰:"有是言也。不曰'乐其以贵下

---

①郓(yùn):在今山东郓城东。汶(wèn)阳:《史记索隐》引《左传》说汶阳当作讙。讙在今山东宁阳北。龟阴:在今山东泰安东。

②《左传》说在十二年。

③臣无藏甲,大夫毋百雉之城:大臣不能拥有兵甲,大夫居住的城邑不能高过百雉。甲:兵器。雉:古代城墙高一丈、长三丈叫雉。《左传·隐公元年》:"先王之制:大都不过叁国之一,中五之一,小九之一。"何休《公羊解诂·定公十二年》引孔子语:"陪臣执国命,采长数叛者,坐邑有城池之固,家有甲兵之藏故也。"这就是孔子"堕三都"的理由。

④仲由:子路。堕:通"隳",拆毁。三都:鲁三桓之采邑,即季孙之费、叔孙之郈、孟孙之成。此时三都宰据三都以凌三家,子路劝说三家,率兵与三家共堕之。堕三都是大夫削弱家臣之举。

⑤郈:叔孙氏的邑,在今山东东平东。

⑥鲁:指鲁都曲阜。

⑦武子:指季孙宿,谥号"武"。

⑧入:俞樾《茶香室说经》谓入当作矢。费人从台下仰攻,故矢及公侧。公侧:鲁定公所登的台侧。

⑨申句须、乐颀:皆鲁大夫。

⑩北:败逃。

⑪姑蔑:今山东泗水县东。

⑫成:孟孙氏的邑,在今山东泗水县北。

⑬公敛处父:成宰,孟孙氏家臣。

⑭保郭:屏障,"郭"通"障"。

⑮行摄:代理。

人①'乎？"于是诛鲁大夫乱政者少正卯②。与闻国政三月③，粥羔豚者弗饰贾④；男女行者别于途；途不拾遗；四方之客至乎邑者不求有司，皆予之以归⑤。

齐人闻而惧，曰："孔子为政必霸，霸则吾地近焉，我之为先并⑥矣。盍致⑦地焉？"黎鉏曰："请先尝沮之⑧；沮之而不可则致地，庸⑨迟乎！"于是选齐国中女子好者八十人⑩，皆衣文衣而舞《康乐》⑪，文马三十驷⑫，遗⑬鲁君。陈女乐文马于鲁城南高门外，季桓子微服往观再三⑭，将受，乃语鲁君为周道游⑮，往观终日，怠于政事⑯。子路曰："夫子可以行矣。"孔子曰："鲁今

---

①乐其以贵下人：意思是自己尊贵了，仍能以谦卑待人为乐（身居高位却乐于礼贤下士）。

②事首见于《荀子·宥坐》，《尹文子》《淮南子》《新语》《史记》《汉书》《白虎通义》《孔子家语》《论衡》《后汉书》均采纳之，但有不少学者加以辩驳，不认其为信史，如朱熹："少正卯之事，《论语》所不载，子思、孟子所不言，虽以左氏《春秋内外传》之诬且驳，而犹不道也，乃独荀况言之。是必齐鲁诸儒愤圣人之失职，故为此说，以夸其权耳。"

③与闻国政：参加国事的讨论。与：参与。

④粥羔豚者弗饰贾：意思是，卖羊肉、猪肉的不敢漫天要价。粥：通"鬻"，卖。贾：通"价"。

⑤皆予之以归：《孔子家语·相鲁》作"皆如归"。

⑥我之为先并：我先被别人吞并。

⑦盍：何不。致：送。

⑧沮之：指挑拨鲁国内部君臣关系。

⑨庸：难道。

⑩八十人：关于女乐人数，今本《韩非子·内储说下》作"六"，《史记·孔子世家》《孔子家语·子路初见》作"八十"，似误。《太平御览》卷四七八引《韩子》作"二八"（十六人），当是。二八为先秦遗赠之制。《左传·襄公十一年》"郑人赂晋侯女乐二八"，《吕氏春秋·雍塞》"戎强大，秦缪公遗之女乐二八"等，均其证。

⑪衣（yì）：穿。文衣：华丽的衣服。《康乐（yuè）》：舞曲名。

⑫文马：身披彩饰的马。三十驷：一百二十匹马。古时一车四马叫"驷"。

⑬遗（wèi）：赠送。

⑭微服：化装，此指改穿上平民衣服。再三：两三次。

⑮周道游：环游各处。桓子的意思是以周游为名，让鲁君去观看女乐、文马。

⑯怠于政事：不理朝政。

且郊①,如致膰乎大夫②,则吾犹可以止③。"桓子卒受齐女乐,三日不听政④;郊,又不致膰俎于大夫。孔子遂行⑤,宿乎屯⑥。而师己⑦送,曰:"夫子则非罪⑧。"孔子曰:"吾歌可夫?"歌曰:"彼妇之口,可以出走;彼妇之谒,可以死败。盖优哉游哉,维以卒岁⑨!"师己反,桓子曰:"孔子亦何言?"师己以实告。桓子喟然⑩叹曰:"夫子罪我以群婢故也夫⑪!"

孔子遂适卫,主⑫于子路妻兄颜浊邹家⑬。卫灵公问孔子:"居鲁得禄几何?"对曰:"奉粟六万⑭。"卫人亦致粟六万。居顷之,或谮⑮孔子于卫灵公。灵公使公孙余假一出一入⑯。孔子恐获罪焉,居十月,去⑰卫。

---

①郊:郊祭,在城外祭祀天或地的典礼。

②致膰乎大夫:祭祀后把祭肉分给大夫,这是当时的礼节。膰(fán):祭肉。《谷梁传·定公十四年》:"生曰脤,熟曰膰。"

③止:留下来。

④听政:坐朝处理政务。

⑤孔子离开鲁国的时间,《史记·十二诸侯年表》及《鲁世家》皆云在定公十二年,此处似误。

⑥屯:地名,在曲阜南。

⑦师己:乐师名。

⑧非罪:没有过错。

⑨全句的意思是:听信妇人的话,可以失去亲信;过于接近妇女,可以使人败事亡身。既然如此就该离开,优游自在地打发岁月。谒:请求。卒:完毕。

⑩喟然:长叹的样子。

⑪群婢:指前文提及的"女乐"。故:缘故。

⑫主:居住。

⑬颜浊邹:卫大夫,曾受业于孔子。《孟子·万章上》作"颜雠由"。子路之妻为卫国人,是卫国大夫颜浊邹的妹妹。《史记正义》:"颜浊邹,非七十二人数也。"梁玉绳《史记汉书诸表订补》认为此颜浊邹与子路妻兄颜浊邹为一人。《吕氏春秋·尊师》载有孔子弟子颜涿聚,是齐国大夫,朱彝尊《孔子弟子考》认为即颜浊邹。

⑭奉:通"俸"。六万:《史记正义》说当是六万小斗,相当于唐代的二千石。

⑮或:有人。谮(zèn):说人坏话,进谗言。

⑯一出一入:指带着兵器随孔子出入,监视孔子。

⑰去:离开。

将适陈①,过匡②,颜刻为仆③,以其策④指之曰:"昔吾入此,由彼缺⑤也。"匡人闻之,以为鲁之阳虎。阳虎尝暴⑥匡人,匡人于是遂止孔子⑦。孔子状类⑧阳虎,拘⑨焉五日,颜渊后⑩,子曰:"吾以汝为死矣。"颜渊曰:"子在,回何敢死!"匡人拘孔子益急,弟子惧。孔子曰:"文王既没,文不在兹⑪乎? 天之将丧⑫斯文也,后死者不得与于⑬斯文也。天之未丧斯文也,匡人其如予何⑭?"孔子使从者为宁武子臣于卫⑮,然后得去。

　　去即过蒲⑯。月馀,反乎卫,主蘧伯玉⑰家。灵公夫人有南子者,使人谓孔子曰:"四方之君子不辱欲与寡君为兄弟者⑱,必见寡小君⑲。寡小君愿见。"孔子辞谢⑳,不得已而见之。夫人在絺帷㉑中。孔子入门,北面稽首㉒。夫人

---

①适:到。陈:今河南淮阳。

②匡:在今河南长垣西南。

③颜刻:孔子弟子,"刻"亦作"剋"。为仆:驾车。

④策:马鞭。

⑤缺:城墙豁口。这个缺口是往昔被阳虎攻破的。

⑥暴:残害、虐待。

⑦梁玉绳《史记志疑》引《论语》包咸注曰:"阳虎曾暴于匡,夫子弟子颜剋时又与虎俱行。后剋为夫子御至于匡,匡人相与共识剋;又夫子容貌与虎相似,故以兵围之。"

⑧类:似。

⑨拘:围困。

⑩后:落到后面,后来才到。

⑪兹:这里,这里指孔子自己。

⑫丧:毁灭。

⑬与于:参与到。

⑭匡人其如予何:匡人能把我怎么样。

⑮孔子使从者为宁武子臣于卫:派一个人去卫国做宁武子的家臣。据前人考证,当时宁武子已死百余年,这是司马迁的疏漏。

⑯即:就。蒲:今河南长垣东,在匡城北十五里。匡、蒲皆在晋、卫边境。

⑰蘧(Qú)伯玉:卫大夫,有贤名。

⑱不辱:不以此为耻辱,谦辞。寡君:对别国人称本国国君。

⑲寡小君:南子自称。

⑳辞谢:以辞谢绝。

㉑絺(chī)帷:细葛布帐子。

㉒北面:面朝北。稽(qǐ)首:古代一种恭敬的礼节,叩头触地。

自帷中再拜①，环佩玉声璆然②。孔子曰："吾向为弗见，见之礼答焉③。"子路不说④。孔子矢⑤之曰："予所不⑥者，天厌⑦之！天厌之！"居卫月馀，灵公与夫人同车，宦者雍渠参乘，出⑧，使孔子为次乘⑨，招摇市过之。孔子曰："吾未见好德如好色者也。"于是丑⑩之，去卫，过曹⑪。是岁，鲁定公卒。

孔子去曹适宋⑫，与弟子习礼大树下。宋司马桓魋欲杀孔子，拔其树。孔子去。弟子曰："可以速矣⑬。"孔子曰："天生德于予⑭，桓魋其如予何？"

孔子适郑⑮，与弟子相失，孔子独立郭⑯东门。郑人或⑰谓子贡曰："东门有人，其颡⑱似尧，其项类皋陶⑲，其肩类子产⑳，然自要以下不及禹三寸㉑，累累㉒若丧家之狗。"子贡以实告孔子。孔子欣然笑曰："形状，末

---

①再：两次。再拜：拜礼的一种。

②璆(qiú)：美玉。璆然：指美玉发出的声音。

③吾向为弗见，见之礼答焉：我之前是不愿意见她的，现在已经见了，就要以礼相待。

④说：通"悦"。

⑤矢：通"誓"，发誓。

⑥不(fǒu)：通"否"，不对。

⑦厌：厌弃。

⑧参乘：古代乘车，尊者在左，御者在中，一人在右陪坐担任警卫工作，称"参乘"或"车右"。出：出宫门。

⑨次乘：后面的第二部车子。

⑩丑：意动用法，以……为丑。

⑪曹：姬姓诸侯国，在卫国的东南，都城为陶丘(今山东定陶西南)。

⑫适宋：《史记集解》引徐广说，孔子过宋在鲁哀公三年。宋，子姓诸侯国，都城为商丘，在今河南商丘南。《孟子·万章上》："孔子不悦于鲁、卫，遭宋桓司马将要而杀之，微服而过宋。"《史记·宋世家》："景公二十五年，孔子过宋，宋司马桓魋恶之，欲杀孔子，孔子微服去。"

⑬可以速矣：可以快点走了。

⑭天生德于予：上天把传播道德的使命派给我。

⑮郑：姬姓诸侯国，都新郑，今河南新郑。

⑯郭：外城。

⑰或：有人。

⑱颡(sǎng)：前额。

⑲项：脖子。皋陶(yáo)：传说中尧舜的贤臣。

⑳子产：郑国大夫公孙侨，曾为执政，孔子称其贤。

㉑要：通"腰"。不及禹三寸：比禹短三寸。

㉒累累(léi léi)：不得志的样子。裴骃《史记集解》引王肃曰："丧家之狗，主人哀荒，不见饮食，故累然而不得意。孔子生于乱世，道不得行，故累然不得志之貌也。"

也①。而谓似丧家之狗,然②哉!然哉!"

孔子遂至陈,主于司城贞子③家。岁馀,吴王夫差伐陈,取三邑而去。赵鞅伐朝歌④。楚围蔡⑤,蔡迁于吴。吴败越王句践会稽。

有隼集⑥于陈廷而死,楛矢贯之⑦,石砮⑧,矢长尺有咫⑨。陈愍公使使问仲尼。仲尼曰:"隼来远矣⑩,此肃慎⑪之矢也。昔武王克⑫商,通道九夷百蛮⑬,使各以其方贿⑭来贡,使无忘职业⑮。于是肃慎贡楛矢、石砮,长尺有咫。先王欲昭其令德⑯,以肃慎矢分大姬⑰,配虞胡公而封诸陈⑱。分同姓以珍玉,展亲⑲;分异姓以远方职⑳,使无忘服㉑。故分陈以肃慎矢。"试求之故府㉒,果得之。

---

①形状,末也:形容我的相貌,不一定对。

②然:这样。

③主:住。司城贞子:陈国大夫,贞子是他的谥号。

④朝(zhāo)歌:曾为卫国都城。因晋国范氏、中行氏走保朝歌,赵鞅前往讨伐。

⑤蔡:姬姓诸侯国,始都上蔡(今河南上蔡),春秋时为楚所逼,多次迁都。此楚围蔡,源于公元前506年蔡与吴曾伐楚之故。

⑥隼(sǔn):鹰类。集:鸟栖止于树。

⑦楛矢贯之:身上穿着一支楛木做的箭。贯:穿透。

⑧石砮(nǔ):石制的箭头。

⑨咫:八寸。尺有咫即一尺八寸。

⑩隼来远矣:从很远的地方飞来。

⑪肃慎:古族名,在我国东北地区。

⑫克:战胜。

⑬九夷百蛮:泛指各少数民族。《礼记·王制》:"东方曰夷,被发文身,有不火食者矣。南方曰蛮,雕题交趾,有不火食者矣。西方曰戎,被发衣皮,有不粒食者矣。北方曰狄,衣羽毛穴居,有不粒食者矣。"

⑭方贿:当地的土特产。

⑮职业:指进贡之事。

⑯昭:表彰。令德:美德。

⑰大姬:周武王的长女。

⑱虞胡公:陈国始封之君,据说是虞舜的后代。诸:之于。

⑲展亲:加强亲亲关系。

⑳异姓:姬姓以外的诸侯。远方职:远方的贡物。

㉑使无忘服:使他们不要忘记服从周天子。

㉒故府:收藏古物的仓库。

孔子居陈三岁,会晋楚争强①,更伐陈②,及吴侵陈,陈常被寇③。孔子曰:"归与归与!吾党之小子狂简④,进取不忘其初⑤。"于是孔子去陈。

过蒲⑥,会公叔氏⑦以蒲畔,蒲人止⑧孔子。弟子有公良孺⑨者,以私车五乘⑩从孔子。其为人长贤⑪,有勇力,谓曰:"吾昔从夫子遇难于匡,今又遇难于此,命也已。吾与夫子再罹⑫难,宁斗而死。"斗甚疾⑬。蒲人惧⑭,谓孔子曰:"苟毋适⑮卫,吾出⑯子。"与之盟,出孔子东门。孔子遂适卫。子贡曰:"盟可负⑰邪?"孔子曰:"要盟⑱也,神不听。"

卫灵公闻孔子来,喜,郊迎。问曰:"蒲可伐乎?"对曰:"可。"灵公曰:"吾大夫以为不可。今蒲,卫之所以待晋、楚也⑲,以卫伐之,无乃不可乎?"孔子曰:"其男子有死之志,妇人有保西河之志⑳。吾所伐者不过四

---

①晋楚争强:此时无晋楚争强事,亦无伐陈事,此说失实。

②更伐陈:意思是陈依附于这一方,另一方伐之;依附于另一方,这一方伐之。更:轮流、轮番。

③被寇:遭受侵犯。

④吾党之小子:指留在鲁国未随孔子出游的弟子。狂简:志向很大,但行事粗略,意思是指导教育不够。

⑤不忘其初:没有忘记当初所担负的教育这些留在鲁国的学生的任务。

⑥蒲、匡、蒲皆在晋、卫边境。

⑦会:恰遇。公叔氏:指公叔戍,公叔文子的儿子,既富且骄,得罪了卫灵公及其宠妃南子,卫灵公想要除去他。

⑧止:拦住、扣留。

⑨公良孺:一作良儒,字子正,陈国人。《孔子家语·七十二弟子解》说他"贤而有勇,孔子周行,常以私车五乘从"。

⑩私车五乘(shèng):自己带了五辆车子。

⑪长:身材高大。贤:有才德。

⑫再:两次。罹(lí):遭遇。

⑬疾:激烈。

⑭《孔子家语·困誓》:"我宁斗死,挺剑而合众,将与之战,蒲人惧。"

⑮适:去。

⑯出:释放。

⑰负:违背。

⑱要盟:要挟之下订立的盟约。

⑲蒲在卫的西边,晋、楚伐卫,蒲首当其冲,是一个缓冲地带。

⑳西河地区的男女都有保卫卫国的坚强意志,都不愿跟着叛乱者跑。

五人^①。"灵公曰:"善。"然^②不伐蒲。

灵公老,怠于政,不用孔子。孔子喟然叹曰:"苟有用我者,期月^③而已,三年有成。"孔子行。

佛肸为中牟宰^④。赵简子^⑤攻范、中行,伐中牟。佛肸畔,使人召孔子^⑥。孔子欲往。子路曰:"由闻诸夫子,'其身亲为不善者,君子不入^⑦也'。今佛肸亲以中牟畔,子欲往,如之何?"孔子曰:"有是言也。不曰坚乎,磨而不磷^⑧;不曰白乎,涅而不淄^⑨。我岂匏瓜也哉,焉能系而不食?^⑩"

孔子击磬^⑪。有荷蒉^⑫而过门者,曰:"有心哉,击磬乎!硁硁乎,莫己知也夫而已矣^⑬!"

孔子学鼓琴师襄子^⑭,十日不进^⑮。师襄子曰:"可以益^⑯矣。"孔子曰:

---

①四五人:指与公叔氏一叛乱的少数人。

②然:于是。

③期(jī)月:一整年。

④佛肸(bì xī):晋大夫范氏与中行氏的家臣。中牟(mù):春秋时晋邑,故址在今邢台和邯郸之间。

⑤赵简子:晋国上卿赵鞅。

⑥刘宝楠《论语正义》:"佛肸之召孔子,当在哀公五年无疑。"然《韩诗外传》《新序》等载佛肸以中牟叛,乃赵襄子时事。崔述《洙泗考信录》卷二:"襄子立于鲁哀公之二十年,孔子卒已五年,佛肸安得有召孔子事乎?"

⑦不入:不入其境。

⑧磷:薄。此句的意思是:坚硬的东西磨而不薄。

⑨淄:黑色,这里用作动词,意思是染黑。此句的意思是白色的东西染而不黑。《荀子·劝学》:"白沙在涅,与之俱黑。"

⑩我岂匏(páo)瓜也哉,焉能系而不食:我怎能像葫芦一样,老挂在那里,不被人食用吗? 系:挂。

⑪磬:用石或玉制成的打击乐器。

⑫荷(hè):担、扛。蒉(kuì):用草编织的筐子。

⑬全句的意思是:从击磬的声音来听,这个人是有心事的,这心事就是感叹无人了解自己。硁(kēng)硁:击石声。

⑭鼓琴:弹琴。师襄子:乐师名,善弹琴击磬,《论语·微子》称他为"击磬襄",司马贞认为他是鲁人。

⑮不进:没学新曲目。

⑯益:增弹另一支曲子。

"丘已习其曲矣,未得其数①也。"有间②,曰:"已习其数,可以益矣。"孔子曰:"丘未得其志③也。"有间,曰:"已习其志,可以益矣。"孔子曰:"丘未得其为人④也。"有间,有所穆然深思⑤焉,有所怡然高望而远志焉。曰:"丘得其为人,黯然而黑,几然⑥而长,眼如望羊⑦,如王⑧四国,非文王其谁能为此也!"师襄子辟席⑨再拜,曰:"师盖云《文王操》⑩也。"

孔子既不得用于卫,将西见赵简子⑪。至于河而闻窦鸣犊、舜华⑫之死也,临河而叹曰:"美哉水,洋洋⑬乎!丘之不济⑭此,命也夫!"子贡趋而进曰:"敢问何谓也?"孔子曰:"窦鸣犊、舜华,晋国之贤大夫也。赵简子未得志之时,须⑮此两人而后从政;及其已得志,杀之乃从政。丘闻之也,刳胎杀夭则麒麟⑯不至郊,竭泽涸渔则蛟龙不合阴阳,覆巢毁卵则凤皇不翔。何则?君子讳伤其类也。夫鸟兽之于不义也尚知辟⑰之,而况乎丘哉!"乃还息乎陬乡⑱,作为⑲《陬操》以哀之。而反乎卫,入主蘧伯玉家。

---

①习:熟习。数:节拍、节奏;技术、方法。

②有间:过了一段时间。

③志:指作者寄寓曲中的思想感情。

④其为人:曲子体现出来的作者的为人。

⑤穆然深思:沉默静思的样子。穆:通"默"。

⑥几然:亦作"颀然",修长的样子。

⑦望羊:亦作"望阳""望洋",远望的样子。《孔子家语·辩乐》:"近黮而黑,颀然长,旷如望羊,奄有四方。"王肃注:"望羊,远视也。"

⑧王(wàng):动词,统治。

⑨辟席:离开位子。辟:通"避"。

⑩这句的意思是:老师传授此曲时就说这是《文王操》。《文王操》:琴曲名,相传为周文王所作。

⑪赵简子:晋卿赵鞅。

⑫河:黄河。窦鸣犊、舜华:王念孙《读书杂志》认为当作鸣犊、窦犨。

⑬洋洋:水盛大的样子。

⑭济:渡河。

⑮须:待。

⑯刳(kū)胎:剖腹取胎。杀夭:幼小的动物。麒麟:传说中的吉兽。

⑰辟:通"避"。

⑱息:休息。陬乡:卫国地名。陬:山脚。

⑲作为:创作。

他日，灵公问兵陈①。孔子曰："俎豆之事②则尝闻之，军旅之事未之学也。"明日，与孔子语，见蜚③雁，仰视之，色不在孔子。孔子遂行④，复如⑤陈。

夏，卫灵公卒，立孙辄⑥，是为卫出公。六月，赵鞅内太子蒯聩于戚⑦。阳虎使太子絻⑧，八人衰绖⑨，伪自卫迎者，哭而入，遂居焉⑩。冬，蔡迁于州来⑪。是岁⑫鲁哀公三年，而孔子年六十矣。齐助卫围戚，以卫太子蒯聩在故也。

夏，鲁桓、釐庙燔，南宫敬叔救火。孔子在陈，闻之，曰："灾必于桓、釐庙乎？"⑬已而果然。

秋，季桓子病，辇⑭而见鲁城，喟然叹曰："昔此国几兴⑮矣，以吾获罪于孔子，故不兴也。"顾⑯谓其嗣康子曰："我即⑰死，若⑱必相鲁；相鲁，必召仲尼。"后数日，桓子卒，康子代立。已葬，欲召仲尼。公之鱼⑲曰："昔吾先君用之不终，终为诸侯笑。今又用之，不能终，是再为诸侯笑。"康子曰：

————————

①陈：通"阵"，兵阵。

②俎豆之事：祭祀。

③蜚：通"飞"。

④事在鲁哀公二年。

⑤如：往、到。

⑥孙辄：卫灵公的孙子辄。

⑦内：通"纳"，接纳。蒯（Kuǎi）聩：卫灵公的太子，因谋杀灵公与南子未遂，逃至晋。灵公死后，他依靠晋国和阳虎，回到卫国的戚。戚：卫国地名，在今河南濮阳北。

⑧絻（wèn）：始发丧时穿的丧服。这里用作动词。

⑨衰绖（cuī dié）：丧服。据《仪礼丧服》郑玄注："凡服，上曰衰，下曰裳，麻在首在要皆曰绖。"

⑩这是阳虎的计谋，即让太子穿上丧服，又让八个人穿上丧服，假装从卫迎接太子回国奔丧，这样太子就在戚居住下来了。

⑪州来：即下蔡，今安徽凤台，时属吴地。公元前493年吴王夫差迁蔡昭侯于州来。

⑫是岁：当作"明岁"。

⑬这是孔子的猜测。孔子在陈，听说鲁的宗庙被烧，就猜测是鲁桓公、鲁釐公的庙。因为桓公是杀兄而立，釐公是庶兄闵公被庆父杀死才继承君位，这在孔子看来都是不符合礼的，死后不当立庙，故他们的庙当毁。

⑭辇：乘坐人推挽的车。

⑮几兴：几乎兴旺。

⑯顾：回头。

⑰即：若。

⑱若：你。

⑲公之鱼：季氏家臣。

"则谁召而可①？"曰："必召冉求②。"于是使使召冉求。冉求将行，孔子曰："鲁人召求，非小用之，将大用之也。"是日，孔子曰："归乎归乎！吾党之小子狂简③，斐然成章④，吾不知所以裁⑤之。"子赣⑥知孔子思归，送冉求，因诫⑦曰"即⑧用，以孔子为招"云。

冉求既去，明年，孔子自陈迁于蔡。蔡昭公将如吴，吴召之也。前昭公欺其臣迁州来⑨，后将往，大夫惧复迁⑩，公孙翩射杀昭公。楚侵蔡。秋，齐景公卒。

明年⑪，孔子自蔡如叶⑫。叶公问政，孔子曰："政在来远附迩⑬。"他日，叶公问孔子于子路，子路不对。孔子闻之，曰："由，尔何不对曰'其为人也，学道不倦，诲人不厌⑭，发愤忘食，乐以忘忧，不知老之将至'云尔。"

去⑮叶，反于蔡。长沮、桀溺耦而耕⑯，孔子以为隐者，使子路问津⑰焉。长沮曰："彼执舆⑱者为谁？"子路曰："为孔丘。"曰："是鲁孔丘与？"曰："然。"曰："是知津矣。"桀溺谓子路曰："子为谁？"曰："为仲由。"曰："子，

①谁召而可：召谁合适呢？可：合适。

②冉求：字子有，孔子的弟子，鲁国人。

③狂简：志大才疏，志向远大而行事疏阔。

④斐然成章：文章富有文采。

⑤裁：裁制，意为培养教育。

⑥子赣：即端木赐，字子贡。赣为形声字，古读gòng，从贝，表示与财物有关，本义为"赐给"。《说文》："赣，赐也。"

⑦诫：叮嘱、告诫。

⑧即：若。

⑨前昭公欺其臣迁州来：从前蔡昭公瞒着大臣迁都州来。

⑩复迁：再次迁都。

⑪明年：鲁哀公六年，公元前489年。

⑫叶：楚邑，在今河南叶县南。叶公即楚国大夫沈诸梁。

⑬来远附迩：远方的人归顺，近处的人附帖。来、附：皆使动用法。

⑭厌：满足。

⑮去：离开。

⑯耦而耕：用耦耕的方法耕田。古代耕作，两人各执一耜，配合并耕，叫耦。

⑰津：渡口。

⑱执舆：手执马缰绳，即驾车。本来是子路驾车，因其下去问路，故由孔子代驾。

孔丘之徒与？"曰："然。"桀溺曰："悠悠者天下皆是也①,而谁以易②之？且与其从辟人之士③,岂若从辟世之士④哉！"耰⑤而不辍。子路以告孔子,孔子怃然⑥曰："鸟兽不可与同群⑦。天下有道,丘不与易也⑧。"

他日,子路行,遇荷蓧丈人⑨,曰："子见夫子乎？"丈人曰："四体不勤,五谷不分,孰为夫子！"植其杖而芸⑩。子路以告,孔子曰："隐者也。"复往,则亡。

孔子迁于蔡三岁,吴伐陈。楚救陈,军于城父⑪。闻孔子在陈、蔡之间,楚使人聘孔子⑫。孔子将往拜礼,陈、蔡大夫谋曰："孔子贤者,所刺讥皆中诸侯之疾⑬。今者久留陈、蔡之间,诸大夫所设行⑭皆非仲尼之意。今楚,大国也,来聘孔子。孔子用于楚,则陈、蔡用事⑮大夫危矣。"于是乃相与发徒役⑯围孔子于野。不得行,绝粮。从者病,莫能兴⑰。孔子讲诵弦歌不衰⑱。子路愠⑲见曰："君子亦有穷⑳乎？"孔子曰："君子固穷㉑,小人穷斯滥矣㉒。"

①《论语·微子》作"滔滔",形容到处都是。

②以:与。易:改变。

③辟人之士:择主而事之游士,此指孔子。

④辟世之士:不与世人往来之隐士,此为自指。

⑤耰(yōu):碎土的农具,这里指继续碎土。

⑥怃(wǔ)然:惆怅的样子。

⑦鸟兽不可与同群:不能和鸟兽住在一起,即不能隐居山林。

⑧丘不与易也:天下走上正道,用不着我孔丘来改变。

⑨荷(hè):担、扛。蓧(diào):一种竹器,古人用来芸田。丈人:老者。

⑩植:插立、竖立。芸:除草。

⑪军:临时驻扎。城父:楚邑,在今河南宝丰县东。

⑫《公羊传·隐公十一年》:"诸侯来曰朝,大夫来曰聘。"

⑬刺:指责。讥:讽刺。疾:弊病。

⑭设行:所作所为、施政措施。

⑮用事:执政、当权。

⑯相与:共同。徒役:服劳役的人。

⑰病:这里指饿得厉害。兴:站起。

⑱不衰:不减、不断。《庄子·秋水》:"孔子游于匡,宋人围之数匝,而弦歌不辍。"

⑲愠:恼怒。

⑳穷:困厄,走投无路。

㉑固穷:虽不得志,但能固守其节。

㉒小人穷斯滥矣:小人不得志,不能守其节操,就会泛滥为非。

子贡色作①。孔子曰:"赐,尔以予为多学而识②之者与?"曰:"然③。非与④?"孔子曰:"非也。予一以贯之⑤。"

孔子知弟子有愠心,乃召子路而问曰:"《诗》云'匪兕⑥匪虎,率彼旷野⑦'。吾道非邪?吾何为于此?"子路曰:"意者吾未仁邪⑧?人之不我信也。意者吾未知⑨邪?人之不我行也⑩。"孔子曰:"有是乎!由,譬使仁者而必信,安有伯夷、叔齐⑪?使知者而必行,安有王子比干⑫?"

子路出,子贡入见。孔子曰:"赐,《诗》云'匪兕匪虎,率彼旷野'。吾道⑬非邪?吾何为于此?"子贡曰:"夫子之道至大也,故天下莫能容夫子。夫子盖少贬⑭焉?"孔子曰:"赐,良农能稼而不能为穑⑮,良工能巧而不能为顺⑯。君子能修其道,纲而纪之,统而理之⑰,而不能为容⑱。今尔不修尔道而求为容⑲。赐,而⑳志不远矣!"

---

①色作:变了脸色;因为激动兴奋而形之于色。

②识(zhì):记住。

③然:是的。

④非与:难道不是这样吗?

⑤予一以贯之:我的学说以一个基本观念贯穿着。

⑥兕(sì):犀牛。

⑦率彼旷野:出自《诗经·小雅·何草不黄》。孔子引述的用意是:我们又不是野兽,为什么被困在旷野上呢?率:循,这里是行走、出没的意思。

⑧意者:想来,大概是。吾未仁邪:是不是我们不仁的缘故呢?

⑨知:通"智",下同。

⑩人之不我行也:人们不推行我们的主张。

⑪譬使仁者而必信,安有伯夷、叔齐:假如仁者都能使四方信从,哪会有伯夷、叔齐饿死首阳山的事呢?譬使:假使、如果。

⑫王子比干:商纣王的叔父,因忠谏而被纣王剖杀。

⑬道:学说、主张。

⑭盖:通"盍",何不。少贬:稍微降低要求以迎合世人。《孟子·尽心上》:"公孙丑曰:道则高矣,美矣,宜若登天然,似不可及也。何不使彼为可几及而日孳孳也?"

⑮能稼:能种好庄稼。不能为穑:不能保证收成。

⑯顺:顺合人意。

⑰纲而纪之,统而理之:意思是用其道作为准则。

⑱为容:被人接受。

⑲全句意思是:降格以求被人认可。

222

⑳而:通"尔"。

子贡出，颜回入见。孔子曰："回，《诗》云'匪兕匪虎，率彼旷野'。吾道非邪？吾何为于此？"颜回曰："夫子之道至大，故天下莫能容。虽然，夫子推而行之，不容何病①？不容然后见君子②！夫道之不修也，是吾丑③也。夫道既已大修而不用，是有国者之丑也。不容何病，不容然后见君子！"孔子欣然而笑曰："有是哉颜氏之子！使④尔多财，吾为尔宰⑤。"

于是使子贡至楚。楚昭王兴师⑥迎孔子，然后得免。

昭王将以书社地七百里⑦封孔子。楚令尹子西⑧曰："王之使使诸侯⑨有如子贡者乎？"曰："无有。""王之辅相有如颜回者乎？"曰："无有。""王之将率⑩有如子路者乎？"曰："无有。""王之官尹⑪有如宰予者乎？"曰："无有。""且楚之祖封于周，号为子男五十里⑫。今孔丘述三、五⑬之法，明周、召⑭之业，王若用之，则楚安得世世堂堂⑮方数千里乎？夫文王在丰，武王在镐，百里之君卒王⑯天下。今孔丘得据土壤⑰，贤弟子为佐，非楚之福也。"昭王乃止⑱。其秋，楚昭王卒于城父。

①不容何病：不被天下所容，有什么关系。病：忧、患。

②不容然后见君子：正因为不被天下所容，才能显示君子的伟大精神。

③丑：耻辱。

④使：假使。

⑤吾为尔宰：我愿意做你的管家。

⑥兴师：调动军队。

⑦书社地：有户籍的地区。古代地方编制，二十五家为里，里则立社，把社里的人登记于册，称书社。

⑧令尹：楚国官名，相当于宰相。子西：即公子申，楚昭王之兄。

⑨使使诸侯：派往诸侯国的使者。

⑩将率：即"将帅"。

⑪官尹：官府中各部门的长官。

⑫子男五十里：周初分封诸侯，分公侯伯子男五等爵位，其中，子、男封地各为五十里。楚国第一代国君熊绎于周成王时受封子爵。

⑬三、五：三皇五帝的简称。

⑭周、召：周公、召公。他们辅佐周武王、周成王，对周朝基业的创建做出了巨大贡献。

⑮世世堂堂：世世代代。

⑯卒：最终。王(wàng)：统治。

⑰土壤：土地，这里指封地。

⑱昭王乃止：据前人考证，关于孔子与楚国的这些叙述全是虚文。梁玉绳《史记志疑》多所考证，可参阅。

　　楚狂接舆歌而过孔子①，曰："凤兮凤兮，何德之衰②！往者不可谏③兮，来者犹可追也④！已而⑤已而，今之从政者殆⑥而！"孔子下⑦，欲与之言。趋而去，弗得与之言。

　　于是孔子自楚反乎卫。是岁也，孔子年六十三，而鲁哀公六年也。

　　其明年，吴与鲁会缯⑧，征百牢⑨。太宰嚭⑩召季康子。康子使子贡往，然后得已⑪。

　　孔子曰："鲁、卫之政，兄弟也。"是时，卫君辄父不得立，在外，诸侯数以为让⑫。而孔子弟子多仕于卫，卫君欲得孔子为政。子路曰："卫君待子而为政，子将奚先⑬？"孔子曰："必也正名⑭乎！"子路曰："有是哉，子之迂⑮也！何其正也⑯？"孔子曰："野⑰哉，由也！夫名不正则言不顺，言不顺则事不成，事不成则礼乐不兴，礼乐不兴则刑罚不中，刑罚不中则民无所错⑱手足矣。夫君子为之必可⑲名，言之必可行。君子于其言，无所苟⑳而已矣。"㉑

---

　　①楚狂接舆：接舆因不满现实而装作狂人。歌而过孔子：唱着歌从孔子旁边走过。

　　②何德之衰：意即孔子本是凤凰，如今道德为什么衰败了？暗指孔子不当在乱世求合。

　　③谏：挽回。

　　④全句的意思是：已经过去的无法挽回，今后尚可掌握自己所走的道路。

　　⑤已而：算了吧。

　　⑥殆：危险。

　　⑦下：下车。

　　⑧缯（céng）：亦作"鄫"，今山东绎县境内。

　　⑨百牢：牛羊猪三牲俱备曰太牢，猪、羊二牲曰少牢。百牢之礼是天子之礼。吴索要百牢，是无礼要求。

　　⑩太宰嚭（pǐ）：吴国太宰伯嚭。

　　⑪已：止。子贡以周礼相对，这件事才算结束。

　　⑫数（shuò）：多次。让：指责。

　　⑬奚先：以什么为先。

　　⑭正名：正其名分。即按君臣父子的关系来端正名分。

　　⑮迂：固执于一般道理而不管实际情况。

　　⑯何其正也：怎么正名呢？意思是卫君辄与其父蒯聩已经势不两立，哪里谈得上正名。

　　⑰野：不通事理。

　　⑱错：通"措"，放。

　　⑲之：语助词，无实义。可：符合。

　　⑳无所苟：不能随随便便。

　　㉑以上对话见《论语·子路》。

其明年①，冉有为季氏将师，与齐战于郎②，克之③。季康子曰："子之于军旅④，学之乎？性之乎⑤？"冉有曰："学之于孔子。"季康子曰："孔子何如人哉⑥？"对曰："用之有名⑦；播之百姓，质诸鬼神而无憾⑧。求之至于此道⑨，虽累千社，夫子不利也⑩。"康子曰："我欲召之，可乎？"对曰："欲召之，则毋以小人固⑪之，则可矣。"而卫孔文子将攻太叔⑫，问策于仲尼。仲尼辞不知，退而命载⑬而行，曰："鸟能择木，木岂能择鸟乎！"文子固止⑭。会季康子逐公华、公宾、公林，以币⑮迎孔子，孔子归鲁。

孔子之去鲁凡⑯十四岁而反乎鲁。

鲁哀公问政，对曰："政在选臣⑰。"季康子问政⑱，曰："举直错诸枉⑲，则枉者直⑳。"康子患㉑盗，孔子曰："苟子之不欲㉒，虽赏之不窃。"然鲁终不能

①当为后四年。

②郎：在今山东滕县西，故址已在昭阳湖中。

③此鲁哀公十一年事，去吴鲁会缯已四年。

④军旅：指挥作战。

⑤性之乎：是天生的吗？

⑥孔子何如人哉：孔子是个什么样的人（竟懂得这么多）。

⑦用之有名：师出有名。

⑧全句的意思是：孔子用兵，师出有名，符合人民的愿望，连鬼神都满意。这是说孔子用兵，不是为了土地，而是为了正义。质：验证。

⑨道：军事。

⑩虽累千社：虽然增加了很多土地。累：累计得到。夫子不利也：夫子不认为是有利的，也就是说赏以千社之地，夫子也不为所动。

⑪固：包围。

⑫孔文子：卫国大夫孔圉。太叔：卫国大夫太叔疾。

⑬命载：下令备车。

⑭固止：再三挽留。

⑮币：泛指礼物。

⑯凡：一共。

⑰《韩非子·难三》：哀公问政于仲尼，仲尼曰："政在选贤。"

⑱实为樊迟问仁，见《论语·颜渊》。太史公误。

⑲举直错诸枉：举用正直的人，将其置于邪曲小人之上。举：提拔、举用。错：通"措"，置。枉：邪曲。

⑳枉者直：邪人也变成了正人。

㉑患：忧虑。

㉒苟：如果。欲：贪欲。

用孔子,孔子亦不求仕。

孔子之时,周室微而礼乐废①,《诗》《书》缺。追迹三代②之礼,序《书传》③,上纪④唐、虞之际,下至秦缪⑤,编次其事。曰:"夏礼吾能言之,杞⑥不足征也。殷礼吾能言之,宋不足征也。足,则吾能征之矣。"观殷、夏所损益⑦,曰:"后虽百世,可知也,以一文一质⑧。周监⑨二代,郁郁⑩乎文哉。吾从⑪周。"故《书传》《礼记》自孔氏⑫。

孔子语鲁大⑬师:"乐其可知也。始作翕如,纵之纯如,皦如,绎如⑭也,以成。""吾自卫反鲁,然后乐正⑮,《雅》《颂》各得其所⑯。"

古者诗三千余篇,及至孔子,去其重,取可施于礼义,上采契、后稷⑰,中述殷、周之盛,至幽、厉之缺⑱,始于衽席⑲,故曰"《关雎》之乱⑳以为《风》始,《鹿鸣》为《小雅》始,《文王》为《大雅》始,《清庙》为《颂》始"。三百五

---

①微:衰微。废:坏。

②追迹:探究。三代:夏商周。

③《书传》:即《尚书》。《汉书·艺文志》:"《书》之所起远矣!至孔子纂焉,上断于尧,下讫于秦,凡百篇,而为之序,言其作意。"

④上纪:上起。

⑤缪:通"穆"。

⑥杞:西周初年分封的一个诸侯国。

⑦损益:减少、增加。

⑧文:文采。质:质朴。

⑨监:通"鉴",借鉴。

⑩郁郁:丰富多彩。

⑪从:遵行。

⑫都出自孔子之手,是他亲手编订的。传、记是相对于经而言的,是对经的解释。

⑬大:通"太"。

⑭翕:盛。纵:刘宝楠《论语正义》谓八音皆作即乐队齐奏。纯如:和谐貌。皦如:音节明确。绎如:连绵不断。

⑮乐正:即"正乐",审定整理乐章。

⑯《雅》《颂》各得其所:《雅》《颂》都恢复了原来的乐调。古时诗是配乐演唱的,但春秋末年道衰乐废,故孔子有此举。

⑰契(xiè):商的始祖。后稷:周的始祖。

⑱缺:政治腐败。

⑲衽(rèn)席:本义是床席,这里指男女之情。

⑳乱:古代指乐曲的最后一章。

篇,孔子皆弦歌之,以求合《韶》《武》①《雅》《颂》之音。礼乐自此可得而述,以备王道,成六艺②。

孔子晚而喜《易》③,序《彖》《系》《象》《说卦》《文言》④。读《易》,韦编三绝⑤。曰:"假⑥我数年,若是,我于《易》则彬彬⑦矣。"

孔子以诗书礼乐教⑧,弟子盖⑨三千焉⑩,身通六艺⑪者七十有二人⑫。如颜浊邹⑬之徒,颇⑭受业者甚众。

---

①《韶》:舜乐名。《武》:周乐名。

②六艺:即《诗》《书》《礼》《乐》《易》《春秋》六种书的合称。

③《史记·田敬仲完世家》:"孔子晚而喜《易》。易之为术,幽明远矣,非通人达才孰能注意焉!"马王堆帛书《要》篇:"夫子老而好《易》,居则在席,行则在橐。"

④《汉书·艺文志》说:"孔氏为之《彖》《象》《系辞》《文言》《序卦》之属十篇。"据传,孔子五十岁而研究《易》,作《十翼》,即《上彖》《下彖》《上象》《下象》《系辞上》《系辞下》《文言》《序卦》《说卦》《杂卦》,详细解释《周易》,经后人整理补充,合称《易传》或《十翼》。《易》是古代占卜的书,分六十四卦,每卦有六爻,分上下两部分。《彖》解释卦辞,断定一卦基本概念。《象》说明人们如何依卦辞而行动和每爻的概念。《系辞》总论《易经》基本观点。《文言》专论《乾》《坤》两卦。《序卦》说明六十四卦辞的排列顺序。《说卦》总说八卦原理及变化。《杂卦》说明各卦之间的关系和刚柔对立意义。

⑤韦编三绝:把连接《易》的竹简的皮条弄断了好几次。韦:这里指连接竹简的熟牛皮条(《易》是刻写在竹简上的)。三绝:多次断开。

⑥假:借,给与。

⑦彬彬:文质齐备貌,兼通文辞和义理。

⑧这里没有提到《周易》和《春秋》,大概孔子到晚年才研究《易经》,撰写《春秋》,而且《易经》《春秋》比较精深,不是普通教材,只有少数学生才跟他学习《易经》和《春秋》。

⑨盖:大约。

⑩《吕氏春秋·当染》说孔子和墨子死后,"从属弥众,弟子弥丰,充满天下""孔、墨之后学显荣于天下者众矣,不可胜数"。《吕氏春秋·有度》说:"孔、墨之弟子徒属,充满天下,皆以仁义之术教导于天下。"这也是儒家和墨家在战国时期成为显学的重要原因。

⑪六艺:指礼、乐、射、御、书、数。《周礼·地官司徒·大司徒》:"六艺:礼、乐、射、御、书、数。"《周礼·地官司徒·保氏》:"养国子以道,乃教之六艺:一曰五礼,二曰六乐,三曰五射,四曰五御,五曰六书,六曰九数。"

⑫有:又。《史记·仲尼弟子列传》:"孔子曰:受业身通者七十有七人。"《孔子家语·七十二弟子解》题目作七十二人,篇中所列仍是七十七人。二书记载人数相同,具体人物略有异同。朱彝尊《经义考》卷二八一据群书统计孔子弟子凡九十八人。

⑬梁玉绳《史记汉书诸表订补》认为此颜浊邹与子路妻兄颜浊邹为一人。张守节《史记正义》:"颜浊邹,非七十二人数也。"

⑭颇:略微。

孔子以四教:文,行,忠,信①。绝四②:毋意,毋必,毋固,毋我③。所慎:齐,战,疾④。子罕言⑤利与命与仁。不愤不启⑥,举一隅不以三隅反⑦,则弗复也。

其于乡党⑧,恂恂⑨似不能言者。其于宗庙朝廷,辩辩言⑩,唯谨尔⑪。朝,与上大夫言,誾誾如⑫也;与下大夫言,侃侃如⑬也。

入公门⑭,鞠躬如⑮也;趋进,翼如⑯也。君召使傧,色勃如⑰也。君命召,不俟驾行矣⑱。

鱼馁,肉败,割不正⑲,不食。席不正⑳,不坐。

食于有丧者之侧,未尝饱也。是日哭,则不歌。见齐衰、瞽者,虽童子必变㉑。

"三人行,必得我师。""德之不修,学之不讲,闻义不能徙㉒,不善不能改,是吾忧也。"使人歌,善,则使复之,然后和之。

---

①文:指诗书礼乐。行:德行。忠:忠诚。信:信实。

②绝四:杜绝四种毛病。

③毋意:不要臆测。毋必:不要武断。毋固:不要固执。毋我:不要单凭个人主见。

④齐:通"斋"。祭祀前的斋戒,包括清心寡欲、素食、洁身等,这里指祭祀。战:战争。疾:疾病。

⑤罕言:少言。

⑥愤:苦思冥想而不能领会貌。启:启发。

⑦隅:角。反:类推。

⑧乡党:乡和党是古代的两级基层组织(五百家为一党,一万二千五百家为乡)。此指家乡。

⑨恂恂:谦恭谨慎。

⑩辩辩言:说得有条理而详尽。

⑪尔:罢了。

⑫誾誾(yín)如:和悦而能直言。

⑬侃侃如:和乐刚直。

⑭公门:君主之门。

⑮鞠躬如:恭敬的样子。

⑯翼如:形容快步前进,姿态宛如鸟儿张开翅膀。

⑰傧:迎接宾客。色勃如:郑重的样子。

⑱不俟(sì)驾行矣:不等套好车就走。

⑲馁(něi):腐烂。败:坏。割:宰割,杀。割不正:谓非正常情况下的屠宰。

⑳席不正:座次不适当,不合身份,违背礼节。

㉑齐衰(zī cuī):古代用粗麻布做成的一种丧服。瞽(gǔ)者:盲人。虽童子必变:即使那些人是童子。变:改变脸色以示同情。

㉒修:修养,培养。讲:讲求,研究。义:道理。徙:前往学习。

子不语:怪,力,乱,神。

子贡曰:"夫子之文章,可得闻也。夫子言天道与性命^①,弗可得闻也已。颜渊喟然叹曰:"仰之弥高,钻之弥坚。瞻之在前,忽焉在后^②。夫子循循然^③善诱人,博我以文^④,约我以礼^⑤,欲罢不能^⑥。既竭我才,如有所立,卓尔^⑦。虽欲从之,蔑由也已^⑧。"达巷^⑨党人曰:"大哉孔子,博学而无所成名^⑩。"子闻之曰:"我何执^⑪?执御乎?执射乎?我执御矣^⑫。"牢^⑬曰:"子云'不试^⑭,故艺。'"

鲁哀公十四年春,狩大野^⑮。叔孙氏车子鉏商^⑯获兽,以为不祥。仲尼视之,曰:"麟也。"取之。曰:"河不出图,洛不出书,吾已矣夫!^⑰"颜渊

---

①性命:指天生的人性和命运。

②瞻之在前,忽焉在后:这是说孔子的学问很高深,不可穷尽,不可捉摸。

③循循然:有次序的样子。

④博我以文:用文来扩大我的知识领域,用各种典籍文章来丰富我的学识。

⑤约:约束、规范。

⑥罢:止。不能:想停止而不能自已。

⑦卓尔:高超、特出的样子。

⑧蔑由也已:找不到路径。蔑:无、不。

⑨达巷:党名。五百家为一党。

⑩博学而无所成名:学识广博,无所不知,却不名一家。

⑪执:掌握。

⑫我执御矣:我只是会驾车而已。六艺中御最为低下。此为谦辞。

⑬牢:孔子弟子琴牢。

⑭不试:政治上不被重用。试:(被)用。

⑮狩:打猎。大野:泽名,在今山东巨野县北。

⑯车子鉏(chú)商:《左传·哀公十四年》杜预注以"车子"连文,鉏商为人名。服虔以为车为御车者,子为姓,鉏商为名。《史记索隐》以为车子为主车车士。王引之《经义述闻》以子鉏为氏,商为名。

⑰这是孔子因获麟而引起的感慨。传说伏羲氏时,龙马背着图出现在黄河中,伏羲按照图画出八卦,这图称《河图》。大禹治水时,洛水中有神龟出现,背上文为数至九,大禹按照龟文编成《九畴》,作为治理天下的大法,这龟文称《洛书》。河出图,洛出书,表示圣人在位,政治清明,否则就是政治黑暗。孔子感慨自己的理想实现不了。

死,孔子曰:"天丧予①!"及西狩见麟,曰:"吾道穷矣②!"喟然叹曰:"莫知我夫③!"子贡曰:"何为莫知子?"子曰:"不怨天,不尤④人,下学而上达⑤,知我者其天乎⑥!"

"不降其志,不辱其身,伯夷、叔齐乎!"谓"柳下惠、少连⑦降志辱身矣"。谓"虞仲、夷逸隐居放言,行中清,废中权⑧"。"我则异于是,无可无不可⑨。"

子曰:"弗乎⑩弗乎?君子病没世而名不称⑪焉。吾道不行矣,吾何以自见于后世哉?"乃因史记作《春秋》⑫,上至隐公,下讫⑬哀公十四年,十二

---

①天丧予:老天就要让我死了。因颜渊是孔子的得意弟子,孔子认为是天生颜渊辅佐自己,颜渊死是天丧自己的预兆。

②古人认为麟是太平之兽,是与圣人连在一起的。时得麟而死,孔子认为理想彻底完了。

③莫知我夫:没有人了解我啊。莫:无人。

④尤:责怪、责备。

⑤下学而上达:下学人事,上达天命。

⑥知我者其天乎:孔子认为自己知天命,与天地合德,故认为唯有天了解自己。

⑦柳下惠:即展禽,鲁国大夫,曾三降其志而未离开鲁国,被孔子认为是降志辱身。少连:芈(mǐ)姓,又名季连,春秋时期东夷人。

⑧虞仲:即仲雍,周太王(古公)次子,而非《吴太伯世家》所言周章弟虞仲。夷逸:周代隐士。隐居放言:不言世务。行中清:行为合于纯洁的标准。中(zhòng):合乎。权:变通之术。《史记集解》引马融:"遭世乱,自废弃以免患,合于权也。"

⑨全句的意思是:既不降志辱身以求进取,也不隐居放言以避世,进退要看时机,时机到了无可无不可。

⑩弗乎:不是吗?

⑪病:担忧。没世:死亡。称:赞许。

⑫《史记·十二诸侯年表序》:"孔子明王道,干七十余君,莫能用,故西观周室,论史记旧闻,兴于鲁而次《春秋》,上记隐,下至哀之获麟。约其辞文,去其烦重,以制王法。"《史记·三代世表序》:"孔子因史文次《春秋》,纪元年,正时日月,盖其详哉!"《史记·儒林列传》:"因史记作《春秋》,以当王法,其辞微而指博,后世学者多录焉。"《公羊传》哀公十四年疏引《春秋演孔图》:"获麟而作《春秋》,九月书成。"《公羊传》哀公十四年疏引《河图·揆命篇》:"孔子年七十,知图书,作《春秋》。"《左传》哀公十四年疏:"贾逵、服虔、颍容等皆以为孔子自卫返鲁,考证礼乐,修《春秋》,约以周礼,三年文成,致麟,麟感而至。"

⑬讫:止。

公①。据鲁,亲周,故殷②,运之三代③。约其文辞而指博④。故吴、楚之君自称王,而《春秋》贬之曰"子";践土之会实召周天子,而《春秋》讳之曰"天王狩于河阳"⑤:推此类以绳⑥当世。贬损之义,后有王者举而开⑦之。《春秋》之义行,则天下乱臣贼子惧焉。

孔子在位听讼⑧,文辞有可与人共者⑨,弗独有也⑩。至于为《春秋》,笔则笔⑪,削则削⑫,子夏之徒不能赞一辞⑬。弟子受《春秋》,孔子曰:"后世知丘者以《春秋》,而罪⑭丘者亦以《春秋》。"

明岁,子路死于卫。孔子病,子贡请见。孔子方负杖逍遥⑮于门,曰:"赐,汝来何其晚也?"孔子因叹,歌曰:"太山坏乎!梁柱摧乎!哲人萎乎!⑯"因以涕下。谓子贡曰:"天下无道久矣,莫能宗予⑰。夏人殡⑱于东

---

①十二公:指鲁隐公、桓公、庄公、闵公、僖公、文公、宣公、成公、襄公、昭公、定公、哀公。

②据鲁:以鲁国为中心记述。亲周:以周天子为天下宗主。故殷:以殷为故,把殷的制度作为参考。故:古,引申为借鉴。梁玉绳《史记志疑》引《史诠》:"据鲁者,以鲁为据也。亲周者,以周为亲也。故殷者,以殷为故也。"

③运之三代:把夏商周三代的历史贯通起来,阐明事情的前因后果。

④约:简约。指:通"旨",宗旨、内容。博:含义广博。

⑤天王:周天子。据《左传·僖公二十八年》载:周襄王二十二年春,晋文公率中原诸侯在城濮打败了北犯的楚国,诸侯在践土(今河南原阳县西南)会盟。冬季,又会盟于温(今河南温县)。此时晋文公请周襄王到河阳(今河南孟州市西)来接受诸侯的朝见,周天子被迫应召。这说明周天子衰微了,但孔子认为"以臣召君,不可以训(遵循效法)",故仍说成是周天子主动出来打猎。这就是所谓《春秋》笔法。

⑥绳:纠正。

⑦开:推广。

⑧听讼:审理案件。

⑨与人共者:值得与人商量的地方。

⑩弗独有也:不专断,不武断。

⑪笔则笔:该怎么写就怎么写。

⑫削则削:该删的一定删。

⑬子夏:姓卜,名商,孔子弟子,以"文学"著名。这话的意思是连子夏这样有学问的人也无从插上一句话。赞一辞:帮助润色或者增加一个词。

⑭罪:怪罪、责备。

⑮方:正。负杖:拄着拐杖。逍遥:缓步行走的样子。

⑯《礼记·檀弓上》郑玄注:太山,为众山所仰;梁柱,为众木所仿;哲人,亦众人所仰仿。此皆孔子暗喻自己。

⑰宗予:归依我,遵奉我的主张。

⑱殡:停棺待葬。

阶,周人于西阶,殷人两柱间。昨暮予梦坐奠①两柱之间,予始殷人也②。"后七日卒。

孔子年七十三,以鲁哀公十六年四月己丑③卒。

哀公诔④之曰:"旻天不吊⑤,不慭遗一老⑥,俾屏余一人⑦以在位,茕茕余在疚⑧。呜呼哀哉!尼父⑨,毋自律⑩!"子贡曰:"君其不没于鲁⑪乎!夫子之言曰:'礼失则昏,名失则愆⑫。失志为昏,失所为愆。'生不能用,死而诔⑬之,非礼也⑭。称'余一人'⑮,非名也⑯。

孔子葬鲁城北泗上,弟子皆服⑰三年。三年心丧⑱毕,相诀⑲而去,则哭,各复尽哀;或复留。唯子赣庐于冢上⑳,凡六年,然后去㉑。弟子及鲁人

---

①坐奠:坐着受人祭奠。

②《礼记·檀弓上》记载孔子临终前说:"丘也,殷人也。"

③以:在。四月己丑:四月十一日。

④诔:上对下的一种哀悼死者的文辞。

⑤旻天不吊:意思是老天不加可怜。吊:同情、慰问。

⑥慭(yìn):暂且、姑且。遗(wèi):留给。一老:指孔子。

⑦俾(bǐ):使。屏:扔下。余一人:哀公自称。

⑧茕茕(qióng):孤独无依。余在疚:我在痛苦之中。

⑨尼父:尼是孔子的字,古人称字,是尊称。孔子字仲尼,仲尼是行辈加字。

⑩毋自律:没有我可以学习的楷模了。《史记集解》引王肃:"律,法也。言毋以自为法也。"毋:通"无"。

⑪不没于鲁:不死在鲁国,意为客死他国。没:死。

⑫愆(qiān):过失、错误。

⑬诔:作祭文哀悼。

⑭非礼也:孔子没做官,不是大夫,没资格享受诔文。

⑮余一人:即"寡人",此乃天子自称之辞。

⑯非名也:不符合名分。当时只有天子才称"余一人",鲁哀公为诸侯,称"余一人"是越分。

⑰服:服丧。

⑱心丧:在心中悼念,不穿丧服。

⑲诀:告别。

⑳子赣:即子贡。庐于冢上:在坟墓旁盖上屋子守墓。

㉑《孟子·滕文公上》:"孔子没,三年之外,门人治任将归,入揖于子贡,相向而哭,皆失声,然后归。子贡反,筑室于场,独居三年,然后归。"

往从冢而家者百有余室①,因命曰孔里。鲁世世相传以岁时奉祠②孔子冢,而诸儒亦讲礼《乡饮》《大射》③于孔子冢。孔子冢大一顷。故所居堂弟子内④,后世因⑤庙藏孔子衣冠琴车书,至于汉二百余年不绝⑥。高皇帝过鲁,以太牢⑦祠焉。诸侯卿相至,常先谒然后从政⑧。

孔子生鲤,字伯鱼。伯鱼年五十,先孔子死。

伯鱼生伋,字子思⑨,年六十二⑩。尝困于宋。子思作《中庸》。

子思生白,字子上,年四十七。子上生求,字子家,年四十五。子家生箕,字子京,年四十六。子京生穿,字子高,年五十一。子高生子慎,年五十七,尝为魏相。

子慎生鲋,年五十七,为陈王涉博士,死于陈下⑪。

鲋弟子襄⑫,年五十七。尝为孝惠皇帝博士,迁为长沙太守⑬。长九尺六寸。

子襄生忠,年五十七。忠生武,武生延年及安国。安国为今皇帝⑭博士,至临淮太守,蚤⑮卒。安国生卬,卬生驩。

---

①百有余室:一百多家。

②奉祠:祭拜。

③讲礼:习礼,练习礼仪。《乡饮》:古代乡学结业时,由乡大夫中年高望重者主持饮酒,并将优秀者推荐给朝廷。这种仪式叫乡饮,也叫乡饮酒。《大射》:乡饮后举行的一种习射礼仪。

④方苞《史记注补正》:"当作'故弟子所居堂内',传写倒误。"

⑤因:凭借、利用。

⑥《史记·儒林列传》:"高皇帝诛项籍,举兵围鲁,鲁中诸儒尚讲诵习礼乐,弦歌之音不绝。"

⑦高皇帝:汉高祖刘邦。太牢:祭祀时猪牛羊皆备称为太牢。

⑧谒:祭拜。从政:处理政务。

⑨子思:曾为鲁穆公师。

⑩六十二:据清人王复礼考订,"六十二"当为"八十二"之讹。见毛奇龄《四书賸言》。

⑪死于陈下:《汉书·儒林传》《盐铁论·毁学》都说鲋与涉俱死,而此与《汉书·孔光传》说死于陈下。《孔丛子·答问》则说博士凡仕六旬,老于陈。陈:陈县,今河南淮阳。

⑫子襄:即孔腾。

⑬迁:升官。钱大昕:"惠帝时,长沙为王国,不得有太守。《汉书》云太傅是也。"梁玉绳《史记志疑》:"长沙是时为封国,不应有太守。《孔光传》及《唐世系表》《家语后序》皆作太傅,则《史》误也。"

⑭今皇帝:指汉武帝。

⑮蚤:通"早"。

太史公曰：《诗》有之："高山仰止，景行行止。"①虽不能至，然心乡②往之。余读孔氏书，想见其为人。适鲁，观仲尼庙堂车服礼器，诸生以时③习礼其家，余祗回留之不能去④云。天下君王至于贤人众⑤矣，当时则荣，没则已焉。孔子布衣⑥，传十馀世，学者宗⑦之。自天子王侯，中国言六艺者折中⑧于夫子，可谓至圣矣！

①高山仰止：道德如高山令人敬仰。止：亦作"之"，语气词，加强语句的确定性。下同。景行(háng)：大路，可供人们行走。《诗经·小雅·车舝》："高山仰止，景行行止。"
②乡：通"向"。
③以时：按时。
④祗(zhī)：敬。祗回：一本作"低回"，徘徊之意。去：离开。
⑤众：多。
⑥布衣：平民。
⑦宗：信奉。

⑧六艺：六经。折中：取正，意思是以孔子的理论作为判断正误的标准。

【附录三】

《史记·仲尼弟子列传》①

孔子曰："受业身通②者七十有七人。"皆异能之士也。德行：颜渊，闵子骞，冉伯牛，仲弓。政事：冉有，季路。言语：宰我，子贡。文学：子游，子夏。师也辟，参也鲁，柴也愚，由也喭。回也屡空，赐不受命而货殖焉，亿则屡中。

孔子之所严事③：于周则老子④；于卫，蘧伯玉⑤；于齐，晏平仲⑥；于楚，老莱子⑦；于郑，子产⑧；于鲁，孟公绰⑨。数称臧文仲⑩、柳下惠⑪、铜鞮伯

---

①《史记·仲尼弟子列传》：记孔子弟子七十七人，其中三十五人有年龄和事迹，有四十二人只有姓名。《孔子家语·七十二弟子解》所载也是七十七人，两者人数相等，所载略有异同。朱彝尊据群书所记，统计孔子弟子凡九十八人，见《经义考》卷二八一。钱穆《先秦诸子系年考辨》卷一有《孔门弟子通考》。

②身通：身通六艺。

③严事：恭敬地对待。

④老子：《吕氏春秋·当染》："孔子学于老聃。"《韩诗外传》卷五："孔子学于老子。"

⑤蘧（Qú）伯玉：卫国著名贤大夫。《大戴礼记·卫将军文子》："外宽而内正，自极于隐括之中，直己而不直人，汲汲于仁，以善自终。盖蘧伯玉之行也。"

⑥晏平仲：即齐国名臣晏婴。《大戴礼记·卫将军文子》："君虽不量于其身，臣不可以不忠于其君。是故君择臣而任之，臣亦择君而事之。有道顺命，无道衡命。盖晏平仲之行也"。

⑦老莱子：春秋末期楚国人。《大戴礼记·卫将军文子》："蹈忠而行信，终日言不在尤之内。国无道，处贱不闷，贫而能乐。盖老莱子之行也。"

⑧子产：春秋后期郑国执政。《左传·昭公二十年》："子产卒。孔子闻之，出涕曰：古之遗爱也。"

⑨孟公绰：春秋后期鲁国大夫，性廉静寡欲而短于才。

⑩臧文仲：春秋前期鲁国大夫，"文"是他的谥号。《左传·襄公二十四年》："鲁有先大夫曰臧文仲，既没，其言立。"《国语·晋语八·叔孙穆子论死而不朽》："鲁大夫臧文仲，其身殁矣，其言立于后世，此之谓死而不朽。"

⑪柳下惠：春秋前期鲁国大夫。《大戴礼记·卫将军文子》："孝恭慈仁，允德图义，约货去怨，轻财不匮。盖柳下惠之行也。"

华①、介山子然②，孔子皆后之，不并世③。

颜回者，鲁人也，字子渊。少孔子三十岁④。

颜渊问仁，孔子曰："克己复礼，天下归仁焉。"

孔子曰："贤哉，回也！一箪⑤食，一瓢饮，在陋巷，人不堪其忧，回也不改其乐。""回也如愚；退而省其私，亦足以发，回也不愚。""用之则行⑥，舍之则藏⑦，唯我与尔有是夫！"

回年二十九⑧，发尽白，蚤⑨死。孔子哭之恸⑩，曰："自吾有回，门人益亲。"鲁哀公问："弟子孰为好学？"孔子对曰："有颜回者好学，不迁怒，不贰过。不幸短命死矣，今也则亡⑪。"

闵损字子骞。少孔子十五岁。

孔子曰："孝哉闵子骞！人不间⑫于其父母昆弟之言。"不仕大夫，不食污君⑬之禄。"如有复我者，必在汶上⑭矣。"

冉耕字伯牛。孔子以为有德行。

伯牛有恶疾，孔子往问之，自牖⑮执其手，曰："命也夫！斯人也而有斯疾，命也夫！"

---

①铜鞮（dī）伯华：《说苑·尊贤》："孔子闲居，喟然而叹曰：铜鞮伯华而无死，天下其有定矣。"《大戴礼记·卫将军文子》："其为人之渊泉也，多闻而难诞也，不内辞足以没世；国家有道，其言足以生；国家无道，其默足以容，盖铜鞮伯华之行也。"

②介山子然：即介子推。《大戴礼记·卫将军文子》："易行以俟天命，君下位而不援其上；观于四方也，不忘其亲；苟思其亲，不尽其乐；以不能学为己终身之忧，盖介山子推之行也。"

③不并世：不生活在同一个时代。

④三十岁：误，当从（清）李灼《至圣编》订正为三十八岁。

⑤箪：圆形竹器。

⑥行：出仕。

⑦藏：隐退。

⑧二十九：《孔子家语·七十二弟子解》亦云"年二十九而发白，三十一早死"。误，当为四十一岁。

⑨蚤：通"早"。

⑩恸：极度悲伤的样子。

⑪亡：通"无"。

⑫不间：无异词。

⑬污君：指季氏。

⑭汶上：欲北至齐也。

⑮牖：窗口。

冉雍字仲弓。

仲弓问政，孔子曰："出门如见大宾，使民如承大祭。在邦无怨，在家无怨①。"

孔子以仲弓为有德行，曰："雍也可使南面②。"

仲弓父，贱人。孔子曰："犁牛之子骍且角③，虽欲勿用，山川其舍诸？"

求字子有，少孔子二十九岁。为季氏宰④。

季康子问孔子曰："冉求仁乎？"曰："千室之邑，百乘之家⑤，求也可使治其赋。仁则吾不知也。"复问："子路仁乎？"孔子对曰："如求。"⑥

求问曰："闻斯⑦行诸？"子曰："行之。"子路问："闻斯行诸？"子曰："有父兄在，如之何其闻斯行之！"子华⑧怪之，"敢问问同而答异？"孔子曰："求也退⑨，故进之。由也兼人⑩，故退之。"

仲由字子路，卞⑪人也。少孔子九岁。

子路性鄙⑫，好勇力，志伉直⑬，冠雄鸡⑭，佩猳豚⑮，陵暴孔子。孔子设礼稍诱子路⑯，子路后儒服委质⑰，因门人请为弟子。

子路问政，孔子曰："先之，劳之。"请益。曰："无倦。"

---

①在邦：仕于诸侯。在家：仕于卿大夫。

②可使南面：可以治理一地。

③犁牛：毛色驳杂的牛。骍(xīng)：赤色。角：两角长得端正。

④宰：家宰。

⑤百乘之家：指大夫。

⑥见《论语·公冶长》，问者乃孟武伯，非季康子。

⑦斯：则，就。

⑧子华：公西赤，字子华，孔子弟子。

⑨退：畏缩。

⑩兼人：争强好胜。

⑪卞：今山东平邑县东北仲村。

⑫鄙：粗鲁、粗野。

⑬伉(kàng)直：刚直。

⑭冠雄鸡：戴着状如雄鸡的帽子。

⑮猳(jiā)豚：野猪，这里指用野猪皮装饰的剑。

⑯稍：渐渐。诱：诱导。

⑰委质：送上见面礼。

子路问:"君子尚勇乎?"孔子曰:"义之为上。君子好勇而无义则乱,小人好勇而无义则盗。"

子路有闻,未之能行,唯恐有①闻。

孔子曰:"片言可以折②狱者,其由也与!""由也好勇过我,无所取材。""若由也,不得其死然。""衣敝缊袍③,与衣狐貉④者立而不耻者,其由也与!""由也升堂矣,未入于室也。"

季康子问:"仲由仁乎?"孔子曰:"千乘之国可使治其赋,不知其仁。"⑤

子路喜从游,遇长沮、桀溺、荷蓧丈人⑥。

子路为季氏宰,季孙⑦问曰:"子路可谓大臣与?"孔子曰:"可谓具臣矣。"

子路为蒲⑧大夫,辞孔子。孔子曰:"蒲多壮士,又难治。然吾语汝:恭以敬,可以执勇;宽以正,可以比⑨众;恭正以静,可以报上。"

初,卫灵公有宠姬曰南子。灵公太子蒉聩⑩得过南子,惧诛出奔。及灵公卒而夫人欲立公子郢⑪。郢不肯,曰:"亡人太子之子辄在。"于是卫立辄为君,是为出公。出公立十二年,其父蒉聩居外,不得入。子路为卫大夫孔悝⑫之邑宰。蒉聩乃与孔悝作乱,谋入孔悝家,遂与其徒袭攻出公。出公奔鲁,而蒉聩入立,是为庄公。方孔悝作乱,子路在外,闻之而驰往。遇子羔⑬出卫城门,谓子路曰:"出公去矣,而门已闭,子可还矣,毋空受其

---

①有:通"又"。

②折:断。

③敝缊袍:用旧絮做的破袍子。

④狐貉:用狐貉皮做成的名贵衣裘。

⑤据《论语·公冶长》,问者乃孟武伯,非季康子。

⑥蓧(diào):除草用的工具。事见《论语·微子》《史记·孔子世家》。

⑦季孙:《论语·先进》说是季子然。

⑧蒲:卫邑。

⑨比:近。

⑩蒉聩(Kuǎi kuì):《左传》作蒯聩。

⑪公子郢:卫灵公的少子。

⑫孔悝(kuī):孔文子之子,其母为蒯聩之姊。

⑬子羔:孔子弟子高柴,时为卫大夫。

祸。"子路曰："食其食者①，不避其难。"子羔卒去。有使者入城，城门开，子路随而入。造蒉聩，蒉聩与孔悝登台。子路曰："君焉用孔悝？请得而杀之。"蒉聩弗听。于是子路欲燔台，蒉聩惧，乃下石乞、壶黡②攻子路，击断子路之缨③。子路曰："君子死而冠不免④。"遂结⑤缨而死。

孔子闻卫乱，曰："嗟乎，由死矣！"已而果死⑥。故孔子曰："自吾得由，恶言不闻于耳。"是时子贡为鲁使于齐⑦。

宰予字子我。利口辩辞⑧。

既受业，问："三年之丧不已久乎？君子三年不为礼，礼必坏；三年不为乐，乐必崩。旧谷既没，新谷既升⑨，钻燧改火⑩，期可已矣。"子曰："于汝安乎？"曰："安。""汝安则为之。君子居丧，食旨不甘⑪，闻乐不乐，故弗为也。"宰我出，子曰："予之不仁也！子生三年然后免于父母之怀。夫三年之丧，天下之通义也。"

宰予昼寝。子曰："朽木不可雕也，粪土之墙不可圬⑫也。"

宰我问五帝之德，子曰："予非其人也⑬。"

宰我为临菑大夫，与田常⑭作乱，以夷⑮其族，孔子耻之。

端沐赐⑯，卫人，字子贡。少孔子三十一岁。

子贡利口巧辞，孔子常黜其辩。问曰："汝与回也孰愈？"对曰："赐也

①子路时为孔悝邑宰。

②石乞、壶黡（yǎn）：蒉聩党人。

③缨：冠带，以系于下颏。

④《礼记·曲礼上》："冠毋免。"

⑤结：系。

⑥事见《左传·哀公十五年》《史记·卫康叔世家》。

⑦《左传》系此事于哀公十五年，《史记》恐误。此九字当删。

⑧利口辩辞：即口利辞辩。

⑨旧谷既没，新谷既升：指过了一年。

⑩钻燧改火：也指过了一年。

⑪旨：美味。甘：香甜。

⑫圬（wū）：粉刷墙壁。

⑬予非其人也：意思是我不是你问这种问题的人啊。

⑭田常：即陈恒，齐国贵族，弑齐简公。

⑮夷：灭绝。

⑯端沐赐：别的地方也写作"端木赐"。

何敢望回！回也闻一以知十,赐也闻一以知二。"

子贡既已受业,问曰:"赐何人也?"孔子曰:"汝器也。"曰:"何器也?"曰:"瑚琏①也。"

陈子禽②问子贡曰:"仲尼焉学?"子贡曰:"文、武之道未坠于地,在人,贤者识其大者,不贤者识其小者,莫不有文武之道。夫子焉不学,而亦何常师之有!"又问曰③:"孔子适是国,必闻④其政。求之与? 抑与之与?"子贡曰:"夫子温良恭俭让以得之。夫子之求之也,其诸异乎人之求之也。"

子贡问曰:"富而无骄,贫而无谄,何如?"孔子曰:"可也;不如贫而乐道,富而好礼。"

田常欲作乱于齐,惮高、国、鲍、晏⑤,故移其兵欲以伐鲁⑥。孔子闻之,谓门弟子曰:"夫鲁,坟墓所处,父母之国,国危如此,二三子何为莫出?"子路请出,孔子止之。子张、子石请行⑦,孔子弗许。子贡请行,孔子许之。

遂行,至齐,说田常曰:"君之伐鲁过矣。夫鲁,难伐之国,其城薄以卑,其地狭以泄⑧,其君愚而不仁,大臣伪而无用,其士民又恶甲兵之事,此不可与战。君不如伐吴。夫吴,城高以厚,地⑨广以深,甲坚以新,士选以饱⑩,重器精兵尽在其中⑪,又使明大夫守之,此易伐也。"田常忿然作色曰:"子之所难,人之所易;子之所易,人之所难。而以教常,何也?"子贡曰:"臣闻之,忧在内者攻强⑫,忧在外者攻弱。今君忧在内。吾闻君三封而三不成者,大臣有不听者也。今君破鲁以广齐,战胜以骄主,破国以尊

①瑚琏:宗庙里盛祭品的贵重器皿。

②《论语》记此问者为"卫公孙朝"。

③《论语》记此问者为"陈子禽"。

④闻:打听。

⑤高、国、鲍、晏:齐国的四大贵族。

⑥事见《左传·哀公八年》,但原因非如司马迁所说。

⑦子石:公孙龙子,孔子弟子。请行:请求出使。

⑧其地狭以泄:当作"其池狭以浅"。以:相当于"而"。

⑨地:当作"池"。

⑩选:精选。饱:给养充足。

⑪重器精兵尽在其中:指吴国样样都有。

⑫忧在内者攻强:指国内矛盾尖锐,如果挑战强敌,可以转移国内矛盾。

臣①,而君之功不与②焉,则交日疏于主。是君上骄主心,下恣群臣,求以成大事,难矣。夫上③骄则恣,臣骄则争,是君上与主有郤,下与大臣交争也。如此,则君之立于齐危矣。故曰不如伐吴。伐吴不胜,民人外死,大臣内空,是君上无强臣之敌,下无民人之过④,孤主制齐者唯君也。"田常曰:"善。虽然,吾兵业已加鲁矣,去而之吴⑤,大臣疑我,奈何?"子贡曰:"君按兵无伐,臣请往使吴王,令之救鲁而伐齐,君因以兵迎之。"

田常许之,使子贡南见吴王⑥。说曰:"臣闻之,王者不绝世⑦,霸者无强敌,千钧之重加铢⑧两而移。今以万乘之齐而私⑨千乘之鲁,与吴争强,窃为王危之。且夫救鲁,显名也;伐齐,大利也。以抚泗上诸侯⑩,诛暴齐以服强晋,利莫大焉。名存亡鲁,实困强齐。智者不疑也。"吴王曰:"善。虽然,吾尝与越战,栖之会稽。越王苦身养士,有报我心。子待我伐越而听子。"子贡曰:"越之劲不过鲁,吴之强不过齐,王置齐而伐越,则齐已平鲁矣。且王方以存亡继绝⑪为名,夫伐小越而畏强齐,非勇也。夫勇者不避难,仁者不穷约⑫,智者不失时,王者不绝世,以立其义。今存越示诸侯以仁,救鲁伐齐,威加晋国,诸侯必相率而朝吴⑬,霸业成矣。且王必恶⑭越,臣请东见越王,令出兵以从,此实空越,名从诸侯以伐也。"

①破国以尊臣:战胜敌国而使国内的政敌地位提高。

②与:赞赏、肯定。

③上:当作"主"。

④过:指责。

⑤去:撤出鲁国。之:改伐。

⑥《韩非子·五蠹》:"齐将攻鲁,鲁使子贡说之。齐人曰:'子言非不辩也,吾所欲者土地也,非斯言所谓也。'遂举兵伐鲁,去门十里以为界。"记载与此不同。

⑦王者不绝世:王者不会让一个诸侯国被灭而无动于衷。

⑧铢:一两的二十四分之一。

⑨私:吞并、占有。

⑩抚:安抚。泗上诸侯:杨宽《战国史》称"泗上十二诸侯"为鲁、宋、卫、邾、郳、薛、滕、莒、任、郯、费、邳。

⑪存亡继绝:《论语·尧曰》:"兴灭国,继绝世。"

⑫穷约:毁约。

⑬《公羊传·隐公十一年》:"诸侯来曰朝,大夫来曰聘。"

⑭恶(wù):担心。

　　吴王大说，乃使子贡之越。越王除道①郊迎，身御②至舍而问曰："此蛮夷之国，大夫何以俨然辱而临之③？"子贡曰："今者吾说吴王以救鲁伐齐，其志欲之而畏越，曰'待我伐越乃可'。如此，破越必矣。且夫无报人之志而令人疑之，拙也；有报人之志，使人知之，殆也；事未发而先闻，危也。三者举事之大患。"句践顿首再拜曰："孤尝不料力，乃与吴战，困于会稽，痛入于骨髓，日夜焦唇干舌，徒欲与吴王接踵④而死，孤之愿也。"遂问子贡。子贡曰："吴王为人猛暴，群臣不堪；国家敝以数战⑤，士卒弗忍；百姓怨上，大臣内变；子胥以谏死⑥，太宰嚭⑦用事，顺君之过以安其私⑧。是残国之治也。今王诚发士卒佐之以徼⑨其志，重宝以说其心，卑辞以尊其礼，其伐齐必也。彼战不胜，王之福矣。战胜，必以兵临晋，臣请北见晋君，令共攻之⑩，弱吴必矣。其锐兵尽于齐，重甲困于晋，而王制其敝，此灭吴必矣。"越王大说，许诺。送子贡金百镒，剑一，良矛二。子贡不受，遂行。

　　报吴王曰："臣敬以大王之言告越王，越王大恐，曰：'孤不幸，少失先人，内不自量，抵罪⑪于吴，军败身辱，栖于会稽，国为虚莽，赖大王之赐，使得奉俎豆而修祭祀，死不敢忘，何谋之敢虑！'"后五日，越使大夫种顿首言于吴王曰："东海役臣⑫孤句践使者臣种，敢修下吏问于左右。今窃闻大王将兴大义，诛强救弱，困暴齐而抚周室⑬，请悉起境内士卒三千人，孤请自被坚执锐，以先受矢石⑭。因越贱臣种奉先人藏器，甲二十领，鈇屈

---

①除道：清扫道路。

②御：驾车。

③俨然：庄重的样子。辱：谦辞。

④接踵：紧跟。

⑤敝：疲惫。数（shuò）战：连续战争。

⑥《孔子家语》《越绝书》无此五字，那时伍子胥还没死。

⑦太宰嚭（pǐ）：即伯嚭，原为楚人，后奔吴为太宰。

⑧安其私：换取他私心的喜悦。

⑨徼（yāo）：求取。

⑩令共攻之：越晋南北夹击吴国。

⑪抵罪：得罪，因犯罪而得到应有的惩罚。

⑫东海役臣：谦指勾践。

⑬周室：此指鲁国。

⑭先受矢石：愿为吴国充当先锋。

卢①之矛,步光之剑,以贺军吏。"吴王大说,以告子贡曰:"越王欲身从寡人伐齐,可乎?"子贡曰:"不可。夫空人之国,悉人之众,又从其君,不义。君受其币,许其师,而辞其君。"吴王许诺,乃谢越王。于是吴王乃遂发九郡兵②伐齐。

子贡因去之晋,谓晋君曰:"臣闻之,虑不先定不可以应卒③,兵不先辨④不可以胜敌。今夫齐与吴将战,彼战而不胜,越乱之必矣;与齐战而胜,必以其兵临晋。"晋君大恐,曰:"为之奈何?"子贡曰:"修兵休⑤卒以待之。"晋君许诺。

子贡去而之鲁。吴王果与齐人战于艾陵⑥,大破齐师,获七将军之兵而不归,果以兵临晋,与晋人相遇黄池之上。吴晋争强。晋人击之,大败吴师。越王闻之,涉江袭吴⑦,去城七里而军。吴王闻之,去晋而归,与越战于五湖⑧。三战不胜,城门不守,越遂围王宫,杀夫差而戮其相。破吴三年,东向而霸。

故子贡一出,存鲁,乱齐,破吴,强晋而霸越。子贡一使,使势相破⑨,十年之中,五国各有变。

子贡好废举⑩,与时转货赀⑪。喜扬人之美,不能匿人之过。常相鲁、卫⑫,家累千金,卒终于齐。

言偃,吴人,字子游。少孔子四十五岁。

子游既已受业,为武城⑬宰。孔子过,闻弦歌之声。孔子莞尔而笑曰:

①鈇(fū):斧。屈卢:矛名。

②九郡兵:《孔子家语·屈节解》作"国内之兵"。

③卒:通"猝"。应卒:应付突然事变。

④辨:通"办"。

⑤修:整治。休:休整。

⑥艾陵:齐邑名,在今山东莱芜东北。

⑦江:钱塘江。吴:吴都,今苏州。

⑧五湖:指太湖。

⑨使势相破:使固有的形势发生变化。

⑩废举:贱买贵卖。

⑪与时:及时。转货赀:随时转货以殖其资。

⑫常:通"尝"。鲁、卫:《史记·货殖列传》:"子赣既学于仲尼,退而仕于卫,废著鬻财于曹、鲁之间,七十子之徒,赐最为饶益。"

⑬武城:鲁县名,今山东费县西南。

"割鸡焉用牛刀?"子游曰:"昔者偃闻诸夫子曰,君子学道则爱人,小人学道则易使。"孔子曰:"二三子,偃之言是也。前言戏之耳。"孔子以为子游习于文学。

卜商字子夏。少孔子四十四岁。

子夏问:"'巧笑倩兮,美目盼兮,素以为绚兮',何谓也?"子曰:"绘事后素。"曰:"礼后乎?"孔子曰:"商始可与言《诗》已矣。"

子贡问:"师与商孰贤①?"子曰:"师也过,商也不及。""然则师愈与?"曰:"过犹不及。"

子谓子夏曰:"汝为君子儒,无为小人儒。"

孔子既没,子夏居西河②教授,为魏文侯师③。其子死,哭之失明④。

颛孙师,陈人,字子张。少孔子四十八岁。

子张问干禄⑤,孔子曰:"多闻阙疑,慎言其余,则寡尤⑥;多见阙殆⑦,慎行其余,则寡悔。言寡尤,行寡悔,禄在其中矣。"

他日从在陈、蔡间,困,问行⑧。孔子曰:"言忠信,行笃敬,虽蛮貊⑨之国行也;言不忠信,行不笃敬,虽州里行乎哉!立则见其参⑩于前也,在舆则见其倚于衡,夫然后行。"子张书诸绅⑪。

---

①师:子张。商:子夏。

②西河:汾州,今属山西。

③《吕氏春秋·举难》:"文侯师子夏,友田子方,敬段干木。"《史记·魏世家》:"文侯受子夏经艺。"

④《礼记·檀弓上》:"子夏丧其子而丧其明。曾子吊之曰:'吾闻之也:朋友丧明则哭之。'曾子哭,子夏亦哭,曰:'天乎!予之无罪也。'曾子怒曰:'商,女何无罪也?吾与女事夫子于洙泗之间,退而老于西河之上,使西河之民疑女于夫子,尔罪一也;丧尔亲,使民未有闻焉,尔罪二也;丧尔子,丧尔明,尔罪三也。而曰女何无罪与!'子夏投其杖而拜曰:'吾过矣!吾过矣!吾离群而索居,亦已久矣。'"

⑤干:求。禄:俸禄,禄位。

⑥尤:过错。

⑦殆:危险。

⑧行:为人处世。

⑨蛮貊(mò):古代对南方和北方少数民族的称呼。

⑩参:直立。

⑪绅:大带。

子张问："士何如斯可谓之达①矣？"孔子曰："何哉，尔所谓达者？"子张对曰："在国必闻，在家必闻。"孔子曰："是闻也，非达也。夫达者，质直而好义，察言而观色，虑以下人，在国及家必达。夫闻也者，色取仁而行违，居之不疑，在国及家必闻。"

曾参，南武城人②，字子舆。少孔子四十六岁。

孔子以为能通孝道，故授之业，作《孝经》③。死于鲁。

澹台灭明，武城④人，字子羽。少孔子三十九岁。

状貌甚恶⑤。欲事孔子，孔子以为材薄。既已受业，退而修行，行不由径，非公事不见卿大夫。南游至江，从弟子三百人，设⑥取予去就，名施⑦乎诸侯。孔子闻之，曰："吾以言取人，失之宰予；以貌取人，失之子羽。"⑧

宓不齐字子贱。少孔子三十岁。

孔子谓："子贱君子哉！鲁无君子，斯焉取⑨斯？"

子贱为单父⑩宰，反命于孔子，曰："此国有贤不齐者五人，教不齐所以治者。"孔子曰："惜哉不齐所治者小，所治者大则庶几⑪矣。"

原宪字子思。

子思问耻。孔子曰："国有道，谷⑫。国无道，谷，耻也。"子思曰："克伐怨欲不行焉，可以为仁乎？"孔子曰："可以为难矣，仁则吾弗知也。"

---

①达：显达。

②南武城：今山东平邑县附近。

③《孔子家语·七十二弟子解》："（曾子）志存孝道，故孔子因之以作《孝经》。"《汉书·艺文志》："《孝经》者，孔子为曾子陈孝道也。"

④武城：今山东费县西南。

⑤《孔子家语·子路初见》："子羽有君子之容，而行不胜其貌。"记载与《史记》相反。

⑥设：讲究、注意。

⑦施(yì)：延续、传播。

⑧《韩非子·显学》："澹台子羽，君子之容也，仲尼几而取之，与处久而行不称其貌。宰予之辞，雅而文也，仲尼几而取之，与处久而智不充其辩。故孔子曰：'以容取人乎，失之子羽；以言取人乎，失之宰予。'"《大戴礼记·五帝德》："吾欲以颜色取人，于灭明邪失之""吾欲以言取人，于予邪失之"。

⑨焉取：从何处学来。

⑩单(Shàn)父(fǔ)：春秋时鲁邑，今山东单县。

⑪庶几：差不多。

⑫谷：指做官拿俸禄。

　　孔子卒，原宪遂亡①在草泽中。子贡相卫，而结驷连骑②，排藜藿入穷阎③，过④谢原宪。宪摄⑤敝衣冠见子贡。子贡耻之，曰："夫子岂病⑥乎?"原宪曰："吾闻之，无财者谓之贫，学道而不能行者谓之病。若宪，贫也，非病也。"子贡惭，不怿⑦而去，终身耻其言之过也。

　　公冶长，齐人，字子长。

　　孔子曰："长可妻也，虽在累绁⑧之中，非其罪也。"以其子妻之。

　　南宫括字子容。

　　问孔子曰："羿善射，奡荡舟⑨，俱不得其死然；禹、稷躬稼而有天下!"孔子弗答。容出，孔子曰："君子哉若人! 上⑩德哉若人!""国有道，不废⑪；国无道，免于刑戮。"三复"白珪之玷"，以其兄之子妻之。

　　公皙哀字季次⑫。

　　孔子曰："天下无行，多为家臣，仕于都；唯季次未尝仕。"

　　曾蒧⑬字皙。

　　侍孔子，孔子曰："言尔志。"蒧曰："春服既成，冠者⑭五六人，童子六七人，浴⑮乎沂，风乎舞雩⑯，咏而归。"孔子喟尔叹曰："吾与蒧也!"

---

①亡：隐居。

②驷：套着四匹马的车。骑：一人一马的合称。

③排：拨开。藜藿：泛指荒草。穷阎：穷巷。《史记·货殖列传》："原宪不厌糟糠，匿于穷巷。"

④过：探望。

⑤摄：穿。

⑥病：穷困。

⑦怿(yì)：高兴。

⑧累绁(xiè)：捆绑犯人的绳索，这里指监狱。

⑨荡舟：拖舟陆行。

⑩上：通"尚"。

⑪不废：不会被埋没。

⑫《史记·游侠列传》："季次、原宪，终身空室蓬户，褐衣，疏食不厌。死而已四百余年，而弟子志之不倦。"

⑬曾蒧(diǎn)：即曾点，曾参之父。

⑭冠者：过了二十岁的人。古代男子二十行加冠礼。

⑮浴：洗澡。

⑯风：吹风。舞雩(yú)：求雨的台子。

颜无繇字路。路者，颜回父，父子尝各异时事孔子。

颜回死，颜路贫，请孔子车以葬。孔子曰：“材不材，亦各言其子也。鲤①也死，有棺而无椁②，吾不徒行以为之椁，以吾从大夫之后③，不可以徒行。”

商瞿，鲁人，字子木。少孔子二十九岁。

孔子传《易》于瞿，瞿传楚人馯臂子弘④，弘传江东人矫子庸疵⑤，疵传燕人周子家竖⑥，竖传淳于人光子乘羽⑦，羽传齐人田子庄何⑧，何传东武人王子中同⑨，同传菑川⑩人杨何，何元朔中以治《易》为汉中大夫⑪。

高柴字子羔。少孔子三十岁。

子羔长不盈五尺，受业孔子，孔子以为愚。子路使子羔为费、郈⑫宰，孔子曰：“贼夫人之子！”子路曰：“有民人焉，有社稷⑬焉，何必读书，然后为学！”孔子曰：“是故恶夫佞者。”

漆彫开字子开。

孔子使开仕，对曰：“吾斯⑭之未能信。”孔子说⑮。

公伯缭字子周。

周愬子路于季孙⑯，子服景伯⑰以告孔子，曰：“夫子固有惑志，缭也，吾

---

①鲤：孔鲤，字伯鱼，孔子的儿子。

②椁：外棺。

③从大夫之后：身为大夫。

④馯（hàn）臂子弘：姓馯名臂，字子弘。弘一作弓。

⑤矫子庸疵：矫一作桥，疵一作庇。颜师古《汉书注》：“桥庇，字子庸。”

⑥周子家竖：周竖，一作周丑，字子家。

⑦淳于：齐县名，在今山东安丘东北。光子乘羽：姓光名羽，字子乘。

⑧田子庄何：姓田名何，字子庄。

⑨东武：汉县名，在今山东诸城。王子中同：姓王名同，字子中。

⑩菑川：汉诸侯国名，国都在今山东昌乐西北。

⑪元朔：汉武帝的第三个年号。中大夫：官名，帝王的侍从官员，掌议论。

⑫费（Bì）：季氏采邑，在今山东费县。郈（hòu）：叔孙氏采邑，在今山东东平东南。

⑬社稷：土神与谷神。

⑭斯：此。

⑮说：通“悦”。

⑯愬：通“诉”，说人坏话。季孙：此指季康子。

⑰子服景伯：鲁大夫，姓子服，名何，“景”是谥号。

力犹能肆①诸市朝。"孔子曰:"道之将行,命也;道之将废,命也。公伯缭其如命何!"

司马耕字子牛。

牛多言而躁②。问仁于孔子,孔子曰:"仁者其言也讱③。"曰:"其言也讱,斯可谓之仁乎?"子曰:"为之难,言之得无讱乎!"

问君子,子曰:"君子不忧不惧。"曰:"不忧不惧,斯可谓之君子乎?"子曰:"内省不疚,夫何忧何惧!"

樊须字子迟。少孔子三十六岁。

樊迟请学稼,孔子曰:"吾不如老农。"请学圃,曰:"吾不如老圃。"樊迟出,孔子曰:"小人哉,樊须也!上好礼,则民莫敢不敬;上好义,则民莫敢不服;上好信,则民莫敢不用情④。夫如是,则四方之民襁负⑤其子而至矣,焉⑥用稼!"

樊迟问仁,子曰:"爱人。"问智,曰:"知人。"

有若少孔子四十三岁。

有若曰:"礼之用,和为贵,先王之道斯为美。小大由之,有所不行;知和而和,不以礼节之,亦不可行也。""信近于义,言可复也;恭近于礼,远耻辱也;因不失其亲,亦可宗也。"

孔子既没,弟子思慕,有若状似孔子,弟子相与共立为师,师之如夫子时也。他日,弟子进问曰:"昔夫子当行,使弟子持雨具,已而果雨。弟子问曰:'夫子何以知之?'夫子曰:'《诗》不云乎?月离于毕⑦,俾滂沱矣⑧。昨暮月不宿⑨毕乎?'他日,月宿毕,竟不雨。商瞿年长无子,其母为取室。孔子使之齐,瞿母请之⑩。孔子曰:'无忧,瞿年四十后后当有五丈夫

①肆:陈列,这里指陈尸。

②《周易·系辞下》:"吉人之辞寡,躁人之辞多。"

③讱(rèn):说话谨慎。

④情:实情、真情。

⑤襁负:用布笼背着。

⑥焉:哪里。

⑦离:通"罹",遭遇,这里指运行到。毕:星宿名,二十八宿之一。

⑧见《诗经·小雅·渐渐之石》。

⑨宿:停留,运行到。

⑩请之:请孔子勿使其子远出。

子①。'已而果然。问夫子何以知此?"有若默然无以应。弟子起曰:"有子避之,此非子之座也!"②

公西赤字子华。少孔子四十二岁。

子华使于齐,冉有为其母请粟。孔子曰:"与之釜③。"请益,曰:"与之庾④。"冉子与之粟五秉⑤。孔子曰:"赤之适齐也,乘肥马,衣轻裘。吾闻君子周⑥急不继富。"

巫马施字子旗。少孔子三十岁。

陈司败⑦问孔子曰:"鲁昭公知礼乎?"孔子曰:"知礼。"退而揖巫马旗曰:"吾闻君子不党⑧,君子亦党乎? 鲁君娶吴女为夫人,命之为孟子。孟子姓姬,讳称同姓,故谓之孟子。鲁君而知礼,孰不知礼!"施以告孔子,孔子曰:"丘也幸,苟有过,人必知之。臣不可言君亲之恶,为讳者,礼也⑨。"

梁鳣字叔鱼。少孔子二十九岁。

颜幸字子柳⑩。少孔子四十六岁。

冉孺字子鲁,少孔子五十岁。

曹恤字子循。少孔子五十岁。

伯虔字子析,少孔子五十岁。

公孙龙字子石。少孔子五十三岁。

自子石已右⑪三十五人,显有年名及受业闻见于书传。

其四十有二人,无年及不见书传者纪于左:

---

①当有五丈夫子:当有五个儿子。

②《孟子·滕文公上》的记载与此不同:"子夏、子张、子游以有若似圣人,欲以所事孔子事之,强曾子。曾子曰:'不可。江汉以濯之,秋阳以暴,皓皓乎不可尚已。'"

③釜:六斗四升。

④庾:十六斗。

⑤秉:十六斛曰秉,五秉合八十斛。

⑥周:通"赒(zhōu)",救济。

⑦陈司败:陈国大夫,司败乃其官名,相当于鲁国的司寇。

⑧党:偏袒、回护。

⑨臣不可言君亲之恶,为讳者,礼也:疑是旁注阑入正文。

⑩《礼记·檀弓下》有颜柳,或即此人。

⑪已右:相当于"以上"。"已"通"以"。

冉季字子产。公祖句兹字子之。秦祖字子南。漆雕哆字子敛。颜高字子骄。漆雕徒父。壤驷赤字子徒。商泽。石作蜀字子明。任不齐字选。公良孺字子正。后处字子里。秦冉字开。公夏首字乘。奚容箴字子皙。公肩定字子中。颜祖字襄。鄡单字子家。句井疆。罕父黑字子索。秦商字子丕。申党字周。颜之仆字叔。荣旂字祈。县成字祺。左人郢字行。燕伋字思。郑国字子徒。秦非字子之。施之常字子恒。颜哙字子声。步叔乘字子车。原亢籍。乐欬字子声。廉絜字庸。叔仲会字子期。颜何字冉。狄黑字皙。邦巽字子敛。孔忠。公西舆如字子上。公西葴字子上。

太史公曰:学者多称七十子之徒,誉者或过其实,毁者或损其真,钧之未睹厥①容貌,则论言弟子籍,出孔氏古文②近是。余以弟子名姓文字悉取《论语》弟子问并次③为篇,疑者阙④焉。

---

①厥:其。

②孔氏古文:指古文《论语》。

③次:编排。

④疑者阙:有疑问的地方就空缺。

【附录四】

《论语》全文

学而第一

1.1 子曰："学而时习之，不亦说乎？有朋自远方来，不亦乐乎？人不知，而不愠，不亦君子乎？"

1.2 有子曰："其为人也孝弟，而好犯上者，鲜矣。不好犯上，而好作乱者，未之有也。君子务本，本立而道生。孝弟也者，其为仁之本与！"

1.3 子曰："巧言令色，鲜矣仁！"

1.4 曾子曰："吾日三省吾身——为人谋而不忠乎？与朋友交而不信乎？传不习乎？"

1.5 子曰："道千乘之国，敬事而信，节用而爱人，使民以时。"

1.6 子曰："弟子，入则孝，出则悌，谨而信，泛爱众，而亲仁。行有余力，则以学文。"

1.7 子夏曰："贤贤易色；事父母，能竭其力；事君，能致其身；与朋友交，言而有信。虽曰未学，吾必谓之学矣。"

1.8 子曰："君子不重，则不威；学则不固。主忠信，无友不如己者。过，则勿惮改。"

1.9 曾子曰："慎终追远，民德归厚矣。"

1.10 子禽问于子贡曰："夫子至于是邦也，必闻其政，求之与？抑与之与？"子贡曰："夫子温、良、恭、俭、让以得之。夫子之求之也，其诸异乎人之求之与？"

1.11 子曰："父在，观其志；父没，观其行。三年无改于父之道，可谓孝矣。"

1.12 有子曰："礼之用，和为贵。先王之道，斯为美；小大由之。有所不行，知和而和，不以礼节之，亦不可行也。"

1.13 有子曰:"信近于义,言可复也。恭近于礼,远耻辱也。因不失其亲,亦可宗也。"

1.14 子曰:"君子食无求饱,居无求安。敏于事而慎于言,就有道而正焉,可谓好学也已。"

1.15 子贡曰:"贫而无谄,富而无骄,何如?"子曰:"可也;未若贫而乐,富而好礼者也。"子贡曰:"《诗》云'如切如磋,如琢如磨',其斯之谓与?"子曰:"赐也,始可与言《诗》已矣,告诸往而知来者。"

1.16 子曰:"不患人之不己知,患不知人也。"

为政第二

2.1 子曰:"为政以德,譬如北辰居其所而众星共之。"

2.2 子曰:"《诗》三百,一言以蔽之,曰:'思无邪。'"

2.3 子曰:"道之以政,齐之以刑,民免而无耻;道之以德,齐之以礼,有耻且格。"

2.4 子曰:"吾十有五而志于学,三十而立,四十而不惑,五十而知天命,六十而耳顺,七十而从心所欲,不逾矩。"

2.5 孟懿子问孝。子曰:"无违。"樊迟御,子告之曰:"孟孙问孝于我,我对曰,无违。"樊迟曰:"何谓也?"子曰:"生,事之以礼;死,葬之以礼,祭之以礼。"

2.6 孟武伯问孝。子曰:"父母唯其疾之忧。"

2.7 子游问孝。子曰:"今之孝者,是谓能养。至于犬马,皆能有养;不敬,何以别乎?"

2.8 子夏问孝。子曰:"色难。有事,弟子服其劳;有酒食,先生馔,曾是以为孝乎?"

2.9 子曰:"吾与回言终日,不违,如愚。退而省其私,亦足以发,回也不愚。"

2.10 子曰:"视其所以,观其所由,察其所安。人焉廋哉?人焉廋哉?"

2.11 子曰:"温故而知新,可以为师矣。"

2.12　子曰：“君子不器。”

2.13　子贡问君子。子曰：“先行其言而后从之。”

2.14　子曰：“君子周而不比，小人比而不周。”

2.15　子曰：“学而不思则罔，思而不学则殆。”

2.16　子曰：“攻乎异端，斯害也已。”

2.17　子曰：“由！诲女知之乎！知之为知之，不知为不知，是知也。”

2.18　子张学干禄。子曰：“多闻阙疑，慎言其余，则寡尤；多见阙殆，慎行其余，则寡悔。言寡尤，行寡悔，禄在其中矣。”

2.19　哀公问曰：“何为则民服？”孔子对曰：“举直错诸枉，则民服；举枉错诸直，则民不服。”

2.20　季康子问：“使民敬、忠以劝，如之何？”子曰：“临之以庄，则敬；孝慈，则忠；举善而教不能，则劝。”

2.21　或谓孔子曰：“子奚不为政？”子曰：“《书》云：‘孝乎惟孝，友于兄弟，施于有政。’是亦为政，奚其为为政？”

2.22　子曰：“人而无信，不知其可也。大车无輗，小车无軏，其何以行之哉？”

2.23　子张问：“十世可知也？”子曰：“殷因于夏礼，所损益，可知也；周因于殷礼，所损益，可知也。其或继周者，虽百世，可知也。”

2.24　子曰：“非其鬼而祭之，谄也。见义不为，无勇也。”

八佾第三

3.1　孔子谓季氏：“八佾舞于庭，是可忍也，孰不可忍也？”

3.2　三家者以《雍》彻。子曰：“‘相维辟公，天子穆穆’，奚取于三家之堂？”

3.3　子曰：“人而不仁，如礼何？人而不仁，如乐何？”

3.4　林放问礼之本。子曰：“大哉问！礼，与其奢也，宁俭；丧，与其易也，宁戚。”

3.5　子曰：“夷狄之有君，不如诸夏之亡也。”

3.6　季氏旅于泰山。子谓冉有曰：“女弗能救与？”对曰：“不能。”子曰:"呜呼! 曾谓泰山不若林放乎?"

3.7　子曰:"君子无所争。必也射乎! 揖让而升,下而饮。其争也君子。"

3.8　子夏问曰:"'巧笑倩兮,美目盼兮,素以为绚兮。'何谓也?"子曰:"绘事后素。"曰:"礼后乎?"子曰:"起予者商也! 始可与言《诗》已矣。"

3.9　子曰:"夏礼,吾能言之,杞不足征也;殷礼,吾能言之,宋不足征也。文献不足故也。足,则吾能征之矣。"

3.10　子曰:"禘自既灌而往者,吾不欲观之矣。"

3.11　或问禘之说。子曰:"不知也;知其说者之于天下也,其如示诸斯乎!"指其掌。

3.12　祭如在,祭神如神在。子曰:"吾不与祭,如不祭。"

3.13　王孙贾问曰:"与其媚于奥,宁媚于灶,何谓也?"子曰:"不然;获罪于天,无所祷也。"

3.14　子曰:"周监于二代,郁郁乎文哉! 吾从周。"

3.15　子入太庙,每事问。或曰:"孰谓鄹人之子知礼乎? 入太庙,每事问。"子闻之,曰:"是礼也。"

3.16　子曰:"射不主皮,为力不同科,古之道也。"

3.17　子贡欲去告朔之饩羊。子曰:"赐也! 尔爱其羊,我爱其礼。"

3.18　子曰:"事君尽礼,人以为谄也。"

3.19　定公问:"君使臣,臣事君,如之何?"孔子对曰:"君使臣以礼,臣事君以忠。"

3.20　子曰:"《关雎》,乐而不淫,哀而不伤。"

3.21　哀公问社于宰我。宰我对曰:"夏后氏以松,殷人以柏,周人以栗,曰:'使民战栗。'"子闻之,曰:"成事不说,遂事不谏,既往不咎。"

3.22　子曰:"管仲之器小哉!"或曰:"管仲俭乎?"曰:"管氏有三归,官事不摄,焉得俭?""然则管仲知礼乎?"曰:"邦君树塞门,管氏亦树塞门。邦君为两君之好,有反坫,管氏亦有反坫。管氏而知礼,孰不知礼?"

3.23　子语鲁大师乐,曰:"乐其可知也:始作,翕如也;从之,纯如也,皦如也,绎如也,以成。"

3.24　仪封人请见,曰:"君子之至于斯也,吾未尝不得见也。"从者见之。出曰:"二三子何患于丧乎? 天下之无道也久矣,天将以夫子为木铎。"

3.25　子谓《韶》,"尽美矣,又尽善也"。谓《武》,"尽美矣,未尽善也"。

3.26　子曰:"居上不宽,为礼不敬,临丧不哀,吾何以观之哉?"

里仁第四

4.1　子曰:"里仁为美。择不处仁,焉得知?"

4.2　子曰:"不仁者不可以久处约,不可以长处乐。仁者安仁,知者利仁。"

4.3　子曰:"唯仁者能好人,能恶人。"

4.4　子曰:"苟志于仁矣,无恶也。"

4.5　子曰:"富与贵,是人之所欲也;不以其道得之,不处也。贫与贱,是人之所恶也;不以其道得之,不去也。君子去仁,恶乎成名? 君子无终食之间违仁,造次必于是,颠沛必于是。"

4.6　子曰:"我未见好仁者,恶不仁者。好仁者,无以尚之;恶不仁者,其为仁矣,不使不仁者加乎其身。有能一日用其力于仁矣乎? 我未见力不足者。盖有之矣,我未之见也。"

4.7　子曰:"人之过也,各于其党。观过,斯知仁矣。"

4.8　子曰:"朝闻道,夕死可矣。"

4.9　子曰:"士志于道,而耻恶衣恶食者,未足与议也。"

4.10　子曰:"君子之于天下也,无适也,无莫也,义之与比。"

4.11　子曰:"君子怀德,小人怀土;君子怀刑,小人怀惠。"

4.12　子曰:"放于利而行,多怨。"

4.13　子曰:"能以礼让为国乎? 何有? 不能以礼让为国,如礼何?"

4.14　子曰:"不患无位,患所以立。不患莫己知,求为可知也。"

4.15　子曰:"参乎,吾道一以贯之。"曾子曰:"唯。"子出,门人问曰:"何谓也?"曾子曰:"夫子之道,忠恕而已矣。"

4.16 子曰:"君子喻于义,小人喻于利。"

4.17 子曰:"见贤思齐焉,见不贤而内自省也。"

4.18 子曰:"事父母几谏,见志不从,又敬不违,劳而不怨。"

4.19 子曰:"父母在,不远游,游必有方。"

4.20 子曰:"三年无改于父之道,可谓孝矣。"

4.21 子曰:"父母之年,不可不知也。一则以喜,一则以惧。"

4.22 子曰:"古者言之不出,耻躬之不逮也。"

4.23 子曰:"以约失之者鲜矣。"

4.24 子曰:"君子欲讷于言而敏于行。"

4.25 子曰:"德不孤,必有邻。"

4.26 子游曰:"事君数,斯辱矣;朋友数,斯疏矣。"

公冶长第五

5.1 子谓公冶长,"可妻也。虽在缧绁之中,非其罪也。"以其子妻之。

5.2 子谓南容,"邦有道,不废;邦无道,免于刑戮"。以其兄之子妻之。

5.3 子谓子贱,"君子哉若人!鲁无君子者,斯焉取斯?"

5.4 子贡问曰:"赐也何如?"子曰:"女,器也。"曰:"何器也?"曰:"瑚琏也。"

5.5 或曰:"雍也仁而不佞。"子曰:"焉用佞? 御人以口给,屡憎于人,不知其仁,焉用佞?"

5.6 子使漆雕开仕。对曰:"吾斯之未能信。"子说。

5.7 子曰:"道不行,乘桴浮于海。从我者,其由与?"子路闻之喜。子曰:"由也好勇过我,无所取材。"

5.8 孟武伯问:"子路仁乎?"子曰:"不知也。"又问。子曰:"由也,千乘之国,可使治其赋也,不知其仁也。""求也何如?"子曰:"求也,千室之邑,百乘之家,可使为之宰也,不知其仁也。""赤也何如?"子曰:"赤也,束带立于朝,可使与宾客言也,不知其仁也。"

5.9　子谓子贡曰:"女与回也孰愈?"对曰:"赐也何敢望回? 回也闻一以知十,赐也闻一以知二。"子曰:"弗如也;吾与女弗如也。"

5.10　宰予昼寝。子曰:"朽木不可雕也,粪土之墙不可杇也;于予与何诛?"子曰:"始吾于人也,听其言而信其行;今吾于人也,听其言而观其行。于予与改是。"

5.11　子曰:"吾未见刚者。"或对曰:"申枨。"子曰:"枨也欲,焉得刚?"

5.12　子贡曰:"我不欲人之加诸我也,吾亦欲无加诸人。"子曰:"赐也,非尔所及也。"

5.13　子贡曰:"夫子之文章,可得而闻也;夫子之言性与天道,不可得而闻也。"

5.14　子路有闻,未之能行,唯恐有闻。

5.15　子贡问曰:"孔文子何以谓之'文'也?"子曰:"敏而好学,不耻下问,是以谓之'文'也。"

5.16　子谓子产有君子之道四焉:其行己也恭,其事上也敬,其养民也惠,其使民也义。

5.17　子曰:"晏平仲善与人交,久而敬之。"

5.18　子曰:"臧文仲居蔡,山节藻棁,何如其知也?"

5.19　子张问曰:"令尹子文三仕为令尹,无喜色;三已之,无愠色。旧令尹之政,必以告新令尹。何如?"子曰:"忠矣。"曰:"仁矣乎?"曰:"未知;——焉得仁?""崔子弑齐君,陈文子有马十乘,弃而违之。至于他邦,则曰:'犹吾大夫崔子也。'违之。之一邦,则又曰:'犹吾大夫崔子也。'违之。何如?"子曰:"清矣。"曰:"仁矣乎?"曰:"未知;——焉得仁?"

5.20　季文子三思而后行。子闻之,曰:"再,斯可矣!"

5.21　子曰:"宁武子,邦有道,则知;邦无道,则愚。其知可及也,其愚不可及也。"

5.22　子在陈,曰:"归与! 归与! 吾党之小子狂简,斐然成章,不知所以裁之。"

5.23　子曰:"伯夷、叔齐,不念旧恶,怨是用希。"

5.24　子曰:"孰谓微生高直? 或乞醯焉,乞诸其邻而与之。"

5.25　子曰:"巧言、令色、足恭,左丘明耻之,丘亦耻之。匿怨而友其人,左丘明耻之,丘亦耻之。"

5.26　颜渊季路侍。子曰:"盍各言尔志?"子路曰:"愿车马衣轻裘与朋友共敝之而无憾。"颜渊曰:"愿无伐善,无施劳。"子路曰:"愿闻子之志。"子曰:"老者安之,朋友信之,少者怀之。"

5.27　子曰:"已矣乎,吾未见能见其过而内自讼者也。"

5.28　子曰:"十室之邑,必有忠信如丘者焉,不如丘之好学也。"

雍也第六

6.1　子曰:"雍也可使南面。"

6.2　仲弓问子桑伯子。子曰:"可也简。"仲弓曰:"居敬而行简,以临其民,不亦可乎? 居简而行简,无乃大简乎?"子曰:"雍之言然。"

6.3　哀公问:"弟子孰为好学?"孔子对曰:"有颜回者好学,不迁怒,不贰过。不幸短命死矣,今也则亡,未闻好学者也。"

6.4　子华使于齐,冉子为其母请粟。子曰:"与之釜。"请益。曰:"与之庾。"冉子与之粟五秉。子曰:"赤之适齐也,乘肥马,衣轻裘。吾闻之也:君子周急不继富。"

6.5　原思为之宰,与之粟九百,辞。子曰:"毋! 以与尔邻里乡党乎!"

6.6　子谓仲弓,曰:"犁牛之子骍且角,虽欲勿用,山川其舍诸?"

6.7　子曰:"回也,其心三月不违仁,其余则日月至焉而已矣。"

6.8　季康子问:"仲由可使从政也与?"子曰:"由也果,于从政乎何有?"曰:"赐也可使从政也与?"曰:"赐也达,于从政乎何有?"曰:"求也可使从政也与?"曰:"求也艺,于从政乎何有?"

6.9　季氏使闵子骞为费宰。闵子骞曰:"善为我辞焉! 如有复我者,则吾必在汶上矣。"

6.10　伯牛有疾,子问之,自牖执其手,曰:"亡之,命矣夫! 斯人也而有斯疾也! 斯人也而有斯疾也!"

6.11　子曰:"贤哉,回也! 一箪食,一瓢饮,在陋巷,人不堪其忧,回也不改其乐。贤哉,回也!"

6.12　冉求曰:"非不说子之道,力不足也。"子曰:"力不足者,中道而废。今女画。"

6.13　子谓子夏曰:"女为君子儒,无为小人儒。"

6.14　子游为武城宰。子曰:"女得人焉耳乎?"曰:"有澹台灭明者,行不由径,非公事,未尝至于偃之室也。"

6.15　子曰:"孟之反不伐,奔而殿,将入门,策其马,曰:'非敢后也,马不进也。'"

6.16　子曰:"不有祝鮀之佞,而有宋朝之美,难乎免于今之世矣。"

6.17　子曰:"谁能出不由户?何莫由斯道也?"

6.18　子曰:"质胜文则野,文胜质则史。文质彬彬,然后君子。"

6.19　子曰:"人之生也直,罔之生也幸而免。"

6.20　子曰:"知之者不如好之者,好之者不如乐之者。"

6.21　子曰:"中人以上,可以语上也;中人以下,不可以语上也。"

6.22　樊迟问知。子曰:"务民之义,敬鬼神而远之,可谓知矣。"问仁。曰:"仁者先难而后获,可谓仁矣。"

6.23　子曰:"知者乐水,仁者乐山。知者动,仁者静。知者乐,仁者寿。"

6.24　子曰:"齐一变,至于鲁;鲁一变,至于道。"

6.25　子曰:"觚不觚,觚哉!觚哉!"

6.26　宰我问曰:"仁者,虽告之曰:'井有仁焉。'其从之也?"子曰:"何为其然也?君子可逝也,不可陷也;可欺也,不可罔也。"

6.27　子曰:"君子博学于文,约之以礼,亦可以弗畔矣夫!"

6.28　子见南子,子路不说。夫子矢之曰:"予所否者,天厌之!天厌之!"

6.29　子曰:"中庸之为德也,其至矣乎!民鲜久矣。"

6.30　子贡曰:"如有博施于民而能济众,何如?可谓仁乎?"子曰:"何事于仁!必也圣乎!尧舜其犹病诸!夫仁者,己欲立而立人,己欲达而达人。能近取譬,可谓仁之方也已。"

述而第七

7.1　子曰:"述而不作,信而好古,窃比于我老彭。"

7.2　子曰:"默而识之,学而不厌,诲人不倦,何有于我哉?"

7.3　子曰:"德之不修,学之不讲,闻义不能徙,不善不能改,是吾忧也。"

7.4　子之燕居,申申如也,夭夭如也。

7.5　子曰:"甚矣吾衰也! 久矣吾不复梦见周公!"

7.6　子曰:"志于道,据于德,依于仁,游于艺。"

7.7　子曰:"自行束脩以上,吾未尝无诲焉。"

7.8　子曰:"不愤不启,不悱不发。举一隅不以三隅反,则不复也。"

7.9　子食于有丧者之侧,未尝饱也。

7.10　子于是日哭,则不歌。

7.11　子谓颜渊曰:"用之则行,舍之则藏,惟我与尔有是夫!"子路曰:"子行三军,则谁与?"子曰:"暴虎冯河,死而无悔者,吾不与也。必也临事而惧,好谋而成者也。"

7.12　子曰:"富而可求也,虽执鞭之士,吾亦为之。如不可求,从吾所好。"

7.13　子之所慎:齐,战,疾。

7.14　子在齐闻《韶》,三月不知肉味,曰:"不图为乐之至于斯也。"

7.15　冉有曰:"夫子为卫君乎?"子贡曰:"诺;吾将问之。"入,曰:"伯夷、叔齐何人也?"曰:"古之贤人也。"曰:"怨乎?"曰:"求仁而得仁,又何怨?"出,曰:"夫子不为也。"

7.16　子曰:"饭疏食饮水,曲肱而枕之,乐亦在其中矣。不义而富且贵,于我如浮云。"

7.17　子曰:"加我数年,五十以学《易》,可以无大过矣。"

7.18　子所雅言,《诗》、《书》、执礼,皆雅言也。

7.19　叶公问孔子于子路,子路不对。子曰:"女奚不曰,其为人也,发愤忘食,乐以忘忧,不知老之将至云尔。"

7.20 子曰:"我非生而知之者,好古,敏以求之者也。"

7.21 子不语怪,力,乱,神。

7.22 子曰:"三人行,必有我师焉:择其善者而从之,其不善者而改之。"

7.23 子曰:"天生德于予,桓魋其如予何?"

7.24 子曰:"二三子以我为隐乎?吾无隐乎尔。吾无行而不与二三子者,是丘也。"

7.25 子以四教:文,行,忠,信。

7.26 子曰:"圣人,吾不得而见之矣;得见君子者,斯可矣。"子曰:"善人,吾不得而见之矣;得见有恒者,斯可矣。亡而为有,虚而为盈,约而为泰,难乎有恒矣。"

7.27 子钓而不纲,弋不射宿。

7.28 子曰:"盖有不知而作之者,我无是也。多闻,择其善者而从之;多见而识之;知之次也。"

7.29 互乡难与言,童子见,门人惑。子曰:"与其进也,不与其退也,唯何甚?人洁己以进,与其洁也,不保其往也。"

7.30 子曰:"仁远乎哉?我欲仁,斯仁至矣。"

7.31 陈司败问昭公知礼乎,孔子曰:"知礼。"孔子退,揖巫马期而进之,曰:"吾闻君子不党,君子亦党乎?君取于吴,为同姓,谓之吴孟子。君而知礼,孰不知礼?"巫马期以告。子曰:"丘也幸,苟有过,人必知之。"

7.32 子与人歌而善,必使反之,而后和之。

7.33 子曰:"文,莫吾犹人也。躬行君子,则吾未之有得。"

7.34 子曰:"若圣与仁,则吾岂敢?抑为之不厌,诲人不倦,则可谓云尔已矣。"公西华曰:"正唯弟子不能学也。"

7.35 子疾病,子路请祷。子曰:"有诸?"子路对曰:"有之。《诔》曰:'祷尔于上下神祇。'"子曰:"丘之祷久矣。"

7.36 子曰:"奢则不孙,俭则固。与其不孙也,宁固。"

7.37 子曰:"君子坦荡荡,小人长戚戚。"

7.38 子温而厉,威而不猛,恭而安。

泰伯第八

8.1　子曰："泰伯,其可谓至德也已矣。三以天下让,民无得而称焉。"

8.2　子曰:"恭而无礼则劳,慎而无礼则葸,勇而无礼则乱,直而无礼则绞。君子笃于亲,则民兴于仁;故旧不遗,则民不偷。"

8.3　曾子有疾,召门弟子曰:"启予足! 启予手!《诗》云:'战战兢兢,如临深渊,如履薄冰。'而今而后,吾知免夫! 小子!"

8.4　曾子有疾,孟敬子问之,曾子言曰:"鸟之将死,其鸣也哀;人之将死,其言也善。君子所贵乎道者三:动容貌,斯远暴慢矣;正颜色,斯近信矣;出辞气,斯远鄙倍矣。笾豆之事,则有司存。"

8.5　曾子曰:"以能问于不能,以多问于寡;有若无,实若虚;犯而不校——昔者吾友尝从事于斯矣。"

8.6　曾子曰:"可以托六尺之孤,可以寄百里之命,临大节而不可夺也——君子人与? 君子人也。"

8.7　曾子曰:"士不可以不弘毅,任重而道远。仁以为己任,不亦重乎? 死而后已,不亦远乎?"

8.8　子曰:"兴于诗,立于礼,成于乐。"

8.9　子曰:"民可使由之,不可使知之。"

8.10　子曰:"好勇疾贫,乱也。人而不仁,疾之已甚,乱也。"

8.11　子曰:"如有周公之才之美,使骄且吝,其余不足观也已。"

8.12　子曰:"三年学,不至于谷,不易得也。"

8.13　子曰:"笃信好学,守死善道。危邦不入,乱邦不居。天下有道则见,无道则隐。邦有道,贫且贱焉,耻也;邦无道,富且贵焉,耻也。"

8.14　子曰:"不在其位,不谋其政。"

8.15　子曰:"师挚之始,《关雎》之乱,洋洋乎盈耳哉!"

8.16　子曰:"狂而不直,侗而不愿,悾悾而不信,吾不知之矣。"

8.17　子曰:"学如不及,犹恐失之。"

8.18　子曰:"巍巍乎,舜禹之有天下也而不与焉!"

8.19　子曰："大哉尧之为君也！巍巍乎！唯天为大,唯尧则之。荡荡乎,民无能名焉。巍巍乎其有成功也,焕乎其有文章！"

8.20　舜有臣五人而天下治。武王曰："予有乱臣十人。"孔子曰："才难,不其然乎？唐虞之际,于斯为盛。有妇人焉,九人而已。三分天下有其二,以服事殷。周之德,其可谓至德也已矣。"

8.21　子曰："禹,吾无间然矣。菲饮食而致孝乎鬼神,恶衣服而致美乎黻冕,卑宫室而尽力乎沟洫。禹,吾无间然矣！"

子罕第九

9.1　子罕言利与命与仁。

9.2　达巷党人曰："大哉孔子！博学而无所成名。"子闻之,谓门弟子曰："吾何执？执御乎？执射乎？吾执御矣。"

9.3　子曰："麻冕,礼也；今也纯,俭,吾从众。拜下,礼也；今拜乎上,泰也。虽违众,吾从下。"

9.4　子绝四：毋意,毋必,毋固,毋我。

9.5　子畏于匡,曰："文王既没,文不在兹乎？天之将丧斯文也,后死者不得与于斯文也；天之未丧斯文也,匡人其如予何？"

9.6　太宰问于子贡曰："夫子圣者与？何其多能也？"子贡曰："固天纵之将圣,又多能也。"子闻之,曰："太宰知我乎！吾少也贱,故多能鄙事。君子多乎哉？不多也。"

9.7　牢曰："子云,'吾不试,故艺'。"

9.8　子曰："吾有知乎哉？无知也。有鄙夫问于我,空空如也。我叩其两端而竭焉。"

9.9　子曰："凤鸟不至,河不出图,吾已矣夫！"

9.10　子见齐衰者、冕衣裳者与瞽者,见之,虽少,必作；过之,必趋。

9.11　颜渊喟然叹曰："仰之弥高,钻之弥坚。瞻之在前,忽焉在后。夫子循循然善诱人,博我以文,约我以礼,欲罢不能。既竭吾才,如有所立卓尔。虽欲从之,末由也已。"

9.12　子疾病,子路使门人为臣。病间,曰："久矣哉,由之行诈也！

无臣而为有臣。吾谁欺？欺天乎！且予与其死于臣之手也,无宁死于二三子之手乎！且予纵不得大葬,予死于道路乎？"

9.13　子贡曰:"有美玉于斯,韫椟而藏诸？求善贾而沽诸？"子曰:"沽之哉！沽之哉！我待贾者也。"

9.14　子欲居九夷。或曰:"陋,如之何？"子曰:"君子居之,何陋之有？"

9.15　子曰:"吾自卫反鲁,然后乐正,《雅》《颂》各得其所。"

9.16　子曰:"出则事公卿,入则事父兄,丧事不敢不勉,不为酒困,何有于我哉？"

9.17　子在川上,曰:"逝者如斯夫！不舍昼夜。"

9.18　子曰:"吾未见好德如好色者也。"

9.19　子曰:"譬如为山,未成一篑,止,吾止也。譬如平地,虽覆一篑,进,吾往也。"

9.20　子曰:"语之而不惰者,其回也与！"

9.21　子谓颜渊,曰:"惜乎！吾见其进也,未见其止也。"

9.22　子曰:"苗而不秀者有矣夫！秀而不实者有矣夫！"

9.23　子曰:"后生可畏,焉知来者之不如今也？四十、五十而无闻焉,斯亦不足畏也已。"

9.24　子曰:"法语之言,能无从乎？改之为贵。巽与之言,能无说乎？绎之为贵。说而不绎,从而不改,吾末如之何也已矣。"

9.25　子曰:"主忠信,毋友不如己者,过则勿惮改。"

9.26　子曰:"三军可夺帅也,匹夫不可夺志也。"

9.27　子曰:"衣敝缊袍,与衣狐貉者立,而不耻者,其由也与？'不忮不求,何用不臧？'"子路终身诵之。子曰:"是道也,何足以臧？"

9.28　子曰:"岁寒,然后知松柏之后凋也。"

9.29　子曰:"知者不惑,仁者不忧,勇者不惧。"

9.30　子曰:"可与共学,未可与适道;可与适道,未可与立;可与立,未可与权。"

9.31　"唐棣之华,偏其反而。岂不尔思？室是远而。"子曰:"未之思也,夫何远之有？"

乡党第十

10.1　孔子于乡党，恂恂如也，似不能言者。其在宗庙朝廷，便便言，唯谨尔。

10.2　朝，与下大夫言，侃侃如也；与上大夫言，誾誾如也。君在，踧踖如也，与与如也。

10.3　君召使摈，色勃如也，足躩如也。揖所与立，左右手，衣前后，襜如也。趋进，翼如也。宾退，必复命曰："宾不顾矣。"

10.4　入公门，鞠躬如也，如不容。立不中门，行不履阈。过位，色勃如也，足躩如也，其言似不足者。摄齐升堂，鞠躬如也，屏气似不息者。出，降一等，逞颜色，怡怡如也。没阶，趋进，翼如也，复其位，踧踖如也。

10.5　执圭，鞠躬如也，如不胜。上如揖，下如授。勃如战色，足蹜蹜如有循。享礼，有容色。私觌，愉愉如也。

10.6　君子不以绀緅饰，红紫不以为亵服。当暑，袗絺绤，必表而出之。缁衣，羔裘；素衣，麑裘；黄衣，狐裘。亵裘长，短右袂。必有寝衣，长一身有半。狐貉之厚以居。去丧，无所不佩。非帷裳，必杀之。羔裘玄冠不以吊。吉月，必朝服而朝。

10.7　齐，必有明衣，布。齐必变食，居必迁坐。

10.8　食不厌精，脍不厌细。食饐而餲，鱼馁而肉败，不食。色恶，不食。臭恶，不食。失饪，不食。不时，不食。割不正，不食。不得其酱，不食。肉虽多，不使胜食气。唯酒无量，不及乱。沽酒市脯不食。不撤姜食，不多食。

10.9　祭于公，不宿肉。祭肉不出三日。出三日，不食之矣。

10.10　食不语，寝不言。

10.11　虽疏食菜羹，瓜祭，必齐如也。

10.12　席不正，不坐。

10.13　乡人饮酒，杖者出，斯出矣。

10.14　乡人傩，朝服而立于阼阶。

10.15　问人于他邦，再拜而送之。

10.16 康子馈药,拜而受之。曰:"丘未达,不敢尝。"

10.17 厩焚。子退朝,曰:"伤人乎?"不问马。

10.18 君赐食,必正席先尝之。君赐腥,必熟而荐之。君赐生,必畜之。侍食于君,君祭,先饭。

10.19 疾,君视之,东首,加朝服,拖绅。

10.20 君命召,不俟驾行矣。

10.21 入太庙,每事问。

10.22 朋友死,无所归,曰:"于我殡。"

10.23 朋友之馈,虽车马,非祭肉,不拜。

10.24 寝不尸,居不客。

10.25 见齐衰者,虽狎,必变。见冕者与瞽者,虽亵,必以貌。凶服者式之。式负版者。有盛馔,必变色而作。迅雷风烈必变。

10.26 升车,必正立,执绥。车中,不内顾,不疾言,不亲指。

10.27 色斯举矣,翔而后集。曰:"山梁雌雉,时哉时哉!"子路共之,三嗅而作。

先进第十一

11.1 子曰:"先进于礼乐,野人也;后进于礼乐,君子也。如用之,则吾从先进。"

11.2 子曰:"从我于陈、蔡者,皆不及门也。"德行:颜渊,闵子骞,冉伯牛,仲弓。言语:宰我,子贡。政事:冉有,季路。文学:子游,子夏。

11.3 子曰:"回也非助我者也,于吾言无所不说。"

11.4 子曰:"孝哉闵子骞!人不间于其父母昆弟之言。"

11.5 南容三复白圭,孔子以其兄之子妻之。

11.6 季康子问:"弟子孰为好学?"孔子对曰:"有颜回者好学,不幸短命死矣,今也则亡。"

11.7 颜渊死,颜路请子之车以为之椁。子曰:"才不才,亦各言其子也。鲤也死,有棺而无椁。吾不徒行以为之椁。以吾从大夫之后,不可徒行也。"

11.8　颜渊死。子曰："噫！天丧予！天丧予！"

11.9　颜渊死,子哭之恸。从者曰："子恸矣！"曰："有恸乎？非夫人之为恸而谁为？"

11.10　颜渊死,门人欲厚葬之。子曰："不可。"门人厚葬之。子曰："回也视予犹父也,予不得视犹子也。非我也,夫二三子也。"

11.11　季路问事鬼神。子曰："未能事人,焉能事鬼？"曰："敢问死。"曰："未知生,焉知死？"

11.12　闵子侍侧,訚訚如也;子路,行行如也;冉有、子贡,侃侃如也。子乐。"若由也,不得其死然。"

11.13　鲁人为长府,闵子骞曰："仍旧贯,如之何？何必改作？"子曰："夫人不言,言必有中。"

11.14　子曰："由之瑟奚为于丘之门？"门人不敬子路。子曰："由也升堂矣,未入于室也。"

11.15　子贡问："师与商也孰贤？"子曰："师也过,商也不及。"曰："然则师愈与？"子曰："过犹不及。"

11.16　季氏富于周公,而求也为之聚敛而附益之。子曰："非吾徒也。小子鸣鼓而攻之,可也。"

11.17　柴也愚,参也鲁,师也辟,由也喭。

11.18　子曰："回也其庶乎,屡空。赐不受命,而货殖焉,亿则屡中。"

11.19　子张问善人之道。子曰："不践迹,亦不入于室。"

11.20　子曰："论笃是与,君子者乎？色庄者乎？"

11.21　子路问："闻斯行诸？"子曰："有父兄在,如之何其闻斯行之？"冉有问："闻斯行诸？"子曰："闻斯行之。"公西华曰："由也问闻斯行诸,子曰'有父兄在';求也问闻斯行诸,子曰'闻斯行之'。赤也惑,敢问。"子曰："求也退,故进之;由也兼人,故退之。"

11.22　子畏于匡,颜渊后。子曰："吾以女为死矣。"曰："子在,回何敢死？"

11.23　季子然问："仲由、冉求可谓大臣与？"子曰："吾以子为异之问,曾由与求之问。所谓大臣者,以道事君,不可则止。今由与求也,可谓具臣矣。"曰："然则从之者与？"子曰："弑父与君,亦不从也。"

11.24　子路使子羔为费宰，子曰："贼夫人之子。"子路曰："有民人焉，有社稷焉，何必读书，然后为学？"子曰："是故恶夫佞者。"

11.25　子路、曾皙、冉有、公西华侍坐。子曰："以吾一日长乎尔，毋吾以也。居则曰：'不吾知也。'如或知尔，则何以哉？"子路率尔对曰："千乘之国，摄乎大国之间，加之以师旅，因之以饥馑；由也为之，比及三年，可使有勇，且知方也。"夫子哂之。"求！尔何如？"对曰："方六七十，如五六十，求也为之，比及三年，可使足民。如其礼乐，以俟君子。""赤！尔何如？"对曰："非曰能之，愿学焉。宗庙之事，如会同，端章甫，愿为小相焉。""点！尔何如？"鼓瑟希，铿尔，舍瑟而作，对曰："异乎三子者之撰。"子曰："何伤乎？亦各言其志也。"曰："莫春者，春服既成，冠者五六人，童子六七人，浴乎沂，风乎舞雩，咏而归。"夫子喟然叹曰："吾与点也！"三子者出，曾皙后。曾皙曰："夫三子者之言何如？"子曰："亦各言其志也已矣。"曰："夫子何哂由也？"曰："为国以礼，其言不让，是故哂之。""唯求则非邦也与？""安见方六七十如五六十而非邦也者？""唯赤则非邦也与？""宗庙会同，非诸侯而何？赤也为之小，孰能为之大？"

颜渊第十二

12.1　颜渊问仁。子曰："克己复礼为仁。一日克己复礼，天下归仁焉。为仁由己，而由人乎哉？"颜渊曰："请问其目。"子曰："非礼勿视，非礼勿听，非礼勿言，非礼勿动。"颜渊曰："回虽不敏，请事斯语矣。"

12.2　仲弓问仁。子曰："出门如见大宾，使民如承大祭。己所不欲，勿施于人。在邦无怨，在家无怨。"仲弓曰："雍虽不敏，请事斯语矣。"

12.3　司马牛问仁。子曰："仁者，其言也讱。"曰："其言也讱，斯谓之仁已乎？"子曰："为之难，言之得无讱乎？"

12.4　司马牛问君子。子曰："君子不忧不惧。"曰："不忧不惧，斯谓之君子已乎？"子曰："内省不疚，夫何忧何惧？"

12.5　司马牛忧曰："人皆有兄弟，我独亡。"子夏曰："商闻之矣：死生有命，富贵在天。君子敬而无失，与人恭而有礼。四海之内皆兄弟也——君子何患乎无兄弟也？"

12.6　子张问明。子曰："浸润之谮,肤受之愬,不行焉,可谓明也已矣。浸润之谮,肤受之愬,不行焉,可谓远也已矣。"

12.7　子贡问政。子曰："足食,足兵,民信之矣。"子贡曰："必不得已而去,于斯三者何先?"曰："去兵。"子贡曰："必不得已而去,于斯二者何先?"曰："去食。自古皆有死,民无信不立。"

12.8　棘子成曰："君子质而已矣,何以文为?"子贡曰："惜乎,夫子之说君子也!驷不及舌。文犹质也,质犹文也。虎豹之鞟犹犬羊之鞟。"

12.9　哀公问于有若曰："年饥,用不足,如之何?"有若对曰："盍彻乎?"曰："二,吾犹不足,如之何其彻也?"对曰："百姓足,君孰与不足?百姓不足,君孰与足?"

12.10　子张问崇德辨惑。子曰："主忠信,徙义,崇德也。爱之欲其生,恶之欲其死。既欲其生,又欲其死,是惑也。'诚不以富,亦祇以异。'"

12.11　齐景公问政于孔子。孔子对曰："君君,臣臣,父父,子子。"公曰："善哉!信如君不君,臣不臣,父不父,子不子,虽有粟,吾得而食诸?"

12.12　子曰："片言可以折狱者,其由也与?"子路无宿诺。

12.13　子曰："听讼,吾犹人也。必也使无讼乎!"

12.14　子张问政。子曰："居之无倦,行之以忠。"

12.15　子曰："博学于文,约之以礼,亦可以弗畔矣夫!"

12.16　子曰："君子成人之美,不成人之恶。小人反是。"

12.17　季康子问政于孔子。孔子对曰："政者,正也。子帅以正,孰敢不正?"

12.18　季康子患盗,问于孔子。孔子对曰："苟子之不欲,虽赏之不窃。"

12.19　季康子问政于孔子曰："如杀无道,以就有道,何如?"孔子对曰："子为政,焉用杀?子欲善而民善矣。君子之德风,小人之德草。草上之风,必偃。"

12.20　子张问："士何如斯可谓之达矣?"子曰："何哉,尔所谓达者?"子张对曰："在邦必闻,在家必闻。"子曰："是闻也,非达也。夫达也者,质直而好义,察言而观色,虑以下人。在邦必达,在家必达。夫闻也者,色取仁而行违,居之不疑。在邦必闻,在家必闻。"

12.21　樊迟从游于舞雩之下,曰:"敢问崇德,修慝,辨惑。"子曰:"善哉问! 先事后得,非崇德与? 攻其恶,无攻人之恶,非修慝与? 一朝之忿,忘其身,以及其亲,非惑与?"

12.22　樊迟问仁。子曰:"爱人。"问知。子曰:"知人。"樊迟未达,子曰:"举直错诸枉,能使枉者直。"樊迟退,见子夏曰:"乡也吾见于夫子而问知,子曰,'举直错诸枉,能使枉者直',何谓也?"子夏曰:"富哉言乎! 舜有天下,选于众,举皋陶,不仁者远矣。汤有天下,选于众,举伊尹,不仁者远矣。"

12.23　子贡问友。子曰:"忠告而善道之,不可则止,毋自辱焉。"

12.24　曾子曰:"君子以文会友,以友辅仁。"

子路第十三

13.1　子路问政。子曰:"先之劳之。"请益。曰:"无倦。"

13.2　仲弓为季氏宰,问政。子曰:"先有司,赦小过,举贤才。"曰:"焉知贤才而举之?"曰:"举尔所知;尔所不知,人其舍诸?"

13.3　子路曰:"卫君待子而为政,子将奚先?"子曰:"必也正名乎!"子路曰:"有是哉,子之迂也! 奚其正?"子曰:"野哉,由也! 君子于其所不知,盖阙如也。名不正,则言不顺;言不顺,则事不成;事不成,则礼乐不兴;礼乐不兴,则刑罚不中;刑罚不中,则民无所错手足。故君子名之必可言也,言之必可行也。君子于其言,无所苟而已矣。"

13.4　樊迟请学稼。子曰:"吾不如老农。"请学为圃。曰:"吾不如老圃。"樊迟出。子曰:"小人哉,樊须也! 上好礼,则民莫敢不敬;上好义,则民莫敢不服;上好信,则民莫敢不用情。夫如是,则四方之民襁负其子而至矣,焉用稼?"

13.5　子曰:"诵《诗》三百,授之以政,不达;使于四方,不能专对;虽多,亦奚以为?"

13.6　子曰:"其身正,不令而行;其身不正,虽令不从。"

13.7　子曰:"鲁卫之政,兄弟也。"

13.8　子谓卫公子荆:"善居室。始有,曰:'苟合矣。'少有,曰:'苟完矣。'富有,曰:'苟美矣。'"

13.9　子适卫,冉有仆。子曰:"庶矣哉!"冉有曰:"既庶矣,又何加焉?"曰:"富之。"曰:"既富矣,又何加焉?"曰:"教之。"

13.10　子曰:"苟有用我者,期月而已可也,三年有成。"

13.11　子曰:"'善人为邦百年,亦可以胜残去杀矣。'诚哉是言也。"

13.12　子曰:"如有王者,必世而后仁。"

13.13　子曰:"苟正其身矣,于从政乎何有? 不能正其身,如正人何?"

13.14　冉子退朝。子曰:"何晏也?"对曰:"有政。"子曰:"其事也。如有政,虽不吾以,吾其与闻之。"

13.15　定公问:"一言而可以兴邦,有诸?"孔子对曰:"言不可以若是其几也。人之言曰:'为君难,为臣不易。'如知为君之难也,不几乎一言而兴邦乎?"曰:"一言而丧邦,有诸?"孔子对曰:"言不可以若是其几也。人之言曰:'予无乐乎为君,唯其言而莫予违也。'如其善而莫之违也,不亦善乎? 如不善而莫之违也,不几乎一言而丧邦乎?"

13.16　叶公问政。子曰:"近者说,远者来。"

13.17　子夏为莒父宰,问政。子曰:"无欲速,无见小利。欲速,则不达;见小利,则大事不成。"

13.18　叶公语孔子曰:"吾党有直躬者,其父攘羊,而子证之。"孔子曰:"吾党之直者异于是:父为子隐,子为父隐。——直在其中矣。"

13.19　樊迟问仁。子曰:"居处恭,执事敬,与人忠。虽之夷狄,不可弃也。"

13.20　子贡问曰:"何如斯可谓之士矣?"子曰:"行己有耻,使于四方,不辱君命,可谓士矣。"曰:"敢问其次。"曰:"宗族称孝焉,乡党称弟焉。"曰:"敢问其次。"曰:"言必信,行必果,硁硁然小人哉! ——抑亦可以为次矣。"曰:"今之从政者何如?"子曰:"噫! 斗筲之人,何足算也?"

13.21　子曰:"不得中行而与之,必也狂狷乎! 狂者进取,狷者有所不为也。"

13.22　子曰:"南人有言曰:'人而无恒,不可以作巫医。'善夫!""不恒其德,或承之羞。"子曰:"不占而已矣。"

13.23　子曰："君子和而不同,小人同而不和。"

13.24　子贡问曰："乡人皆好之,何如?"子曰："未可也。""乡人皆恶之,何如?"子曰："未可也;不如乡人之善者好之,其不善者恶之。"

13.25　子曰："君子易事而难说也。说之不以道,不说也;及其使人也,器之。小人难事而易说也。说之虽不以道,说也;及其使人也,求备焉。"

13.26　子曰："君子泰而不骄,小人骄而不泰。"

13.27　子曰："刚、毅、木、讷近仁。"

13.28　子路问曰："何如斯可谓之士矣?"子曰："切切偲偲,怡怡如也,可谓士矣。朋友切切偲偲,兄弟怡怡。"

13.29　子曰："善人教民七年,亦可以即戎矣。"

13.30　子曰："以不教民战,是谓弃之。"

宪问第十四

14.1　宪问耻。子曰："邦有道,谷;邦无道,谷,耻也。""克、伐、怨、欲不行焉,可以为仁矣?"子曰："可以为难矣,仁则吾不知也。"

14.2　子曰："士而怀居,不足以为士矣。"

14.3　子曰："邦有道,危言危行;邦无道,危行言孙。"

14.4　子曰："有德者必有言,有言者不必有德.仁者必有勇,勇者不必有仁。"

14.5　南宫适问于孔子曰："羿善射,奡荡舟,俱不得其死然。禹稷躬稼而有天下。"夫子不答。南宫适出,子曰："君子哉若人! 尚德哉若人!"

14.6　子曰："君子而不仁者有矣夫,未有小人而仁者也。"

14.7　子曰："爱之,能勿劳乎? 忠焉,能勿诲乎?"

14.8　子曰："为命,裨谌草创之,世叔讨论之,行人子羽修饰之,东里子产润色之。"

14.9　或问子产。子曰："惠人也。"问子西。曰："彼哉! 彼哉!"问管仲。曰："人也。夺伯氏骈邑三百,饭疏食,没齿无怨言。"

14.10　子曰："贫而无怨难,富而无骄易。"

14.11　子曰：“孟公绰为赵魏老则优，不可以为滕薛大夫。”

14.12　子路问成人。子曰：“若臧武仲之知，公绰之不欲，卞庄子之勇，冉求之艺，文之以礼乐，亦可以为成人矣。”曰：“今之成人者何必然？见利思义，见危授命，久要不忘平生之言，亦可以为成人矣。”

14.13　子问公叔文子于公明贾曰：“信乎，夫子不言，不笑，不取乎？”公明贾对曰：“以告者过也。夫子时然后言，人不厌其言；乐然后笑，人不厌其笑；义然后取，人不厌其取。”子曰：“其然？岂其然乎？”

14.14　子曰：“臧武仲以防求为后于鲁，虽曰不要君，吾不信也。”

14.15　子曰：晋文公谲而不正，齐桓公正而不谲。”

14.16　子路曰：“桓公杀公子纠，召忽死之，管仲不死。”曰：“未仁乎？”子曰：“桓公九合诸侯，不以兵车，管仲之力也。如其仁，如其仁。”

14.17　子贡曰：“管仲非仁者与？桓公杀公子纠，不能死，又相之。”子曰：“管仲相桓公，霸诸侯，一匡天下，民到于今受其赐。微管仲，吾其被发左衽矣。岂若匹夫匹妇之为谅也，自经于沟渎而莫之知也？”

14.18　公叔文子之臣大夫僎与文子同升诸公。子闻之，曰：“可以为‘文’矣。”

14.19　子言卫灵公之无道也，康子曰：“夫如是，奚而不丧？”孔子曰：“仲叔圉治宾客，祝鮀治宗庙，王孙贾治军旅。夫如是，奚其丧？”

14.20　子曰：“其言之不怍，则为之也难。”

14.21　陈成子弑简公。孔子沐浴而朝，告于哀公曰：“陈恒弑其君，请讨之。”公曰：“告夫三子！”孔子曰：“以吾从大夫之后，不敢不告也。君曰‘告夫三子’者！”之三子告，不可。孔子曰：“以吾从大夫之后，不敢不告也。”

14.22　子路问事君。子曰：“勿欺也，而犯之。”

14.23　子曰：“君子上达，小人下达。”

14.24　子曰：“古之学者为己，今之学者为人。”

14.25　蘧伯玉使人于孔子。孔子与之坐而问焉，曰：“夫子何为？”对曰：“夫子欲寡其过而未能也。”使者出。子曰：“使乎！使乎！”

14.26　子曰：“不在其位，不谋其政。”曾子曰：“君子思不出其位。”

14.27　子曰：“君子耻其言而过其行。”

14.28　子曰:"君子道者三,我无能焉:仁者不忧,知者不惑,勇者不惧。"子贡曰:"夫子自道也。"

14.29　子贡方人。子曰:"赐也贤乎哉? 夫我则不暇。"

14.30　子曰:"不患人之不己知,患其不能也。"

14.31　子曰:"不逆诈,不亿不信,抑亦先觉者,是贤乎!"

14.32　微生亩谓孔子曰:"丘何为是栖栖者与? 无乃为佞乎?"孔子曰:"非敢为佞也,疾固也。"

14.33　子曰:"骥不称其力,称其德也。"

14.34　或曰:"以德报怨,何如?"子曰:"何以报德? 以直报怨,以德报德。"

14.35　子曰:"莫我知也夫!"子贡曰:"何为其莫知子也?"子曰:"不怨天,不尤人,下学而上达。知我者其天乎!"

14.36　公伯寮愬子路于季孙。子服景伯以告,曰:"夫子固有惑志于公伯寮,吾力犹能肆诸市朝。"子曰:"道之将行也与,命也;道之将废也与,命也。公伯寮其如命何!"

14.37　子曰:"贤者辟世,其次辟地,其次辟色,其次辟言。"子曰:"作者七人矣。"

14.38　子路宿于石门。晨门曰:"奚自?"子路曰:"自孔氏。"曰:"是知其不可而为之者与?"

14.39　子击磬于卫,有荷蒉而过孔氏之门者,曰:"有心哉,击磬乎?"既而曰:"鄙哉,硁硁乎! 莫己知也,斯己而已矣。深则厉,浅则揭。"子曰:"果哉! 末之难矣。"

14.40　子张曰:"《书》云:'高宗谅阴,三年不言。'何谓也?"子曰:"何必高宗,古之人皆然。君薨,百官总己以听于冢宰三年。"

14.41　子曰:"上好礼,则民易使也。"

14.42　子路问君子。子曰:"修己以敬。"曰:"如斯而已乎?"曰:"修己以安人。"曰:"如斯而已乎?"曰:"修己以安百姓。修己以安百姓,尧舜其犹病诸?"

14.43　原壤夷俟。子曰:"幼而不孙弟,长而无述焉,老而不死,是为贼。"以杖叩其胫。

14.44　阙党童子将命。或问之曰："益者与?"子曰："吾见其居于位也,见其与先生并行也。非求益者也,欲速成者也。"

卫灵公第十五

15.1　卫灵公问陈于孔子。孔子对曰："俎豆之事,则尝闻之矣;军旅之事,未之学也。"明日遂行。

15.2　在陈绝粮,从者病,莫能兴。子路愠见曰："君子亦有穷乎?"子曰："君子固穷,小人穷斯滥矣。"

15.3　子曰："赐也,女以予为多学而识之者与?"对曰："然。非与?"曰："非也,予一以贯之。"

15.4　子曰："由! 知德者鲜矣。"

15.5　子曰："无为而治者其舜也与? 夫何为哉? 恭己正南面而已矣。"

15.6　子张问行。子曰："言忠信,行笃敬,虽蛮貊之邦,行矣。言不忠信,行不笃敬,虽州里,行乎哉? 立则见其参于前也,在舆则见其倚于衡也,夫然后行。"子张书诸绅。

15.7　子曰："直哉史鱼! 邦有道,如矢;邦无道,如矢。君子哉蘧伯玉! 邦有道,则仕;邦无道,则可卷而怀之。"

15.8　子曰："可与言而不与之言,失人;不可与言而与之言,失言。知者不失人,亦不失言。"

15.9　子曰："志士仁人,无求生以害仁,有杀身以成仁。"

15.10　子贡问为仁。子曰："工欲善其事,必先利其器。居是邦也,事其大夫之贤者,友其士之仁者。"

15.11　颜渊问为邦。子曰："行夏之时,乘殷之辂,服周之冕,乐则《韶》《舞》。放郑声,远佞人。郑声淫,佞人殆。"

15.12　子曰："人无远虑,必有近忧。"

15.13　子曰："已矣乎! 吾未见好德如好色者也。"

15.14　子曰："臧文仲其窃位者与! 知柳下惠之贤而不与立也。"

15.15　子曰："躬自厚而薄责于人,则远怨矣。"

15.16　子曰："不曰'如之何,如之何'者,吾末如之何也已矣。"

15.17　子曰："群居终日,言不及义,好行小慧,难矣哉!"

15.18　子曰："君子义以为质,礼以行之,孙以出之,信以成之。君子哉!"

15.19　子曰："君子病无能焉,不病人之不己知也。"

15.20　子曰："君子疾没世而名不称焉。"

15.21　子曰："君子求诸己,小人求诸人。"

15.22　子曰："君子矜而不争,群而不党。"

15.23　子曰："君子不以言举人,不以人废言。"

15.24　子贡问曰:"有一言而可以终身行之者乎?"子曰:"其恕乎!己所不欲,勿施于人。"

15.25　子曰:"吾之于人也,谁毁谁誉? 如有所誉者,其有所试矣。斯民也,三代之所以直道而行也。"

15.26　子曰:"吾犹及史之阙文也。有马者借人乘之,今亡矣夫!"

15.27　子曰:"巧言乱德。小不忍,则乱大谋。"

15.28　子曰:"众恶之,必察焉;众好之,必察焉。"

15.29　子曰:"人能弘道,非道弘人。"

15.30　子曰:"过而不改,是谓过矣。"

15.31　子曰:"吾尝终日不食,终夜不寝,以思,无益,不如学也。"

15.32　子曰:"君子谋道不谋食。耕也,馁在其中矣;学也,禄在其中矣。君子忧道不忧贫。"

15.33　子曰:"知及之,仁不能守之;虽得之,必失之。知及之,仁能守之。不庄以莅之,则民不敬。知及之,仁能守之,庄以莅之,动之不以礼,未善也。"

15.34　子曰:"君子不可小知而可大受也,小人不可大受而可小知也。"

15.35　子曰:"民之于仁也,甚于水火。水火,吾见蹈而死者矣,未见蹈仁而死者也。"

15.36　子曰:"当仁,不让于师。"

15.37　子曰:"君子贞而不谅。"

15.38　子曰："事君,敬其事而后其食。"

15.39　子曰："有教无类。"

15.40　子曰："道不同,不相为谋。"

15.41　子曰："辞达而已矣。"

15.42　师冕见,及阶,子曰："阶也。"及席,子曰："席也。"皆坐,子告之曰："某在斯,某在斯。"师冕出,子张问曰："与师言之道与?"子曰："然;固相师之道也。"

季氏第十六

16.1　季氏将伐颛臾。冉有、季路见于孔子曰："季氏将有事于颛臾。"

孔子曰："求!无乃尔是过与?夫颛臾,昔者先王以为东蒙主,且在邦域之中矣,是社稷之臣也,何以伐为?"

冉有曰："夫子欲之,吾二臣者皆不欲也。"

孔子曰："求!周任有言曰:'陈力就列,不能者止。'危而不持,颠而不扶,则将焉用彼相矣?且尔言过矣,虎兕出于柙,龟玉毁于椟中,是谁之过与?"

冉有曰："今夫颛臾,固而近于费。今不取,后世必为子孙忧。"

孔子曰："求!君子疾夫舍曰欲之而必为之辞。丘也闻有国有家者,不患寡而患不均,不患贫而患不安。盖均无贫,和无寡,安无倾。夫如是,故远人不服,则修文德以来之。既来之,则安之。今由与求也,相夫子,远人不服,而不能来也;邦分崩离析,而不能守也;而谋动干戈于邦内。吾恐季孙之忧,不在颛臾,而在萧墙之内也。"

16.2　孔子曰："天下有道,则礼乐征伐自天子出;天下无道,则礼乐征伐自诸侯出。自诸侯出,盖十世希不失矣;自大夫出,五世希不失矣;陪臣执国命,三世希不失矣。天下有道,则政不在大夫。天下有道,则庶人不议。"

16.3　孔子曰："禄之去公室五世矣,政逮于大夫四世矣,故夫三桓之子孙微矣。"

16.4　孔子曰:"益者三友,损者三友。友直,友谅,友多闻,益矣。友便辟,友善柔,友便佞,损矣。"

16.5　孔子曰:"益者三乐,损者三乐。乐节礼乐,乐道人之善,乐多贤友,益矣。乐骄乐,乐佚游,乐宴乐,损矣。"

16.6　孔子曰:"侍于君子有三愆:言未及之而言谓之躁,言及之而不言谓之隐,未见颜色而言谓之瞽。"

16.7　孔子曰:"君子有三戒:少之时,血气未定,戒之在色;及其壮也,血气方刚,戒之在斗;及其老也,血气既衰,戒之在得。"

16.8　孔子曰:"君子有三畏:畏天命,畏大人,畏圣人之言。小人不知天命而不畏也,狎大人,侮圣人之言。"

16.9　孔子曰:"生而知之者上也,学而知之者次也;困而学之,又其次也;困而不学,民斯为下矣。"

16.10　孔子曰:"君子有九思:视思明,听思聪,色思温,貌思恭,言思忠,事思敬,疑思问,忿思难,见得思义。"

16.11　孔子曰:"见善如不及,见不善如探汤。吾见其人矣,吾闻其语矣。隐居以求其志,行义以达其道。吾闻其语矣,未见其人也。"

16.12　齐景公有马千驷,死之日,民无德而称焉。伯夷叔齐饿于首阳之下,民到于今称之。其斯之谓与?

16.13　陈亢问于伯鱼曰:"子亦有异闻乎?"对曰:"未也。尝独立,鲤趋而过庭。曰:'学诗乎?'对曰:'未也。''不学诗,无以言。'鲤退而学诗。他日,又独立,鲤趋而过庭。曰:'学礼乎?'对曰:'未也。''不学礼,无以立。'鲤退而学礼。闻斯二者。"陈亢退而喜曰:"问一得三,闻诗,闻礼,又闻君子之远其子也。"

16.14　邦君之妻,君称之曰夫人,夫人自称曰小童;邦人称之曰君夫人,称诸异邦曰寡小君;异邦人称之亦曰君夫人。

阳货第十七

17.1　阳货欲见孔子,孔子不见,归孔子豚。孔子时其亡也,而往拜之。遇诸途。谓孔子曰:"来!予与尔言。"曰:"怀其宝而迷其邦,可谓仁乎？"曰："不可。——好从事而亟失时,可谓知乎？"曰："不可。——日月逝矣,岁不我与。"孔子曰："诺。吾将仕矣。"

17.2　子曰："性相近也,习相远也。"

17.3　子曰："唯上知与下愚不移。"

17.4　子之武城,闻弦歌之声。夫子莞尔而笑,曰："割鸡焉用牛刀？"子游对曰："昔者偃也闻诸夫子曰：'君子学道则爱人,小人学道则易使也。'"子曰："二三子,偃之言是也。前言戏之耳。"

17.5　公山弗扰以费畔,召,子欲往。子路不说,曰："末之也,已,何必公山氏之之也？"子曰："夫召我者,而岂徒哉？如有用我者,吾其为东周乎？"

17.6　子张问仁于孔子。孔子曰："能行五者于天下为仁矣。""请问之。"曰："恭,宽,信,敏,惠。恭则不侮,宽则得众,信则人任焉,敏则有功,惠则足以使人。"

17.7　佛肸召,子欲往。子路曰："昔者由也闻诸夫子曰：'亲于其身为不善者,君子不入也。'佛肸以中牟畔,子之往也,如之何？"子曰："然,有是言也。不曰坚乎,磨而不磷;不曰白乎,涅而不缁。吾岂匏瓜也哉？焉能系而不食？"

17.8　子曰："由也! 女闻六言六蔽矣乎？"对曰："未也。""居! 吾语女。好仁不好学,其蔽也愚;好知不好学,其蔽也荡;好信不好学,其蔽也贼;好直不好学,其蔽也绞;好勇不好学,其蔽也乱;好刚不好学,其蔽也狂。"

17.9　子曰："小子何莫学夫诗？诗,可以兴,可以观,可以群,可以怨。迩之事父,远之事君;多识于鸟兽草木之名。"

17.10　子谓伯鱼曰："女为《周南》《召南》矣乎？人而不为《周南》《召南》,其犹正墙面而立也与？"

17.11　子曰："礼云礼云,玉帛云乎哉？乐云乐云,钟鼓云乎哉？"

17.12　子曰："色厉而内荏,譬诸小人,其犹穿窬之盗也与？"

17.13　子曰："乡愿,德之贼也。"

17.14　子曰："道听而途说,德之弃也。"

17.15　子曰："鄙夫可与事君也与哉？其未得之也,患得之。既得之,患失之。苟患失之,无所不至矣。"

17.16　子曰:"古者民有三疾,今也或是之亡也。古之狂也肆,今之狂也荡;古之矜也廉,今之矜也忿戾;古之愚也直,今之愚也诈而已矣。"

17.17　子曰:"巧言令色,鲜矣仁。"

17.18　子曰:"恶紫之夺朱也,恶郑声之乱雅乐也,恶利口之覆邦家者。"

17.19　子曰:"予欲无言。"子贡曰:"子如不言,则小子何述焉?"子曰:"天何言哉?四时行焉,百物生焉,天何言哉?"

17.20　孺悲欲见孔子,孔子辞以疾。将命者出户,取瑟而歌,使之闻之。

17.21　宰我问:"三年之丧,期已久矣。君子三年不为礼,礼必坏;三年不为乐,乐必崩。旧谷既没,新谷既升,钻燧改火,期可已矣。"子曰:"食夫稻,衣夫锦,于女安乎?"曰:"安。""女安,则为之!夫君子之居丧,食旨不甘,闻乐不乐,居处不安,故不为也。今女安,则为之!"宰我出。子曰:"予之不仁也!子生三年,然后免于父母之怀。夫三年之丧,天下之通丧也,予也有三年之爱于其父母乎!"

17.22　子曰:"饱食终日,无所用心,难矣哉!不有博弈者乎?为之,犹贤乎已。"

17.23　子路曰:"君子尚勇乎?"子曰:"君子义以为上,君子有勇而无义为乱,小人有勇而无义为盗。"

17.24　子贡曰:"君子亦有恶乎?"子曰:"有恶:恶称人之恶者,恶居下流而讪上者,恶勇而无礼者,恶果敢而窒者。"曰:"赐也亦有恶乎?""恶徼以为知者,恶不孙以为勇者,恶讦以为直者。"

17.25　子曰:"唯女子与小人为难养也,近之则不孙,远之则怨。"

17.26　子曰:"年四十而见恶焉,其终也已。"

微子第十八

18.1　微子去之,箕子为之奴,比干谏而死。孔子曰:"殷有三仁焉。"

18.2　柳下惠为士师,三黜。人曰:"子未可以去乎?"曰:"直道而事人,焉往而不三黜？枉道而事人,何必去父母之邦？"

18.3　齐景公待孔子曰:"若季氏,则吾不能;以季、孟之间待之。"曰:"吾老矣,不能用也。"孔子行。

18.4　齐人归女乐,季桓子受之,三日不朝,孔子行。

18.5　楚狂接舆歌而过孔子曰:"凤兮凤兮! 何德之衰？往者不可谏,来者犹可追。已而,已而! 今之从政者殆而!"孔子下,欲与之言。趋而避之,不得与之言。

18.6　长沮、桀溺耦而耕,孔子过之,使子路问津焉。长沮曰:"夫执舆者为谁？"子路曰:"为孔丘。"曰:"是鲁孔丘与?"曰:"是也。"曰:"是知津矣。"问于桀溺。桀溺曰:"子为谁？"曰:"为仲由。"曰:"是鲁孔丘之徒与?"对曰:"然。"曰:"滔滔者天下皆是也,而谁以易之？且而与其从辟人之士也,岂若从辟世之士哉?"耰而不辍。子路行以告。夫子怃然曰:"鸟兽不可与同群,吾非斯人之徒与而谁与？ 天下有道,丘不与易也。"

18.7　子路从而后,遇丈人,以杖荷蓧。子路问曰:"子见夫子乎?"丈人曰:"四体不勤,五谷不分.孰为夫子?"植其杖而芸。子路拱而立。止子路宿,杀鸡为黍而食之,见其二子焉。明日,子路行以告。子曰:"隐者也。"使子路反见之。至,则行矣。子路曰:"不仕无义。长幼之节,不可废也;君臣之义,如之何其废之？ 欲洁其身,而乱大伦。君子之仕也,行其义也。道之不行,已知之矣。"

18.8　逸民:伯夷、叔齐、虞仲、夷逸、朱张、柳下惠、少连。子曰:"不降其志,不辱其身,伯夷、叔齐与!"谓:"柳下惠、少连,降志辱身矣,言中伦,行中虑,其斯而已矣。"谓:"虞仲、夷逸,隐居放言,身中清,废中权。我则异于是,无可无不可。"

18.9　大师挚适齐,亚饭干适楚,三饭缭适蔡,四饭缺适秦,鼓方叔入于河,播鼗武入于汉,少师阳、击磬襄入于海。

18.10　周公谓鲁公曰:"君子不施其亲,不使大臣怨乎不以。故旧无大故,则不弃也。无求备于一人!"

18.11　周有八士:伯达、伯适、仲突、仲忽、叔夜、叔夏、季随、季骝。

子张第十九

19.1　子张曰："士见危致命，见得思义，祭思敬，丧思哀，其可已矣。"

19.2　子张曰："执德不弘，信道不笃，焉能为有？焉能为亡？"

19.3　子夏之门人问交于子张。子张曰："子夏云何？"对曰："子夏曰：'可者与之，其不可者拒之。'"子张曰："异乎吾所闻：君子尊贤而容众，嘉善而矜不能。我之大贤与，于人何所不容？我之不贤与，人将拒我，如之何其拒人也？"

19.4　子夏曰："虽小道，必有可观者焉；致远恐泥，是以君子不为也。"

19.5　子夏曰："日知其所亡，月无忘其所能，可谓好学也已矣。"

19.6　子夏曰："博学而笃志，切问而近思，仁在其中矣。"

19.7　子夏曰："百工居肆以成其事，君子学以致其道。"

19.8　子夏曰："小人之过也必文。"

19.9　子夏曰："君子有三变：望之俨然，即之也温，听其言也厉。"

19.10　子夏曰："君子信而后劳其民；未信，则以为厉己也。信而后谏；未信，则以为谤己也。"

19.11　子夏曰："大德不逾闲，小德出入可也。"

19.12　子游曰："子夏之门人小子，当洒扫应对进退，则可矣，抑末也。本之则无，如之何？"子夏闻之，曰："噫！言游过矣！君子之道，孰先传焉？孰后倦焉？譬诸草木，区以别矣。君子之道，焉可诬也？有始有卒者，其惟圣人乎！"

19.13　子夏曰："仕而优则学，学而优则仕。"

19.14　子游曰："丧致乎哀而止。"

19.15　子游曰："吾友张也为难能也，然而未仁。"

19.16　曾子曰："堂堂乎张也，难与并为仁矣。"

19.17　曾子曰："吾闻诸夫子：人未有自致者也，必也亲丧乎！"

19.18　曾子曰："吾闻诸夫子：孟庄子之孝也，其他可能也；其不改父之臣与父之政，是难能也。"

19.19　孟氏使阳肤为士师,问于曾子。曾子曰:"上失其道,民散久矣。如得其情,则哀矜而勿喜!"

19.20　子贡曰:"纣之不善,不如是之甚也。是以君子恶居下流,天下之恶皆归焉。"

19.21　子贡曰:"君子之过也,如日月之食焉:过也,人皆见之;更也,人皆仰之。"

19.22　卫公孙朝问于子贡曰:"仲尼焉学?"子贡曰:"文武之道,未坠于地,在人。贤者识其大者,不贤者识其小者。莫不有文武之道焉。夫子焉不学? 而亦何常师之有?"

19.23　叔孙武叔语大夫于朝曰:"子贡贤于仲尼。"子服景伯以告子贡。子贡曰:"譬之宫墙,赐之墙也及肩,窥见室家之好。夫子之墙数仞,不得其门而入,不见宗庙之美,百官之富。得其门者或寡矣。夫子之云,不亦宜乎!"

19.24　叔孙武叔毁仲尼。子贡曰:"无以为也! 仲尼不可毁也。他人之贤者,丘陵也,犹可逾也;仲尼,日月也,无得而逾焉。人虽欲自绝,其何伤于日月乎? 多见其不知量也。"

19.25　陈子禽谓子贡:"子为恭也,仲尼岂贤于子乎?"子贡曰:"君子一言以为知,一言以为不知,言不可不慎也。夫子之不可及也,犹天之不可阶而升也。夫子之得邦家者,所谓立之斯立,道之斯行,绥之斯来,动之斯和。其生也荣,其死也哀,如之何其可及也?"

尧曰第二十

20.1　尧曰:"咨! 尔舜! 天之历数在尔躬,允执其中。四海困穷,天禄永终。"舜亦以命禹。

曰:"予小子履敢用玄牡,敢昭告于皇皇后帝:有罪不敢赦。帝臣不蔽,简在帝心。朕躬有罪,无以万方;万方有罪,罪在朕躬。"

周有大赉,善人是富。"虽有周亲,不如仁人。百姓有过,在予一人。"

谨权量,审法度,修废官,四方之政行焉。兴灭国,继绝世,举逸民,天下之民归心焉。

所重：民、食、丧、祭。

宽则得众，信则民任焉，敏则有功，公则说。

20.2　子张问于孔子曰："何如斯可以从政矣？"子曰："尊五美，屏四恶，斯可以从政矣。"子张曰："何谓五美？"子曰："君子惠而不费，劳而不怨，欲而不贪，泰而不骄，威而不猛。"子张曰："何谓惠而不费？"子曰："因民之所利而利之，斯不亦惠而不费乎？择可劳而劳之，又谁怨？欲仁而得仁，又焉贪？君子无众寡，无小大，无敢慢，斯不亦泰而不骄乎？君子正其衣冠，尊其瞻视，俨然人望而畏之，斯不亦威而不猛乎？"子张曰："何谓四恶？"子曰："不教而杀谓之虐；不戒视成谓之暴；慢令致期谓之贼；犹之与人也，出纳之吝谓之有司。"

20.3　子曰："不知命，无以为君子也；不知礼，无以立也；不知言，无以知人也。"

【附录五】

出自《论语》的成语

哀而不伤　哀矜勿喜　爱礼存羊　安老怀少　饱食终日　卑宫菲食

北辰星拱　比而不周　必不得已　屏声敛息　博施济众　博文约礼

博学笃志　博弈犹贤　不耻下问　不得其死　不悱不发　不愤不启

不改其乐　不敢问津　不惑之年　不教而杀　不念旧恶　不堪其忧

不磷不缁　不舍昼夜　不相为谋　不亦乐乎　不在其位,不谋其政

不知老之将至　参前倚衡　察言观色　陈力就列　乘肥衣轻

成人之美　成事不说　持危扶颠　穿窬之盗　春风沂水　赐墙及肩

从井救人　从心所欲　存亡继绝(继绝存亡)　大动干戈

待价而沽(待贾而沽)　箪食瓢饮　当仁不让　道不同,不相为谋

道不相谋　道听途说　斗筲之人(斗筲之器)　笃信好学　多闻阙疑

恶衣恶食　而立之年　耳顺之年　发愤忘食　饭蔬饮水　犯而不校

犯上作乱　非礼勿视　肥马轻裘　斐然成章　分崩离析　风行草偃

夫子自道　父母之邦　富贵浮云　父为子隐　刚毅木讷　告朔饩羊

告往知来　割鸡焉用牛刀　各不相谋　恭而有礼　工欲善其事,必先利其器

攻乎异端　宫墙外望　观过知仁　怪力乱神　龟玉毁椟　过庭之训

过犹不及　好谋而成　好行小慧　和而不同　何陋之有　后生可畏　瑚琏之器

化若偃草　怀宝迷邦　患得患失　惠而不费　诲人不倦　祸起萧墙

即温听厉　己所不欲,勿施于人　计过自讼　季孟之间　既来之,则安之

既往不咎(不咎既往)　见利思义　见危致命(见危授命)　见贤思齐　见义勇为

降志辱身　浸润之谮　尽善尽美　近悦远来　敬而远之　敬事后食

居之不疑　鞠躬屏气　居下讪上　举一反三　举直措枉　谲而不正

君子不器　君子固穷　开柙出虎　侃侃訚訚　侃侃而谈　克己复礼

空空如也　困而不学　来者可追　老而不死　老安少怀　乐而不淫

乐山乐水　乐以忘忧　乐在其中　犁生骍角　里仁为美　立人达人

敛容屏气　了如指掌(了若指掌)　六尺之孤　临事而惧　陋巷箪瓢

鲁卫之政　免怀之岁　苗而不秀　敏而好学　敏于事,慎于言　鸣鼓而攻之

名正言顺(名不正言不顺)　磨而不磷　没齿无怨　讷言敏行　内省不疚

能近取譬　涅而不缁　匏瓜空悬　披发左衽　匹夫不可夺志　匹夫沟渎

匹夫匹妇　匹夫小谅　片言折狱　贫而乐道　杞宋无征　迁怒于人

切问近思　轻裘肥马　求仁得仁　求生害仁　求志达道　曲肱而枕

取义成仁(成仁取义)　犬马之养　群而不党　仁者乐山,智者乐水

仁人志士　人而无信,不知其可　人无远虑,必有近忧　人之将死,其言也善

任重道远　如指诸掌　入孝出悌　三复白圭　三人行,必有我师　三十而立

三思而后行　三省吾身　三月不知肉味　色厉内荏　杀身成仁　善贾而沽

善与人交　慎终追远　生而知之　生荣死哀　生死有命,富贵在天

升堂入室(登堂入室)　胜残去杀　诗礼之训　时不我与

食不厌精,脍不厌细　食无求饱　适可而止　是可忍,孰不可忍

事在萧墙　逝者如斯　守死善道　手足无措　述而不作　思不出位

死而后已　死而无悔　驷不及舌　四海之内皆兄弟　四体不勤,五谷不分

松柏后凋　岁不我与　岁寒松柏　天下归心　听其言而观其行　托孤寄命

枉道事人　往者不谏　望而生畏　巍巍荡荡　危言危行　为山止篑

温故知新　温良恭俭让　文过饰非　文武之道　闻一知二　闻一知十

文子同升　文质彬彬　无可无不可　无适无莫　无所不至　无所用心

恶居下流　恶紫夺朱　下学上达　萧墙之祸　小不忍则乱大谋

小大由之　小德出入　先难后获　贤贤易色　信而好古　兴灭继绝

行不贰过　行不由径　行己有耻　行有余力　朽木不可雕　朽木粪土

秀而不实　炫玉自售　学而不厌　学而优则仕　学如不及　学无常师

血气方刚　循循善诱　言必信,行必果　言寡尤,行寡悔　言必有中

言不及义　言而有信　仰之弥高,钻之弥坚　沂水舞雩　一箪一瓢　一匡天下

一仍旧贯　一日三省　一日之长　一以贯之　一言既出,驷马难追

一言丧邦　一言兴邦　一言以蔽之　一隅三反(一举三反)

一则以喜,一则以惧　一朝之忿　以德报德　以德报怨　以人废言

以文会友　以言举人　以紫乱朱　以直报怨　隐居求志　饮水曲肱

勇者不惧　用舍行藏(用行舍藏)　游必有方　有教无类

有始有卒(有始有终)　有勇知方　愚不可及　玉毁椟中　欲罢不能

欲速不达　浴沂归咏　怨天尤人　悦近来远　韫椟而藏　在陈之厄

在色之戒　造次颠沛　择善而从　朝闻夕死　知过必改　知命之年

知其不可而为之　知之为知之,不知为不知　执鞭随镫　直道而行

直谅多闻　志士仁人中道而废　中庸之道　众恶必察　众好必察
众好众恶　众星拱北　周而不比　周急继乏　祝鮀之佞　子为父隐
足食足兵

参考书目

杨树达：《论语古义》，商务印书馆1934年版。

杨树达：《论语疏证》，科学出版社1955年版。

赵纪彬：《论语新探》，人民出版社1959年版。

杨伯峻：《论语译注》，中华书局1980年版。

康有为：《论语注》，中华书局1984年版。

钱穆：《论语新解》，巴蜀书社1985年版。

朱熹：《四书章句集注》，中华书局1986年版。

李启谦：《孔门弟子研究》，齐鲁书社1988年版。

刘宝楠：《论语正义》，中华书局1990年版。

邢昺：《论语注疏》，上海古籍出版社1990年版。

程树德：《论语集释》，中华书局1990年版。

南怀瑾：《论语别裁》，复旦大学出版社1990年版。

匡亚明：《孔子评传》，南京大学出版社1990年版。

金景芳等：《孔子新传》，湖南出版社1991年版。

高专诚：《孔子·孔子弟子》，山西人民出版社1991年版。

李启谦等：《孔子资料汇编》，山东友谊书社1991年版。

李启谦等：《孔子弟子资料汇编》，山东友谊书社1991年版。

李运益主编：《论语词典》，西南师范大学出版社1993年版。

蔡尚思：《论语导读》，巴蜀书社1996年版。

定州汉墓竹简：《论语》，文物出版社1997年版。

徐志刚：《论语通译》，人民文学出版社1997年版。

李泽厚：《论语今读》，安徽文艺出版社1998年版。

萧民元：《论语辨惑》，中国社会科学出版社2001年版。

钱穆：《孔子传》，生活·读书·新知三联书店2002年版。

李学勤等：《经史说略：十三经说略》，北京燕山出版社2002年版。

古棣：《孔子批判》，时代文艺出版社2002年版。

牛泽群：《论语札记》，北京燕山出版社2003年版。

安作璋主编：《论语辞典》，上海古籍出版社2004年版。

林语堂：《孔子的智慧》，陕西师范大学出版社2006年版。

李零：《丧家狗：我读〈论语〉》，山西人民出版社2008年版。

黄怀信：《论语汇校集释》，上海古籍出版社2008年版。

毛子水：《论语今注今译》，重庆出版社2009年版。

唐明贵：《论语学史》，中国社会科学出版社2009年版。

黄国轩：《论语人物史料辑录》，文化艺术出版社2010年版。

韩兆琦：《史记全本全注全译》，中华书局2010年版。

杜道生：《论语新注新译》，中华书局2011年版。

李长之：《孔子的故事》，浙江文艺出版社2012年版。

傅佩荣：《论语之美》，湖南文艺出版社2012年版。

方青稚：《论语注读》，浙江古籍出版社2012年版。

赵又春：《论语名家注读辩误》，岳麓书社2012年版。

左克厚、刘克言：《论语旧注今读》，九州出版社2013年版。

杨朝明主编：《论语诠解》，山东友谊出版社2013年版。

晁福林：《上博简〈论语〉研究》，商务印书馆2013年版。

司马迁：《史记》，中华书局2013年版。

郑玄：《论语注》，中华书局2014年版。

廖名春：《孔子真精神：〈论语〉疑难问题解读》，孔学堂书局2014年版。

周远斌：《论语校释辨正》，人民出版社2014年版。

周海春：《"子曰"类文献思想初论》，新华出版社2014年版。

杨义：《论语还原》，中华书局2015年版。

卞朝宁：《〈论语〉人物评传》，江苏人民出版社2015年版。

卞朝宁：《〈论语〉事件评述》，江苏人民出版社2016年版。

杨逢彬：《论语新注新译》，北京大学出版社2016年版。

金良年：《论语译注》，上海古籍出版社2016年版。

高尚举：《论语误解勘正》，社会科学文献出版社2016年版。

孙钦善：《论语注译》，凤凰出版社2017年版。

郭沂编撰：《子曰全集》，中华书局2017年版。

何晏等：《论语集解》，华东师范大学出版社2017年版。

皇侃：《论语义疏》，广西师范大学出版社2018年版。

石锓：《论语简释》，商务印书馆2018年版。

方闻：《论语释义》，首都师范大学出版社2018年版。

周志文：《论语讲析》，北京出版社2019年版。

鲍鹏山：《鲍鹏山讲论语》，东方出版中心2020年版。

高尚榘主编：《论语歧解辑录》，中华书局2021年版。

刘伟：《20世纪〈论语〉诠释研究》，山东人民出版社2022年版。

后 记

要了解中国文化，就要先了解儒家；要了解儒家，就要先了解孔子；要了解孔子，依靠的基本文献就是《论语》。北宋著名理学家程颐说："学者要先读《论语》《孟子》。读透了《论语》《孟子》，自然有一个要领，拿它去看别的经书就很省力。"（《二程遗书》卷十八）我们现在当然不一定要遍读群经，但读读《论语》这样的国学入门著作，还是很有必要的。钱穆先生曾十分卖力地劝人读《论语》："我认为，今天的中国读书人，应负两大责任。一是自己读《论语》，一是劝人读《论语》。"（《孔子诞辰劝人读〈论语〉并及〈论语〉之读法》，《孔子与论语》）近十几年的国学热，激发了大众对《论语》的阅读兴趣，大中学校开设了诸多相关课程。本书就是在历年给不同年级的学生授课过程中逐步形成的，适合中等文化程度及其以上的读者阅读，也可以作为大中学校有关选修课的教材使用。

程颐还说："读《论语》：有读了全然无事者；有读了后其中得一两句喜者；有读了后知好之者；有读了后直有不知手之舞之足之蹈之者。""今人不会读书。如读《论语》，未读时是此等人，读了后又只是此等人，便是不曾读。"（《近思录》卷三）笔者读了《论语》之后，虽然也有"手之舞之足之蹈之"的时候，但不敢自诩"会读书"，这本书只能算是众多劝人读《论语》的书中的一部。读者如果因此而喜欢上了《论语》，于愿足矣！

承蒙不弃，拙著被严景东先生纳入他的课题"统编教材背景下的传统文化经典选读校本课程建设"，并提供了出版资助，十分感谢！初稿完成后，得到了储泰松教授和严景东先生的仔细审阅，一并致以谢忱！

叶帮义

2024 年 3 月